国家社科基金项目编号：18CJL035

新发展理念下长江中游城市群高质量城镇化的协同推进机制研究

熊曦　著

中国财经出版传媒集团
中国财政经济出版社

图书在版编目（CIP）数据

新发展理念下长江中游城市群高质量城镇化的协同推进机制研究 / 熊曦著. --北京：中国财政经济出版社，2022.2

ISBN 978-7-5223-1070-1

Ⅰ.①新… Ⅱ.①熊… Ⅲ.①长江-中游-城市群-城市化-研究 Ⅳ.①F299.275

中国版本图书馆 CIP 数据核字（2022）第 012113 号

责任编辑：杨 波　　责任校对：胡永立

封面设计：思梵星尚　　责任印制：党 辉

新发展理念下长江中游城市群高质量城镇化的协同推进机制研究

XINFAZHAN LINIANXIA CHANGJIANG ZHONGYOU CHENGSHIQUN GAOZHILIANG CHENGZHENHUA DE XIETONG TUIJIN JIZHI YANJIU

中国财政经济出版社 出版

URL：http：//www.cfeph.cn

E-mail：cfeph@cfeph.cn

社址：北京市海淀区阜成路甲 28 号 邮政编码：100142

营销中心电话：010-88191522

天猫网店：中国财政经济出版社旗舰店

网址：https：//zgczjjcbs.tmall.com

北京财经印刷厂印刷 各地新华书店经销

成品尺寸：170mm×230mm 16 开 18 印张 295 000 字

2022 年 4 月第 1 版 2022 年 4 月北京第 1 次印刷

定价：72.00 元

ISBN 978-7-5223-1070-1

（图书出现印装问题，本社负责调换，电话：010-88190548）

本社质量投诉电话：010-88190744

打击盗版举报热线：010-88191661 QQ：2242791300

前 言

党的十九大报告中作出“我国已进入高质量发展阶段”的判断，并将城镇化高质量发展作为我国经济社会高质量发展的一项重要任务。城市群作为由城市单元组成的高级空间组织形态，推动城市群城镇化高质量发展既是扩大内需的潜力所在，也是推动经济增长的核心动能。长江中游城市群是由武汉城市圈、环长株潭城市群、环鄱阳湖城市群等三个城市群为主体组成的特大型跨区域城市群，是长江流域经济发展的重要支撑、生态文明建设的有力保障，在长江流域高质量发展中承担并发挥着重要支撑作用。本书的研究对象即是长江中游城市群，站在新发展理念的战略高度，探讨其高质量城镇化协同推进的问题，借助时空分异视角来剖析目前该城市群在区域协同、创新能力、生态环境、开放发展、资源共享等方面与高质量城镇化存在的差距，进而寻找协同推进其高质量城镇化发展的关键影响因素，有针对性地提出协同推进其高质量发展的对策。旨在以此为依据深刻认识长江中游城市群高质量城镇化协同发展的现实状况与实际水平，为进一步推动长江中游城市群以及带动整个长江经济带高质量发展提供参考与建议。

为此，本书以新发展理念为指导，遵循“提出问题—分析问题—解决问题”的一般思路，将全书共分为三个大的篇章来行文，即理论研究与现状篇、实证分析篇、专题探讨篇。内在结构上，三篇内容是紧密衔接的，理论研究与现状篇主要解读相关的文献和理论基础，分析长江中游城市群高质量城镇化协同发展的现状；实证分析篇主要是针对长江中游城市群高质量城镇化协同发展的水平展开时空分异研究，并具体阐述其成因和影响机理，进一步为后续提出一些对策建议提供支撑；专题探讨篇主要是就推动长江中游城市群高质量城镇化协同发展的省域支撑、区域支撑和中心城市引领等方面提供一些具体的对策建议。

本书的主要研究内容覆盖以下几个方面：一是剖析新发展理念下长江中游城市群高质量城镇化发展重要性和协同动力机制。结合“创新、协调、绿色、开放、共享”等理念，审视高质量城镇化的内涵与外延，同时，运用相关理论，分析了新发展理念下长江中游城市群高质量城镇化发展的动力机制。研究认为，推动长江中游城市群高质量城镇化发展的动力机制包含创新、协调、绿色、开放、共享五个因子，并指出这些动力在推动长江中游城市群高质量城镇化发展的同时，彼此之间也相互作用，相互影响。二是建立新发展理念下城市群高质量城镇化协同发展水平的时空分异分析框架。构建以新发展理念为核心的城市群高质量城镇化协同发展的时空分异测度指标体系，由5个一级指标和17个二级指标，下设了大量的三级指标组成高质量城镇化协同发展水平的时空分异的测度指标体系（见本书第11章）。在上述框架的指标下，先后从创新、协调、绿色、开放、共享等方面考察了长江中游城市群城镇化发展水平的空间差异及其成因（见本书第6章到第10章）。三是开展长江中游城市群高质量城镇化协同发展的时空分异实证。引入ESDA－GWR，从时空双重维度探讨2013—2019年长江中游城市群高质量城镇化协同发展的空间格局演变机理，深入揭示其动态演变过程，为进一步研究长江中游城市群高质量城镇化发展提供有益借鉴和参考。四是提出长江中游城市群高质量城镇化的协同推进机制与策略。在归纳和梳理国内外城镇化质量典范及其经验基础上，结合新发展理念，重点就如何做好城市群高质量城镇化推进过程中的体制机制转变、城市空间布局优化、中心城市的核心引领、城镇的开放发展、产业的高质量发展、基本公共服务均等化等方面提出一些好的建议。尤其是建议应发挥中心城市的比较优势、促进政府间的深度合作，从区域内具体的障碍破解做起，引领各类要素合理流动和高效集聚，进而促进长江中游城市群高质量城镇化发展迈向新台阶。

本书具有一定的研究创新之处。在研究内容上，本书站在新发展理念的战略高度上，搭建分析城市群高质量城镇化的学术框架体系，测度其城镇化质量发展的空间差异及其成因，有针对性地提出推动长江中游城市群高质量城镇化协同推进的策略，其学术思想高度和出发点都具有一定的特色和创新。在研究方法上，沿袭了一些经典传统统计方法的基础，着重考虑了空间布局因素在其中的作用，更好地解释城市群区域空间格局的演变机理。同时，通过多种方法结合分析，可以克服现有研究模型单一和数据查找困难的不足，也凸显本书研究方法的特色和创新。

著者

2021年12月20日于长沙

目 录

第一篇 理论研究与现状篇

第三篇 专题探讨篇

第一篇
理论研究与现状篇

第1章

绪　论

1.1　研究背景

城市群是由城市单元组成的高级空间组织形态，其内部结构明确、功能设施完备、内外联系紧密，是区域社会经济高速、高效、高质量发展的动力源与增长极。其中特大型城市是城市群核心，高度发达的交通、通信等基础设施网络是城市群支撑，各城市经济联系紧密，各要素在城市群内部流动畅通，具有明显的集聚与扩散效应，是我国经济发展格局中最活跃的单元。2014 年中央城镇化工作会议提出，“把城市群作为推进城镇化的主体形态，促进大中小城市和小城镇合理分工、功能互补、协同发展”。2019 年国家发改委在 8 月 16 日的发布会上表示，将更好发挥城市群对激发新动能、塑造新竞争力、促进区域协调发展的重要作用，推动城市群城镇化高质量发展是中国经济增长的新动力。什么是高质量发展？一些学者认为高质量发展的本质内涵就是高效率，即以较少的资源投入得到较多的经济产出。还有一些学者进一步认为高质量发展是一个包含经济效率、经济结构、经济稳定、成果共享、健康持续等内容的复合概念。而结合城镇化的高质量发展，城镇化高质量发展是反映城镇化优劣程度的一个综合性概念，学者们的观点认为城镇化的发展已经从追求速度转移到追求发展质量与效益上来，一般认为，城镇化高质量发展由其发展过程中各组成要素的发展质量、协调程度和推进效率综合影响而成。其内涵包含人口、经济、社会发展、生态环境以及城乡融合发展等。因而，要推动城镇化高质量发展，一方面要在稳定城镇化率增长的同时满足高质量发展的需求，完善高质量的要素配置，打造高质量的区域结构与经济体系，保证地区经济社会持续健康发展；另一方面要坚持以人为本，紧紧把握“人的城镇化”这一核心，满足人民日益增长的美好生活需要，实现人的全面发展。正因为如此，城市群城镇化的高质量发展引起了理论界和实践界的高度关注。而新发展理念恰恰与城镇化高质量发展的需求相吻合，可以将其引领城市群城镇化高质量发展，推动城市群各地区协同发展。

长江发源于唐古拉山脉，干流流经青海省、四川省、湖北省、湖南省、江西省、江苏省、上海市等共11个省级行政区，其中长江中游为湖北省宜昌市至江西省湖口县段。长江经济带是中央重点实施的“三大战略”之一，确定了“一轴、两翼、三极、多点”的发展新格局，长江中游城市群即为“三极”中的一极。长江中游城市群是由武汉城市圈、环长株潭城市群、环鄱阳湖城市群等3个城市群为主体组成的特大型跨区域城市群，是长江流域经济发展的重要支撑，也是流域生态文明建设的有力保障。长江中游城市群包含武汉市、长沙市、南昌市等共31个城市（见表1－1），城市群的面积共31.7万平方公里，约占长江流域面积的17.6%，实现地区生产总值9.3万多亿元，约占长江流域生产总值的20.2%，常住人口总量规模达1.3亿人，约占长江流域人口总量的32%。可见，长江中游城市群是长江流域区域社会经济发展的主要载体，在长江流域高质量发展中承担并发挥着重要支撑作用。

表1－1　长江中游城市群所包含城市

省份	所包含城市
湖北省	武汉市、黄石市、鄂州市、黄冈市、孝感市、咸宁市、仙桃市、潜江市、天门市、襄阳市、宜昌市、荆州市、荆门市
湖南省	长沙市、株洲市、湘潭市、岳阳市、益阳市、常德市、衡阳市、娄底市
江西省	南昌市、九江市、景德镇市、鹰潭市、新余市、宜春市、萍乡市、上饶市、抚州市、吉安市

本书研究的对象就是长江中游城市群。旨在深刻阐释城市群城镇化高质量发展的内涵本质基础上，结合新发展理念探讨其高质量城镇化的协同推进机制问题，构建城市群城镇化高质量发展评价指标体系，对长江中游流域3大城市群，共31个市的城镇化高质量发展水平进行评估，借助时空分异来审视目前该城市群在区域协同、创新能力、生态环境、开放发展、资源共享等方面与高质量城镇化之间存在的差距，进而站在新发展理念的高度和城市群

各地区协同发展的大背景下，寻找协同推进其高质量城镇化发展的影响因素，有针对性地提出协同推进的机制和对策。旨在以此为依据深刻认识长江中游城市群高质量发展的现实状况与实际水平，为进一步推动长江中游城市群以及带动整个长江中游地区甚至长江经济带高质量、可持续协同发展提供参考与建议。

1.2 研究目的与意义

1.2.1 研究目的

改革开放以来，我国的城镇化水平取得了巨大的提高，截至2019年年底，我国的城镇化水平已经达到60.6%，城镇化已经进入了快速发展的中后期阶段。过去的城镇化是以经济发展（注重发挥城市工业支撑城市经济增长的作用）为中心主线，追求城镇化率的较快增长。但盲目追求城市经济水平增长、城镇化水平提升的模式，给城市生态环境保护、能源资源消耗等方面带来了一定程度的影响，特别是“摊大饼式”的发展模式，使得一些城市已经惹上了较为严重的“城市病”。正因如此，社会各层面高度认识到提升城镇化质量的重要性，并将城镇化高质量发展作为我国当前经济社会发展的一项重要任务。2019年，国家发展改革委发布的《2019年新型城镇化建设重点任务》中提出要坚持推进高质量发展，加快实施以促进人的城镇化为核心，提高质量为导向的新型城镇化战略。党中央和国务院对此高度重视，并对推动城镇化高质量发展提供了全面的指导。本书以长江中游城市群为研究对象，研究新发展理念下长江中游城市群高质量城镇化的协同推进机制，主要达到如下研究目的：

一是站在新发展理念的新高度，结合“创新、协调、绿色、开放、共享”等理念，分析城市群城镇化高质量协同发展的方向，提出一个研究城市群城镇化质量的新视角和新的分析框架。

二是找到新发展理念与高质量城镇化的契合点，科学构建新发展理念下测度城市群城镇化高质量的指标体系和方法，尤其是尝试在指标赋权方面的方法组合以及在测度方面的一些跨学科研究方法，譬如经济地理学的一些空间分析方法，熵权法的一些分析思路等。

三是寻找制约长江中游城市群高质量城镇化协同发展的影响因素及作用机制，并抓住主要的一些因素展开分析，譬如产业结构、区域经济发展水平、基础设施建设以及环境约束等方面的因素，并分析其内在机理。

四是为长江中游城市群高质量城镇化发展的协同推进提供科学建言，包括在协同体制机制转变、城市空间布局优化、城市治理的精细化、城镇的开放发展、产业布局、基本公共服务均等化、中心城市引领等方面提出可供推广示范的一些好建议。

1.2.2 研究意义

城市群协同发展是指具有一定地缘关系和特定空间范围的各大、中、小城市在市场主导和政府引导的共同作用下，通过核心城市的关联带动形成协同合作、共生演化的系统结构的动态过程，进而推动各大、中、小城市之间形成紧密互动、产业关联、协同发展的总体格局。因此，站在新发展理念的高度，研究长江中游城市群高质量城镇化发展的协同推进机制，具有重要的理论和现实意义。

(1) 理论意义

一是站在新发展理念的新高度，深入分析“创新、协调、绿色、开放、共享”等理念与高质量城镇化的契合之处，据此构建城市群城镇化质量高低的时空分异分析框架，为城镇化质量研究提供一个全新的分析视角和学术框架体系；二是借助地理空间数据以及其他关联数据，运用熵权法、空间计量方法、GIS 空间自相关与热点区分析方法以及空间面板回归分析方法，建立分析城市群城镇化质量的时空分异的模型，为城镇化质量研究提供一个全新的方法体系。

(2) 现实意义

党的十九大报告中作出“我国进入高质量发展阶段”的判断，同时提出“以城市群为主体，构建大中小城市和小城镇协调发展的城镇格局”。高质量发展离不开高质量城镇化支撑，而习近平总书记提出的新发展理念为高质量城镇化发展指明了方向，长江中游城市群作为推进新型城镇化的重点区域，如何以新发展理念推进其高质量城镇化发展成为新时代长江中游城市群发展的重要实践命题，本书结合相关理论和实际就高质量城镇化的协同推进机制展开系统研究，不仅可以为长江中游城市群实现高质量城镇化发展提供建言，也可为类似的城市群推进高质量城镇化发展提供借鉴。

1.3 相关文献综述

1.3.1 国外文献综述

城镇化作为一个全球性的经济社会演变过程得到了理论界的高度关注，相关研究颇丰。一是关于城镇化的理论研究。城镇化的理论研究是跟随城镇化的历史进程逐步演变的。古典经济学派的代表威廉·配第和亚当·斯密从城乡分工的视角阐述了城镇的起源与发展；而后新古典经济学派的代表马歇尔和克鲁格曼等人结合城乡资源配置、专业化发展等方面就如何推动城镇实现内生式发展做了大量研究。而随着城镇化的深入推进，其二元发展所涉及的贫困、劳动力流动等问题引起了发展经济学家的高度关注，刘易斯和杨小凯结合城乡二元结构的形成、演变，就城乡一体化发展趋势做了系统思考。20世纪末期，西方新马克思主义学派代表哈维等从资本利用效率、城市空间布局等方面深入研究了城镇化发展的内在动力。城镇化的理论研究及学术脉络为其质量提升提供了一些有益的思路，如要做好城镇产业分工和布局，缩小城乡差距，推动城乡一体化，提高资本、土地和劳动力等要素利用效率等。二是关于城镇化质量研究的萌芽与发展。早期的一些思想家所提及的理想的城镇发展模式可以看作是城镇化质量的萌芽，如他们提出的乌托邦、“理想国”、太阳城等对城市空间布局、生产方式和生活方式进行了大胆设想，与城镇化质量有着许多共同的地方。而真正系统地论述城镇化品质则始于19世纪初，霍华德（Howard，1902）明确提出了“田园城市”的理念，戈登·查利德（Gordon Childe）提出了“城市文明”的概念，随着城镇居民越来越追求生活的品质，他们的研究也逐渐引起社会各界的广泛关注。1987年联合国世界卫生组织率先发起了“健康城市工程”，而后“绿色城镇”“生态城市”等理念相继提出，也由此掀起了学术界研究城镇化质量的热潮。三是关于城镇化质量的评估与动力机制研究。苏联生态学家亚尼克斯基（Yanitsky，1987）明确提出了生态滞竭系数、生态协调系数、自我调节能力系数等城镇化质量的指标，另外，一些国际机构（联合国可持续发展委员会、世界银行等）、非政府组织（环境科学问题科学委员会等）以及一些国家（英国、荷兰等）则发布了一些相应的指标体系，如联合国可持续发展委员会构建了“驱动力—状态—响应”等测度城镇化质量的概念模型，近年来，艾利克（Erik，2008），沙布（Shabu，2010），布鲁克纳（Bruckner，2012），米列尔和哈钦斯（Miller 和 Hutchins，2017），哈拉格、阿尔赛塔尔和萨尔哈（El – Hallaq、Alastal 和 Salha，2019）相继探讨了产业结构、经济发展水平、政府管理能力、环境管理和信息技术应用对城镇化质量的作用机制。四是关于城镇化高质量发展的策略研究。托曼（Toman，1992）、沃特（Walter，1994）、曼德尼普（Madanipour，2003）、沙布（Shabu，2021）等认为高品质城镇化要注重合理利用自身资源，提高政府管理能力；戴利（Daly，2008）、贝赫特和奥特曼（Bekhet 和 Othman，2017）提出要尽可能适应城市居民生产、生活、生态的需要，处理好速度与质量的关系；恰林基（Tjallingii，2000）、布兰特利（Liddle Brantley，2013）、乔根生（Jorgenson，2015）、凯西（Casey，2017）则提出了建立责任城镇的概念和途径；罗蒂（Neirotti et al.，2014）、卡拉廖和戴尔（Caragliu 和 Del，2019）、基里米特（Kirimtat et al.，2020）基于大数据和云计算技术的运用，提出打造智能系统发展智慧城市来应对有限的空间和资源；亚当斯和克洛博杜（Adams 和 Klobodu，2017），福伯格、本和纳斯切蒂（Furberg、Ban 和 Nascetti，2019），艾哈迈德、扎法尔和艾尔（Ahmed、Zafar 和 Ali，2020）从城镇化加剧发展给环境管理和可持续发展带来挑战的角度出发，研究得出实现城镇化高质量发展需要以可持续发展理念为指导，注重生态环境的保护；贝尼等（Béné et al.，2018）、阿南德和奥纳姆（Anand 和 Oinam，2020）鉴于城镇化发展过程中存在的不连续发展问题，提出要考虑城镇化过程中社会经济、土地利用变化、环境等的变化并做好统一规划。五是关于城市群城镇化的相关研究。侧重于城市群的城镇体系和发展效应研究，布鲁斯（Bruce，2001）、弗朗西斯科（Francesco，2011）、雅伊姆（Jaime，2012）、卡内帕（Canepa，2014）从城市空间布局、产业结构、政府作用、城市联合发展等角度就城市群可持续和高质量发展较早提出了一些见解，后来相关学者在前人研究成果的基础上展开了关于城市群城镇化高质量发展的丰富探讨。如杜塔和达斯（Dutta 和 Das，2019）从核心城市和周边城市的关系出发，认为城市内部及其周边的例如基础设施分配不均的等异质性特征加剧了城市及其周边聚落次级城市类型形成的不平等；艾哈迈德和雅宾

(Ahmad 和 Jabeen，2020）通过城市群、用电量、建筑业与经济绩效之间的动态因果关系进行的实证分析，揭示了在高经济绩效时代，城市群和城市产业相互促进的作用；博迪诺（Baudino，2021）基于城市空间布局的角度，结合现有的空间农村到城市迁移框架，研究得出农村地租等因素会影响城市群的最优水平，因此城市规划者需要考虑农村地租等空间变量，以实现城市增长和城市群之间的理想平衡。可见，城镇化及其高质量发展已经成为国外城镇化发展中的核心议题。

1.3.2 国内文献综述

近些年来，很多学者都高呼高质量发展需要高质量城镇化支撑，新型城镇化更要以提升城镇化质量为战略方向，如王一鸣（2010）、徐林（2013）、辜胜阻（2015）、张占斌（2017）、黄汉权（2018）和张梦瑶（2021）等分别从不同角度阐述了高质量推进城镇化发展的重要性，大致认为高质量城镇化是要以新发展理念作为引领，以人的城镇化作为核心，围绕地区的需求来建设、设计和管理城市、治理城市。当然，在高质量城镇化相关研究还不够系统的前提下，本书认为学者们就城镇化质量的内涵、测度、动力因素和提升策略等方面开展的一些研究有一定的借鉴性。一是对城镇化质量内涵诠释。学术界普遍认同叶裕民（2001）是较早关注城镇化质量的学者，她认为城镇化质量的核心内容是城市现代化、终极目标是城乡一体化。而后，李成群（2007）、许宏（2009）、李明秋（2010）、郝华勇（2013）、袁中许（2018）、翟坤周和侯守杰（2020）也结合这种观点就城镇化质量内涵进行了诠释。其他学者则从城镇化的多维表现形式理解城镇化质量，如常阿平（2005）、牛文元（2007）、顾朝林（2008）、王德利（2011）、倪鹏飞（2013）、梁振民（2014）、郭施宏（2015）和孙久文（2017）等学者从经济、人口、空间、社会、生态和可持续发展等多维角度深入研究了城镇化质量的内涵。二是对城镇化质量的地区差异测度与分析。一部分学者站在全国层面测度城镇化质量，如简新华和黄锟（2010）就中国城镇化水平演变及其规律展开了实证，方创琳和王德利（2011）从城市经济、社会、空间三方面就中国城市化质量进行了测度，李刚和陆贝贝（2015）从“物质”和“精神”两个层面就中国城镇化质量进行了测度，赵玉、谢敢阳和丁宝根（2020）从经济发展、科技支撑、生态环保和协调共享4个维度构建了城镇化高质量发展指标体系并基于熵权

TOPSIS 法测度中国城镇化高质量发展水平，郑耀群和崔笑容（2021）将“创新、协调、绿色、开放、共享”的新发展理念作为城镇化高质量发展的评判标准，构建了城镇化高质量发展评价指标体系，对中国 2011—2017 年城镇化高质量发展水平进行了测度。一部分学者站在省域层面测度城镇化质量，如乔家君（2007）、刘海清（2013）、王冬年等（2016）、王富喜（2020）、刘浩和刘树霖（2021）、丁文珺和张铮（2021）分别对河南、海南、河北、山东、广西、湖北等省份城镇化质量展开了评价。还有一部分学者站在市域层面测度城镇化质量，如周艳妮（2013）、江三良（2014）、孙旭（2015）、白素苹、陈银蓉和甘臣林（2019）、张妍（2020）等分别对东营、合肥、上海、武汉、南充等地城镇化质量展开了测度。与此同时，一些机构建立了相应的评价指标，如中国社科院城环所（2013）从城镇的发展质量、推进效率和协调程度等方面构建城镇化质量指标，并发布了《中国城镇化质量报告》。三是就城镇化质量的影响因素进行研究。如吴福象和刘志彪（2008）认为城镇就业人口规模和经济增长水平对城镇化质量影响显著，孙久文（2012），魏后凯（2016），童中贤（2017），刘满凤和谢晗进（2017），崔学刚、方创琳和张蔷（2018），徐雪和王永瑜（2021）等认为产城融合程度、工业化发展水平和城镇基础设施等对城镇化质量影响深远。四是提升城镇化质量的对策或举措。如魏后凯和张燕（2011）、庄贵阳和谢海生（2015）、张永生（2020）等学者认为城镇化要走绿色转型质量提升之路。冯云廷（2006）、李强（2012）、张占斌和黄锟（2013）、李小建和罗庆（2014）、王滨（2020）提出城镇化发展应注重速度、规模和质量的协调。杨开忠（2013）和吴敬琏（2018）认为制度创新是城镇化质量提升的核心所在。陈秀山等（2016）、辜胜阻和曹冬梅等（2017）、陈湘满和陈瑶（2021）从城镇空间布局优化、要素配置、优化地方公共财政支出机构等方面提出了城镇化质量提升策略。当然，随着国家大力推进以城市群为主体的城镇化发展，近年来围绕城市群城镇化质量提升的相关研究开始涌现出来，如尹延飞（2014）以京津冀城市群为例就中国城市群城镇化协同发展进行了深入思考，徐匡迪（2015）和罗腾飞（2016）就长江中游城市群城镇化发展质量进行了具体研究。五是对城镇化高质量发展的相关研究。当前有许多对于城市群城镇化高质量的研究，主要是以城镇化的某一个方面进行质量研究，综合分析的研究较少，如仇怡等（2017）、张建清等（2017）从创新视角研究城镇化发展对城市的创新能力影响，发现科技创新的发展有助于城镇化的发展，越近期的科技创新对新型城镇化的影响程度就越大。肖梦等（2019）研究了长江中游城市群内部创新能力分布。冯银（2018）通过分析了城市群城市生态文明建设的重要动力。岳兴程等（2019）从开放基础、程度与规模、潜力三个方面对中部地区的开放型经济发展进行了综合评价。熊曦等（2020）从基础设施、公共服务以及发展成果等三个方面对该地区的共享发展水平进行了差异性评价，并认为共享水平是形成城镇化高质量的重要组成部分。六是关于长江中游城市群高质量城镇化发展的相关研究。长江中游城市群是长江经济带三大跨区域城市群支撑之一，在我国区域发展格局中占有重要地位，因此实现其区域城市群高质量发展对于打造全国重要增长极具有重要意义。相关学者如卢新海、陈丹玲和匡兵（2018），郝永敬和程思宁（2019），马勇和黄智洵（2016），田培等（2021）分别从产业结构、创新、生态、资源承载力等不同角度探讨了长江中游城市群高质量发展的影响因素。在探讨长江中游城市群高质量发展的单一影响因素的基础上，部分学者开始从动态因子分析着手建立长江中游城市群城市发展质量评价体系，综合评估其城市群发展质量水平。如马勇和黄智洵（2017）以人均 GDP、经济密度、第三产业增加值比重、人均当地水资源量、人均公共绿地面积作为城市群绿色发展的 5 大影响因子，并通过熵权 - TOPSIS 法测度了长江中游城市群 31 个城市的绿色发展指数；熊曦等（2019）从绿色生态、绿色生活、绿色生产等三个层面构建长江中游城市群绿色化发展水平的测度指标体系，并运用熵值法对其空间差异展开了实证分析；周仪姜和李林（2021）选取经济、资源、环境、基础设施、公共服务、人口和外贸承载力指标构建长江中游城市群综合承载力指标体系，据此综合评价其高质量发展过程中科学的综合承载力水平。

1.3.3 相关文献述评

现有文献对城镇化质量的研究已有一定的基础，可为本书研究提供一些借鉴，但细细分析，仍存如下可供弥补之处：一是中国进入高质量发展阶段，亟须高质量城镇化支撑，而现有关于高质量城镇化的研究尚处于探索之中；二是现有研究一般从行政区域层次出发，探讨省域或市域范围的城镇化质量，对于具体城市群城镇化质量的研究还比较缺乏；三是关于城镇化质量的研究较多，但重测度和评价的倾向比较明显，且学术分析框架较为分散；四是新发展理念引领城镇化发展已成各方共识，但现有研究建立在新发展理念上考察城镇化质量的相关文献不够系统。有鉴于此，本书为弥补现有研究的不足，站在新发展理念的高度，研究长江中游城市群高质量城镇化的协同推进机制。

1.4 研究内容、重难点和思路及方法

1.4.1 研究内容

（1）阐述新发展理念下长江中游城市群高质量城镇化的协同推进机制研究的背景和重要性

分析长江中游城市群在“创新、协调、绿色、开放、共享”等方面的不协同表现，以及对高质量城镇化形成的制约与影响，从协同推进其高质量城镇化发展的视角提出课题研究的一些新思路、新方法。

（2）分析新发展理念与高质量城镇化的契合点

结合“创新、协调、绿色、开放、共享”等理念，审视高质量城镇化的内涵与外延，同时，运用区域经济地理学条件论、协同理论、区域空间结构理论、城市发展阶段理论、系统理论和可持续发展理论等基础理论，探寻新发展理念与高质量城镇化契合点，为开展相关研究奠定基础。

（3）建立新发展理念下城市群高质量城镇化的时空分异分析框架

基于“创新、协调、绿色、开放、共享”等理念，坚持数据可查、区际可比和科学合理等原则，构建以新发展理念为核心的城市群高质量城镇化测度指标体系，为后续实证和机制分析提供依据。

（4）开展长江中游城市群高质量城镇化的时空分异实证

按照相应指标收集空间面板数据，运用熵权法确定指标权重，用时序全局主成分分析法，从“创新、协调、绿色、开放、共享”等方面对长江中游城市群近些年来不同时间点的城镇化质量进行测度（即时间上的演变规律），同时，借助GIS空间自相关及热点区分析方法，对长江中游城市群所辖城市城镇化质量的空间格局分异进行探究，就其区域差异和空间表达进行深度分析。

（5）剖析长江中游城市群城镇化质量差异的影响因素及作用机制

考虑城市基础要素条件、城镇空间布局、经济发展水平、政策与制度完善性和社会文化等多方面因素，运用空间面板回归分析方法，就新发展理念下长江中游城市群城镇化质量时空分异的影响因素展开探讨，并就这些因素间的传导机制、协调机制、投入机制、约束机制和保障机制等展开研究，同时，探寻制约长江中游城市群城镇化高质量发展的“短板”和协同推进存在的主要问题。

(6) 提出长江中游城市群高质量城镇化的协同推进机制与对策

在归纳和梳理国内外城镇化质量典范及其经验基础上，结合新发展理念，重点就如何做好城市群高质量城镇化推进过程中的土地、资金、劳动力和管理等体制机制转变；城市空间布局优化（包括大中小城市与小城镇协调发展）；城市治理的精细化发展；城镇的开放发展；统筹产业布局；推进基本公共服务均等化等方面提出可供推广示范的一些好建议。

1.4.2 重点难点

研究的重点。一是结合新发展理念建立高质量城镇化的测度指标体系。二是分析长江中游城市群城镇化质量的时空分异与影响因素和作用机制。三是站在“创新、协调、绿色、开放、共享”等理念高度，提出长江中游城市群高质量城镇化的协同推进对策。

研究的难点。一是长江中游城市群涉及范围广，数据收集面也广，数据的收集可能是一个难点。二是基于新发展理念，构建城市群高质量城镇化测度、评价及机制分析的理论框架和实证方法有一定的难度。

1.4.3 思路方法

(1) 研究思路

本书遵循“提出问题—分析问题—解决问题”的一般思路，寻找长江中游城市群城镇化质量时空分异及因素，提出促进其城镇化高质量发展的策略，其研究思路如图 1-1 所示。

(2) 具体研究方法

本书将综合运用区域经济地理学条件论、协同理论、区域空间结构理论、城市发展阶段理论、系统论和可持续发展理论等理论，利用多种研究方法开

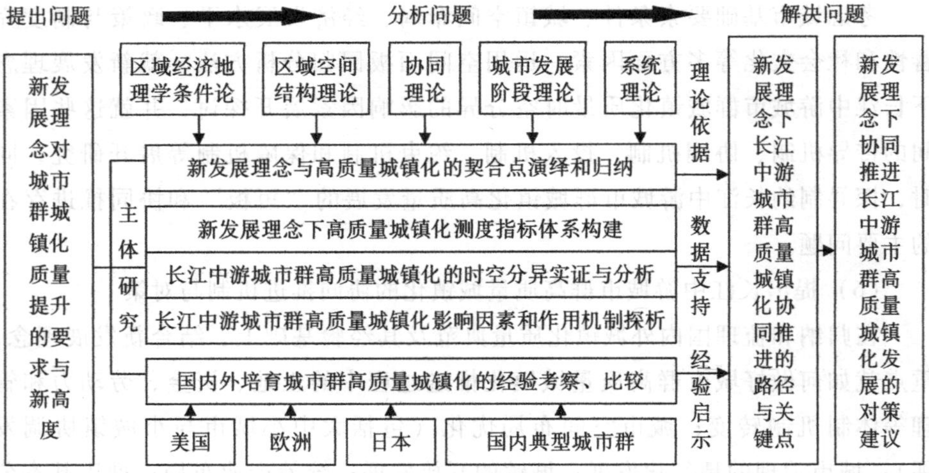

图1-1 本书研究思路

展研究。具体如下：

在理论基础分析与文献综述研究中，采用理论分析法、文献分析法和演绎归纳法对相关文献和理论进行比对梳理和归纳分析。

在分析长江中游城市群城镇化质量的时空分异情况时，采用调查分析法获取一手和二手数据，用熵权法和空间计量方法相结合进行时间分异分析，借助GIS空间自相关及热点区分析方法进行空间格局分异分析。

在剖析长江中游城市群城镇化质量时空分异的影响因素及动力机制中，用空间面板数据回归分析法进行相关动力机制及演化路径的推理。

在国际经验借鉴研究中，采用比较分析法和案例分析法。

在提出长江中游城市群高质量城镇化发展策略的过程中，运用相关理论进行规范研究。

1.5 创新之处

（1）学术思想和学术观点的特色和创新

不同学科领域、不同理论视角对城镇化质量认知有各自考虑，导致我国城镇化质量研究缺乏较为统一的学术分析框架。本课题站在新发展理念的战略高度上，搭建分析城市群高质量城镇化的学术框架体系，其学术思想高度和出发点都具有一定的特色和创新，可以丰富和完善城市群城镇化质量研究的相关理论和成果。

“创新、协调、绿色、开放、共享”等新发展理念是一种全新的、系统的、科学的发展理念，国家层面也多次强调，要以新发展理念引领新型城镇化，城镇化主体的城市群贯彻贯通新发展理念，既是全面协同推进城市群城镇化高质量发展的重要途径，又是新时代城市群城镇化发展的必然要求。因此，到底如何将新发展理念贯穿到城市群城镇化的高质量发展当中，尚缺相关系统的研究，本书试图全面系统地进行研究，以长江中游城市群为研究对象，其学术观点有一定特色和创新。

（2）研究方法的特色和创新

一方面，在分析长江中游城市群城镇化质量的时间分异情况中，通过利用空间面板数据和实地调查采集数据的方法获取一手和二手数据，用熵权法和时序全局主成分分析法相结合进行时间分异分析；另一方面，在其空间分异情况分析中，本书兼顾空间效应的探索性空间数据分析（ESDA）和地理加权回归（GWR）模型等方法，更好地解释区域空间格局的演变机理。在度量出长江中游城市群城镇化高质量发展水平的基础上引入ESDA－GWR，从时空双重维度探讨2013—2019年长江中游城市群城镇化高质量协同发展的空间格局演变机理，深入揭示其动态演变过程，为进一步研究长江中游城市群城镇化高质量发展提供有益借鉴和参考。与此同时，在剖析长江中游城市群高质量城镇化时空分异的影响因素和动力机制中，用空间面板数据回归分析法进行推理分析。通过使用多种方法进行分析，可以克服现有研究模型单一和数据查找困难的不足，也进而凸显了研究方法的特色和创新。

第2章

城镇化质量研究现状与热点分析

随着城镇化发展的不断深入，与城镇化发展速度相对应的城镇化质量开始引起广泛关注，作为一个反映城镇化推进进程的重要衡量标准，理论界对城镇化质量的相关研究也如雨后春笋般涌现。而在高质量发展的新阶段，亟须对我国现有的城镇化质量相关文献进行梳理与述评，以全面了解中国城镇化质量研究的发展现状及热点问题，进一步丰富我国城镇化质量研究的理论基础，为指导提升城镇化高质量发展提供全面的理论支持。有鉴于此，本书利用 CiteSpace 可视化软件和计量可视化分析方法这一新的文献分析工具，对“城镇化质量”的高质量文献进行知识图谱分析，找出研究的热点，分析研究存在的一些可供弥补之处，为未来开展更广、更深入的研究提供依据。

2.1 数据来源与研究方法

2.1.1 数据来源

本书研究数据来源于中国知网数据库，在期刊的高级检索模式下，以“城镇化质量”或“城镇化高质量”为关键词进行检索，在对其进行检索时发现 1999 年之前对城镇化质量的研究文献只有几篇，且文献之间间隔几年。因此，本书设定搜索年限为 1999—2019 年，在其中选取 CSSCI 来源期刊文献作为研究对象，共得到 680 篇相关文献，对检索相关结果进行严格筛查，剔除一些关联性不高的论文，尤其是排除其中与城镇化质量相关的新闻报道、会议通知等，最终得到有效的研究文献共 642 篇。

2.1.2　研究方法

近年来，运用 CiteSpace 软件以及中国知网中的计量可视化分析工具，就相关研究问题的现状与进展展开知识图谱分析成为文献研究中的热点方法。CiteSpace 是一个基于“共现聚类”思想，运用 Java 程序进行设计研发，可对文献中的信息单元（关键词、主题词、研究机构和作者等）进行提取，并对这些提取的信息数据进行科学计量、数据挖掘、自动聚类，将特定学科和专门研究领域相关知识的隐含规律和模式进行可视化表达的一种科学分析工具，以增强研究人员对这些零散的、抽象的信息的认知。本书主要使用 CiteSpace 软件将知网数据库中提取到的与城镇化质量相关的数据进行格式转换，对文献进行分析，生成知识图谱，同时也借鉴计量可视化分析中的一些图表，通过节点的大小、连接程度等分析中国城镇化质量研究领域的发展现状及热点(时间跨度设置为 1999—2019 年)，同时，选取该领域的论文作者、研究机构和主要关键词作为研究对象展开深入探讨与分析，并生成共现图谱进行可视化分析，同时，就相关的规律性因素进行解读，寻找出中国城镇化质量研究的热点问题、典型专家、实力研究机构以及研究的主要领域和进展，为后续研究人员开展相关领域深入的研究提供一定的支撑和参考。

2.2　文献统计分析

2.2.1　研究阶段

分析各研究阶段的论文数量，是挖掘研究热点趋势的重要途径，有关城镇化质量研究的年发文情况如图 2－1 所示，可见，城镇化质量研究的相关论文发表数量总体上呈现出增加的态势。尤其是 2013 年之后较 2012 年之前的论文发表数量是急剧增加，说明有关城镇化质量的研究得到了学术界的高度关注。从研究的阶段特点看，经历了 1999—2012 年的缓慢发展期，2013—2014 年城镇化质量的研究迅速增加，2015—2019 年进入了平稳发展期。国家在2001年提出实施城镇化战略，把城镇化发展提高到了经济社会发展的战略高度，在这段时期，学者主要研究的是如何提高城镇化水平而忽略了对城镇化质量的重视。2013年3月，中国社科院城环所与《中国经济周刊》联合发布了《中国城镇化质量报告》，引起了学者的广泛关注，因此在2013—2014年间有关城镇化质量的文献迅速增加。从党的十七大报告提出“城镇人口比重明显增加”到党的十八大报告提出“城镇化质量明显提高”，意味着中国开始走以城镇化质量为核心的新型城镇化发展道路。因此，近几年来对城镇化质量研究的文献数量并未有明显减少，未来对于提高城镇化质量的研究力度也不会变小。

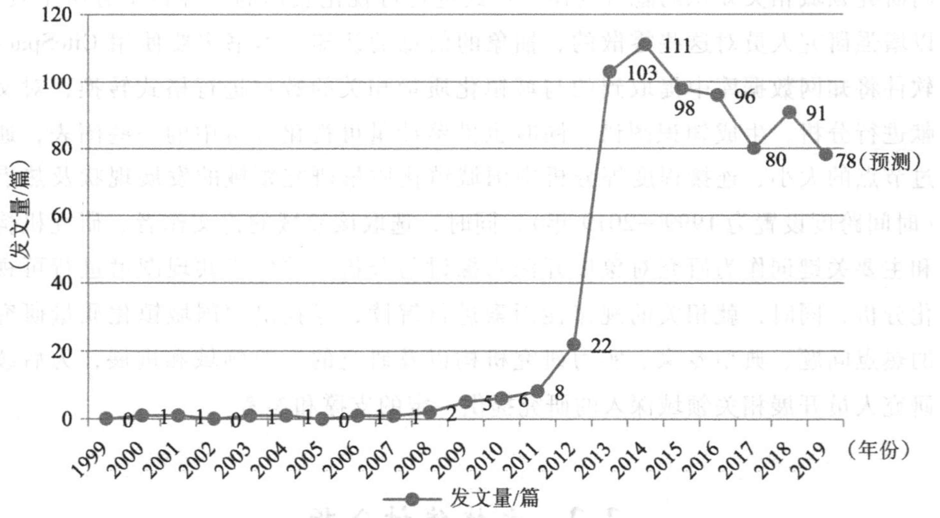

图2-1 1999—2019年城镇化质量研究文献历年数量

2.2.2 研究机构分析

分析不同研究机构在城镇化质量研究方面的刊文情况，可以寻找到相关领域国内知名的研究机构分布以及在城镇化质量研究方面的贡献度，将642个数据用CiteSpace进行分析，整理了发文数量前14名的研究机构，见表2-1。

从表2-1中可以看出，发表论文最多的研究机构是中国科学院地理科学与资源研究所，如学者方创琳对城镇化质量展开了大量的理论和实证研究，产生了许多高质量的成果；其次是东北财经大学公共管理学院，如学者张明

表 2 - 1 1999—2019 年城镇化质量发文数量前 14 名研究机构

序号	发文数量	首次发文年份	研究机构
1	12	2014	中国科学院地理科学与资源研究所
2	9	2013	东北财经大学公共管理学院
3	7	2018	中国科学院大学资源与环境学院
4	6	2013	国家行政学院
5	6	2017	中国社会科学院农村发展研究所
6	6	2013	中国人民大学经济学院
7	6	2013	中国社会科学院研究生院
8	6	2014	中国社会科学院城市发展与环境研究所
9	5	2017	华中科技大学经济学院
10	4	2016	中国地质大学（武汉）经济与管理学院
11	4	2013	对外经济贸易大学国际经济研究院
12	4	2013	江苏省政府研究室
13	4	2016	吉林大学生物与农业工程学院
14	4	2017	南昌工程学院经济贸易学院

斗从不同的角度探讨了影响城镇化质量的因素；再次是中国科学院大学资源与环境学院以及国家行政学院等单位，如国家行政学院的学者张占斌分析了城镇化质量的战略意义及其与速度之间的关系。表 2 - 1 中的这些研究机构都对城镇化质量评价、协调性等方面做了研究，开始注重对新型城镇化高质量发展方面的研究。从研究机构的性质来看，城镇化质量的研究机构基本是中国科学院地理科学与资源研究所、中国社会科学院农村发展研究所和中国社会科学院城市发展与环境研究所等科研机构。将其按照发文数量进行排序，发文量前 10 名的机构共发文 67 篇，约占总文章的 10.5%。其中，发表文章数量最多的机构是中国科学院地理科学与资源研究所，共 12 篇；东北财经大学和中国科学院大学分别为 9 篇和 7 篇。以上表明进行城镇化质量研究的机构有一定的分散性，论文研究针对性上也有一定差异，说明相关城镇化质量的研究还比较分散，还不够聚焦，还缺乏专门的研究机构或智库。从二级机构来看，成果主要集中在地理科学与资源环境方面的研究所、经济与公共管理方面的大学学院，还有一些智库或者专门的研究机构，结合高产出作者文献进行分析可知，中国科学院的研究内容比较广泛，涉及到对城镇化发展脉络的梳理、质量的评价以及提升对策研究，东北财经大学主要的研究方向是

城镇化质量的评价、城镇化水平与城镇化质量的协调性以及对城镇化质量对策的研究，中国科学院大学对城镇化路径、模式、城镇化高质量的内涵和人口城镇化等方面进行了研究。通过对这些主要研究机构有关城镇化质量相关研究文献之间的研究关系进行分析，从表面上来看，这些研究机构存在一定的合作关系（如图 2－2），主要合作的机构有中国人民大学—西南大学，中国社会科学院—北京交通大学，中国科学院—河南大学—新疆大学—中国科学院大学；但总体来看，结合这些产出的系列性和成果的聚集性来看，研究机构之间的合作强度还是不太大，一些合作主要也是内部机构之间的合作，如中国社会科学院城市发展与环境研究所、中国社会科学院研究生院、中国社会科学院农村发展研究所和中国社会科学院数量经济与技术经济研究所等不同研究所之间的合作。

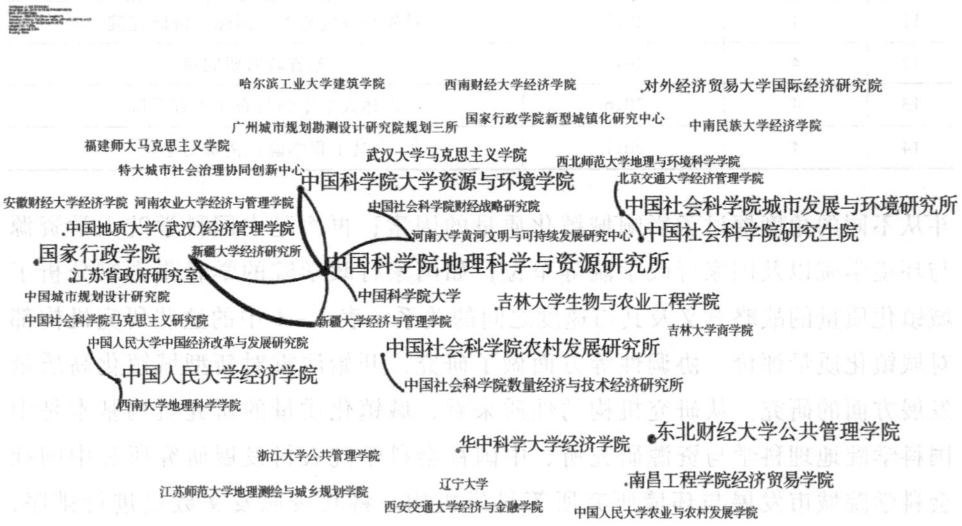

图 2－2 1999—2019 年城镇化质量研究机构共现图谱

2.2.3 研究热点及态势

关键词是对文献研究主题和内容的高度归纳和概括，通过分析不同作者和不同研究机构在城镇化质量研究有关文献之间的共同关键词，可以透视到一些共同的研究热点问题。通过对城镇化质量研究文献的关键词的分析得到如图 2－3 的可视化图谱，图中节点共有 150 个，连接线有 354 条，网络密度为 0.0317。

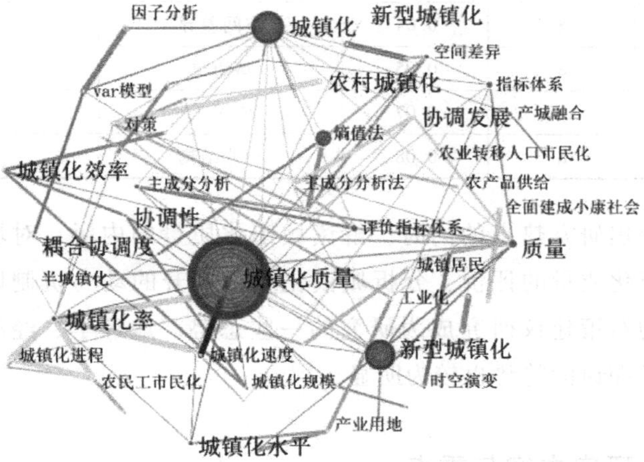

图 2－3　1999—2019 年城镇化质量研究关键词共现图谱

图谱中共现的关键词有 150 个，按照词频排序统计，提取频次大于等于 8 且中心性大于 0 的关键词，如表 2－2 所示。去除检索词“城镇化质量”“城镇化”，可以发现“新型城镇化”“人口城镇化”“土地城镇化”“经济增长”和“协调度”等是研究的热点问题。

表 2－2　1999—2019 年城镇化质量研究高频关键词及中心性

序号	频次	中心性	关键词	最早年份
1	238	0.68	新型城镇化	2011
2	201	0.47	城镇化	2008
3	115	0.48	城镇化质量	2012
4	25	0.07	人口城镇化	2013
5	13	0.07	土地城镇化	2013
6	12	0.02	经济增长	2014
7	11	0.09	协调度	2014
8	10	0.01	长江经济带	2018
9	10	0.04	市民化	2013
10	10	0.04	协调发展	2012
11	9	0.00	生态环境	2015
12	9	0.01	耦合协调度	2016
13	9	0.01	高质量发展	2018

续表

序号	频次	中心性	关键词	最早年份
14	8	0.04	空间差异	2013
15	8	0.05	城市群	2013
16	8	0.07	农民工	2013
17	8	0.08	产业结构	2014

当然在聚焦研究热点的同时，解读城镇化质量的内涵、对城镇化水平的测度以及城镇化质量的评价、分析城镇化质量提升的动力机制以及阐述提升城镇化质量的对策建议研究成为研究的一些态势，地理学、经济学和政治学等多学科交叉探讨的趋势也较为明显。

2.2.4 研究内容与重点

（1）关于城镇化质量的测度研究

在测度的方法上，一些专家运用不同的方法进行了探索，如运用纵横向拉开档次法测算2004—2014年中国省级层面的城镇化质量的空间格局分异、基于专家群决策的网络分析法和基于变异系数的因子贡献法对中国和各省市2000—2016年的数据进行了时间和空间维度的测度和比较、利用改进熵值—TOPSIS—灰色关联的方法分析新型城镇化质量综合水平和协调度、借助普通最小二乘法和空间分析法等确定指标权重对城镇化质量进行评价和动力机制分析。在测度的对象上，大到从国家层面进行分析，小到从一个县级层面进行分析，如从全国层面，有学者对中国31个省（区、市）城镇化质量和水平进行了综合评价；另如从省级层面，有学者对安徽16个地市城镇化质量进行了测度并依据指数值进行了排序；还如从市级层面，有学者对武汉市2010—2016年的新型城镇化质量进行分析；此外，还有从县级层面根据县域的实际情况构建了城镇化质量评价体系进行评价，总体来说，基于全国以及省域范围的研究相对较多，而对于市级和县域的研究相对较少。

（2）关于新型城镇化质量提升机制与路径的研究

新型城镇化是我国国家发展战略的重要组成部分，是中国特色社会主义事业发展的重要推动力。近年来，有关新型城镇化质量提升的动力机制和对策建议研究受到较高的关注。相关的研究主要围绕如何科学规划新型城镇、如何治理城镇产业结构失衡问题，如何构建合理的新型城镇化融资机制和如何解决新型城镇的公共服务滞后问题，以促进我国新型城镇化可持续发展。同时，一些研究围绕新型城镇化发展的路径，做了有益的探讨，如围绕城镇“生态文明”探索“以人为本”的新型城镇化道路、围绕城镇资源禀赋探索因地制宜确定不同类型城镇化高质量发展的多元化路径、围绕城镇高质量发展的动力因素探索行政力、市场力、外向力和内源力等促进新型城镇化高质量发展的路径与策略及围绕新型城镇化发展过程中的产业结构探索产业型新型城镇的发展路径。当前学术界对于新型城镇化的动力机制及路径的研究大多集中于对理论概念的阐述，而对于具体实施的方法、手段等没有深入的研究。

(3) 关于城镇化质量与其他因素的协调性研究

城镇化水平与城镇化质量协调度是一个反映城镇化水平与城镇化质量协调度状况好坏程度的量化标准。到底哪些因素与城镇化发展相协调，对促进城镇化质量提升有重要作用，成为了研究的热点。如基于城镇化与生态环境间的协调关系对城镇化质量产生的影响，研究城镇化与生态环境之间存在的复杂非线性耦合关系，分析环境规制对城镇化质量的影响，从生态环保政策、土地开发强度等影响城镇化质量提升的共性因素展开深入研究。另外，从城市和农村如何协调发展，促进城乡融合发展的角度，探讨城镇化质量发展的路径，研究城镇化水平与农村发展的协调程度及空间分异规律，并探寻城乡融合发展的相关影响因素，为推动城乡高质量融合发展提供建议，也为城镇化质量提升提供了新的视角。从城乡二元体制、生产要素流动与城乡融合等视角考察与城镇化质量关系，研究这些因素对提升城镇化质量的重要作用，认为只有深入推进城乡二元结构体制改革，同步推进城乡生产要素流通，促进城乡协调融合发展，才能有效地提高城镇化的整体质量水平。从农产品流通与城镇化的高质量协同发展的角度出发进行了研究，通过实证研究的方式提出了影响两者的主要因素，并提出了一定的建议。此外，还有研究利用时空耦合动力学模型探讨，对特大城市群地区大中小城市高质量协调发展进行了科学分析。

(4) 关于人口城镇化与土地城镇化的高质量发展研究

人口城镇化一直是衡量我国城镇化水平的一个重要指标。而推进城镇化的首要任务是促进有能力在城镇稳定就业和生活的常住人口有序实现市民化。目前，“土地城镇化”快于“人口城镇化”，土地城镇化增加率长期保持高速增长的态势，而与快速土地城镇化相对应的是滞后的人口城镇化进程，这种现象导致的“半城镇化”使得留守儿童、留守老人、留守妇女这三类特殊群体大量且长期存在于农村地区，可能会引发社会问题，影响社会安定。因此，促进人口城镇化与土地城镇化的高质量发展成为研究的热点。学者们认为从土地城镇化向人口城镇化转变，实行包容增长，走以人为核心的城镇化道路是提高城镇化质量的必然路径。还有学者指出城镇化是一个涉及人口、土地等众多因素的复杂系统，人口城镇化与土地城镇化的耦合协调发展是一个综合发展的过程，是推进城镇化是否健康高质量发展的关键因素，并提出应该坚持“人口与土地”城镇化均衡发展的道路，同时，要结合各地的区位、资源、经济和发展水平差异，制定相应的政策，以科学合理地推进城镇化高质量建设，尤其提出要警惕“冒进式”土地城镇化发展，合理推进不同规模等级城市的人口城镇化进程，注重城镇化的内涵发展，提高建设质量，缩小区域城镇化发展水平差距。此外，还有学者基于人口—土地—经济城镇化协调性的视角，分析对经济增长的刚性需求、土地征用的非市场化体制、二元户籍制度及地方政府的短期行为等对城镇化质量的影响机理，提出转变城镇化的发展方式，加快土地征用市场化改革，科学规范政府行为等来改变现在人口、土地、经济不协调的状况，促进城镇化高质量发展的思路。

需要说明的是，用 CiteSpace 去理解和刻画中国城镇化的研究热点问题和过程会有可能忽略一些学派或学者的观点，一些学者可能在国外期刊发表的论文以及撰写的著作没能统计进来，为了弥补相应的不足，可以对中国城镇化研究领域的专家的相关论文和著作进行再梳理，对一些学术流派的观点做一些补充。

一方面，从学术流派来看，研究中国城镇化的学派主要有以下主流学派和主要观点，如经济地理学派的主要代表人物有顾朝林、郭焕成和崔功豪等，他们主要是从城市密集区以及空间区域等角度对城镇化进行了研究。顾朝林从如何保持中国城市及其密集区的持续发展以及保持这种持续发展需要采取的对策的角度探讨了中国城市可持续发展的研究方向；张京祥和崔功豪以后现代主义为背景，从城市空间结构的角度出发对城市化进行了探讨；郭焕成主要对我国农业及农村的发展进行了研究，从农村经济发展过程、农村经济发展、农业发展驱动力与对策以及农业、农村的可持续发展等角度进行了研究。生态环境学派以周复多为代表，他们认为城镇化发展过程中要妥善处理好城镇发展与区域生态环境的关系，提出了应保持适宜的城镇化速度，有序推进城镇化的进程，要从经济、社会、生态等多个方面来衡量城市发展与城镇化水平，并指出走可持续发展的城镇化道路的关键是提高人的素质，全面提升城市品位和生活环境。

另一方面，从国外文献中查找到了一些关于中国城镇化的相关研究。如 Shen 等通过对城市化和城镇可持续发展的研究，提出了一种评价城市化可持续发展的模型，这种模型可以帮助决策者来制定决策，并且可以比较不同城市的可持续发展，从而获得成功的经验。Liu 等对中国城市化过程中产生的“城中村”现象进行了分析，利用中国城市与城中村的数据进行了实证研究，揭示了城中村的一般特征，并且指出国家调控下的城中村会产生复杂的结果。Li 等以中国山东省济宁市为例，开发了一个包含 52 个城市可持续发展指标的系统，该指标涉及经济增长和效率、生态和基础设施建设、环境保护、社会和福利进步以评估未来 20 年中不同时间的城市可持续发展能力。Zhang 和 Song 等评估了 1978 – 1999 年城市迁徙在中国城市化进程中的作用以及通过时间序列和横截面数据以实证方法调查迁徙热潮背后的因素。国外文献中关于中国城镇化的可持续发展以及一些城镇化发展质量的研究，为深入推进中国城镇化高质量发展提供了一定的参考。

2.3　研究述评与展望

2.3.1　研究述评

通过利用 CiteSpace 对 1999—2019 年 CSSCI 期刊有关城镇化质量研究文献进行分析得出：

第一，研究趋势方面。一方面结合发文的相关时间段来看，发文量总体呈增加趋势，从开始的发文量缓慢发展到快速增长，进而过渡到平稳发展的状态，特别是 2013 年以来的发文量明显较之前增加许多，表明近年来城镇化质量的研究已经成为学术界研究的重点和热点问题；另一方面结合发文的作者和机构来看，张明斗、张占斌和方创琳等是该领域的核心作者，相关的研究机构主要集中在中国科学院地理科学与资源研究所、东北财经大学及中国科学院大学，其中，前者发文量最多。从相关研究的研究机构和研究人员之间的合作关系来看，整体上看有一定的合作关系，但呈现出分散特征且联系程度较弱的特点；而从研究机构之间的合作程度来看，呈现出部分集中整体分散的特征且合作强度不太大的特点。

第二，研究内容方面。当前研究大多集中在如何建立评价指标体系以研究某一区域城镇化质量的高低，大多数文章都是建立在文献基础上提出一些指标体系，而较少地研究城镇化质量的内涵以及支撑理论，存在重评价轻理论研究的现象，尤其是建立在某个理论框架或者学术框架基础上探讨城镇化质量评价指标体系构建的相关研究还需加强。

第三，研究对象方面。已有研究大多集中于较发达地区以及研究大多是基于全国和省际的城镇化质量的研究，而较少地关注中西部欠发达地区以及市级、县级的研究，同时，对热点战略区域的研究关注有些滞后或者略少了点，对支撑城镇化高质量发展的大中小城市协调发展的具体研究也比较少，而恰恰这些是破解城镇化高质量发展的现实难题的重要突破口，亟待加快相关领域的研究。

第四，研究方法方面。有关城镇化质量的现有研究大多是基于某一方法或模型对具体的地区进行定量分析，大多数的研究是以实证研究为主，为城镇化高质量发展提供了科学参考。然而，对于运用跨学科知识和方法来开展相关研究的方法还比较欠缺，尤其是综合运用地理学、信息科学、管理科学和大数据等领域的知识和工具来分析评价和探讨城镇化质量的相关跨学科研究方法有待加强渗透。

2.3.2 研究展望

新时代我国新型城镇化已经进入了高质量发展阶段，城镇化增速将有所放缓，加快城镇化转型，全面提高城镇化质量，让城市生活更美好、更有温度，是摆在理论界和实践界的热点问题。党的十八大、十八届三中和四中全会明确将生态文明建设融入城镇化的全程，中央城镇化工作会议、党的十九大报告以及国家“十四五”规划纲要等相继就提高新型城镇化发展质量提出了新的要求，从新发展理念引领新型城镇化发展，到以城市群为主体构建大中小城市和小城镇协调发展的城镇格局，再到全面提升城市品质与实施城市更新行动等具体举措的出台，都在强调提升城镇化质量。因此，未来城镇化质量应该以现有研究成果为基础，结合新型城镇化高质量的新趋势和新要求，用新发展理念引领新型城镇化高质量发展，从以下几个方面进行深化研究与完善。

第一，在研究内容方面，从理论政策、协调性、对策建议和区域差异等层面对城镇化质量展开深入的研究，尤其是要加强对城镇化高质量发展的理论研究，加强对城镇化质量的评价指标体系科学性和合理性研究，加强对如何走城镇化高质量发展的路径与对策建议研究，同时，有必要加强对如何促进大中小城市协调发展的具体研究等。

第二，在研究对象方面，更需要加强对中西部地区的城镇化质量的研究，加强对粤港澳大湾区、雄安新区和长江经济带等区域的城镇化质量研究，并提出有建设性的建议和对策，提高这些地区的城镇化水平及质量。此外，要提升整体的城镇化质量就要缩小区域发展的不平衡，就要加强对市级及县级的研究，改善区域之间的发展不平衡不协调的现状。

第三，在研究方法方面，在今后的研究中要注重定性研究与定量研究的结合使用、注重跨学科方法和知识的运用，比如借助空间经济学、地理学、大数据、信息科学和管理科学等领域的方法和知识开展研究，今后要加强对新方法、新理论的使用，不断地用新理论、新学科解释出现的问题，提高研究的科学性和系统性。

第四，在研究合作方面，为了避免一些重复研究，可以充分利用大数据带来的信息查询便利性，加强学者之间和研究机构之间的交流与合作，为共同解决一些城镇化高质量发展面临的问题贡献更多的智慧。

2.4　本章小结

运用 CiteSpace 可视化软件和计量可视化分析方法，对 CNKI 中（1999—2019 年）收录的 CSSCI 期刊中有关“城镇化质量”的文献进行图谱分析，对近 20 年来城镇化质量研究领域的发文数量与研究机构及其合作关系、城镇化质量的研究热点进行了梳理。研究结果表明：①从发文数量来看，21 世纪以来关于城镇化质量的研究成果不断丰富，文献数量不断增加，但是作者之间、研究机构之间的合作关系较弱；②有关城镇化质量的研究经历了缓慢发展阶段、迅速增长阶段以及平稳发展阶段；③研究热点主要集中在新型城镇化道路、城镇化发展的协调性和人口城镇化等方面。未来有关城镇化的研究将更加注重城镇化质量的提升，注重对新型城镇化高质量发展路径的研究。

第3章

新发展理念下城市群高质量城镇化发展的协同推进机理分析

在国家实施“一带一路”倡议、推进高质量城镇化发展的大背景下，城市群高质量城镇化协同发展意义十分重大。探讨长江中游城市群高质量城镇化协同发展的动力机制，对于优化城市群生产力布局，推动长江中游城市群更好更快地发展，具有十分重要的意义。站在新发展理念高度，从全局和长远的角度来看待长江中游城市群高质量城镇化的发展，根据全局性和长远性给予其理论指导和实践指导。在当前背景下，长江中游城市群的发展也将迎来新的发展阶段，从经济、社会、文化等角度来看，目前各地区协同推进力度和深度还不够，地区间的联系强度还不太大。因此，本章在新发展理念的基础上，对长江中游城市群高质量城镇化协同发展的动力机制进行研究，试图为推进其高质量发展提供理论支撑。

3.1 新发展理念下城市群高质量城镇化发展的协同推进理论基础

3.1.1 区域经济地理学条件论

从事区域经济地理学的专家学者认为，区域经济地理学条件论着重考虑人与所处的地理环境关系，根据人地关系来指导经济社会发展。因此，他们强调要从分析地理条件、区域情况入手，确定区域发展战略，其中重点考虑如下几个方面的因素：一是自然条件，包括人类赖以生存的水、土地、气候等。城市发展也是如此，考虑城市的承载力过程中，必然考虑城市人口生存的水、土地以及气候因素。二是经济条件，包括经济基础、资金条件。城市发展过程中，要兴建基础设施，需要大量的资金，必须考虑城市的经济基础。三是位置与交通基础条件，包括影响经济地域发展的地理区位、交通和信息便捷程度。城市交通等基础设施正在日益改变着城市的规模和结构以及空间分布，因此，需要考虑其区位情况，交通通达性。四是人口、劳动力和科技条件。城市高质量发展离不开人才，高质量的产业需要高技术的人才支撑和科技支撑。五是社会条件，包括政治环境、体制机制等因素。上述这些因素和条件相互关联，互为影响。

本书考虑城市群的高质量发展就是要分析在城市群高质量发展过程中的地理条件情况，根据城市群所辖城市的自然条件、经济条件、交通条件、科技条件以及社会条件等，结合新发展理念，将城市群的条件与新发展理念结合起来，推动城市群高质量协同发展。

3.1.2　协同理论

著名物理学家哈肯于 1971 年提出了协同理念，并在 1976 年系统阐述了协同理论，认为千差万别的事物，放在一个大的系统中，都会存在着相互影响而又相互合作的关系。而后的学者丰富了协同理论，认为协同理论主要包括三个方面的内容：一是协同效应，即复杂开放的大系统中子系统相互作用而产生的整体效应，这个整体效应是系统有序发展形成的内驱力大小决定。二是伺服原理，即快变量服从慢变量，序参量支配子系统行为。其中系统中的一些关键变量对系统演化的整个过程起着支配作用。三是自组织原理。即系统在没有外部指令的条件下，其内部子系统之间协同作用而形成新的时间、空间或功能有序结构。从协同理论的解释来看，城市群本身是一个大的系统，下面有很多的大中小城市，这些城市的发展过程中可以接受来自城市群中心城市带来的辐射效应和带动效应，从而产生强有力的协同效应，也有一些城市群内部组团形成的小城市体，建立的有序空间组合结构，形成一定的自组织效率。

本书考虑城市群的高质量城镇化发展协同推进机制就是要分析在城市群高质量城镇化发展过程中，城市群内各个子系统的有序发展情况，进而在城市空间布局优化、城市治理等方面提出一些协同发展的思考。

3.1.3 区域空间结构理论

美国学者弗里德曼等为代表的区域空间结构理论是在古典区位理论基础上发展起来的重要理论。区域空间结构理论认为任何一个区域处在的发展阶段，决定了其空间结构，因此，科学合理的空间结构要与其所处阶段的自然基础相适应，确保区域合理的承载力与最佳规模，对城市群来说，城市群所辖城市的土地利用空间结构、城镇居民生产、生活、生态空间形态，社会经济载体在空间的分布，其本质是在相互作用，因此，优化这些空间分布，有利于推动城市与区域的科学发展。

本书考虑城市群的高质量城镇化发展协同推进问题，其核心要考虑的就是城市群的空间分布与结构特点，实现高质量发展就是要分析在城市群高质量城镇化发展过程中，城市群内土地、人口、资源、环境、生态、产业等的空间分布，推动其空间结构在较高的水平上达到“最佳”状态。并结合新发展理念，提出促进城市群高质量城镇化发展的协同推进策略。

3.1.4 城市发展阶段理论

有关城市发展阶段的理论源于1837年达尔文提出的生物进化论，生物进化论被广泛应用于各种社会现象研究中。1915年，盖迪斯率先把进化论和生态学原理应用于城市研究中，提出了城市进化论的观点。20世纪50年代以后，随着世界大城市的不断兴起，关于城市发展阶段的探索与研究不断丰富，随后经历了城市邻里发展阶段、单一职能城市发展阶段、综合性城市发展阶段。邻里发展阶段依据建设状况、种族分布、家庭结构、人口增减等因素，将城市发展分为新建成阶段、正常使用阶段、老化阶段、恶化阶段、贫民窟阶段等五个阶段，并提出了随着城市发展阶段的演化，要配套出台城市更新、房屋信贷、公共财政支出等相关政策，推动城市高质量健康发展。单一职能城市发展阶段则是从专业化分工视角将城市划定单一基本职能，例如资源型城市、纯粹的经济中心城市或纯粹政治中心等，并按照城市的生命周期和发展阶段，将城市发展阶段一般归纳为形成期、扩张期、繁荣期和衰退期等四个阶段，并主张按照城市单一基本职能属性，以及其属于的阶段特征，采取有针对性的发展措施，如资源型城市在其衰退期应着重考虑转型发展问题等。

综合性城市发展阶段认为综合性城市才是城市的一般特征，具有综合性、复杂性与开放性等特点，并将城市发展阶段划分为集中城市化、郊区化、逆城市化和再城市化四个阶段，推动不同阶段的城市高质量发展要考虑其所在城市的综合性因素和复杂性因素，综合施策。鉴于此，城市群的高质量城镇化发展，本质上是城市发展到一定阶段的要求，与城市发展阶段理论有着密切的关联。

本书考虑城市群高质量城镇化的发展就是要分析在城市群高质量城镇化发展过程中，城市群内处于不同阶段的城市实际情况，如大中小城市的发展基础、资源禀赋等多方面因素，以采取综合措施推动大中小城市的高质量协调发展。

3.1.5　系统理论

系统理论的开创者是塔朗菲，他认为在复杂的现代技术背景下，要从整体上系统地分析与解决问题，并认为整体性、关联性、动态性等是系统理论的基本特征。同时，在考虑系统理论的基础上，形成以约翰逊、卡斯特、罗森茨韦克等为代表的系统管理学派，他们强调要实现高效的管理，需要统一协调好组织内各要素，同时，要密切考虑组织与外界联系的开放性特点，不断调整以实现自身高效发展的需要。城市是由人口、交通、住房、医疗卫生、商品生产等众多子系统构成的一个整体。而城市群则由众多不同等级的城市组成，内部结构更为紧密，是一个具有高度整体性、关联性与动态性的空间组织形式。城市群高质量发展离不开组织内各要素、各系统紧密合作。只有从系统管理论的高度出发，统筹、协调考虑城市群高质量发展问题，才能确保城市群长期、有效的高质量发展。

本书考虑城市群高质量城镇化发展就是要将城市群看作一个密切关联的城市结合体，在高质量城镇化发展过程中，考虑城市群高质量发展的各种内外部影响因素，真正把握城市群高质量发展的内涵，以新发展理念为统领，推进城市群各个方面的高质量发展。

3.1.6　可持续发展理论

可持续发展理论的形成经历了相当长的历史过程，从1962年莱切尔·卡逊专著《寂静的春天》，唤起了人们对于人类持续发展的思考，随着工业化带来的种种环境问题，推动了学术界对可持续发展道路的探索。从理论的角度看，可持续发展理论的核心内容是环境与发展。从实践角度看，经济社会发展与生态环境的保护是既对立又统一的。两者相互影响、相互制约，经济社会的发展必然要消耗资源、产生污染，在严重的情况下甚至会对环境产生不可逆转的伤害，同时生态环境问题又会阻碍经济社会向更高质量发展。如何协调发展与环境的关系，是解决两者矛盾、实现从相互制约向相互制约迈进的关键。而在城市可持续发展过程中，学者们更多地关注在城市规划和建筑业中，尽量减少能源和水的消耗、同时也减少废水废弃物排放的绿色生态可持续发展。城市群城镇化高质量发展的“高质量”必须落脚在“创新、协调、绿色、开放、共享”上，其中“绿色”要求将城市发展与环境并重，要在可持续发展理论的指导下实现高质量城镇化的发展。

本书考虑城市群高质量城镇化发展就是要推动城市群城镇化的可持续发展，在高质量发展过程中实现可持续发展，考虑城市群高质量发展过程中的发展规模和环境效应问题，如考虑城镇化发展效率与环境发展的关系，真正把握城市群高质量发展与环境的协调，推进城市群可持续发展。

3.2 新发展理念下城市群高质量城镇化发展的协同推进的作用机理

3.2.1 创新发展是协同推进的根本动力

构建区域创新协同机制成为城市群内部协同发展的关键。在城市群城镇化高质量发展的大背景下，通过协同创新可以共同开展科学技术研发和科技攻关，提高科研成果产出水平，推动产学研合作，形成高科技产业，产出更多市场需要的创新产品，一些高端技术应用于制造业，让城市群发展减少对稀缺资源的依赖，创造现代化的城市群发展环境。创新对于城市群发展的作用机制又可以分为资源基础、能力支撑和产出绩效三个方面，每一个方面发挥的作用都各不相同，如图 3－1 所示。

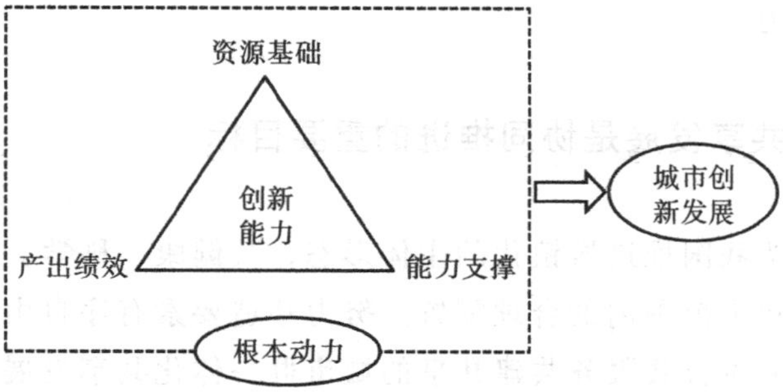

图3-1　城市群创新发展的根本动力

一是资源基础为创新发展提供条件。资源基础是创新发展的前提条件。资源一般分为知识性资源、财产性资源和混合性资源。创新的本质属性是知识属性，知识创新是持续创新的基础，财产性资源是创新的物质条件，而属于混合性资源的科技研发机构是知识创新的源地，同时也是新时代城市群创新发展的标配。一个城市的创新的资源基础强弱可以从该地区的科学技术支出、普通高等学校数量、工业总产值和地方的科技研发平台等指标看出，并且这些指标与创新资源基础是正相关关系。地区生产总值越多，就越能够促进该地区创新资源基础集聚；普通高等学校数量越多，也越能够促进地区创新资源基础水平提高。

二是能力支撑为创新发展提供保障。创新的能力支撑主要包括创新的体制机制和人员支撑等方面的支撑。地区创新的氛围活跃程度对于创新发展有强有力的保障作用。体制机制则体现了社会发展过程中制度对创新的支持力和变革力。而创新人员的支撑则是创新发展上最坚实的支撑力。一个地区对于创新的能力支撑体现在拥有R&D活动的单位个数，政府对于R&D活动的支持力度以及基础和应用研究人员的数量。拥有R&D活动的单位个数越多及政府对R&D的支持力度越大和该地区从事基础和应用研究人员的数量越多，证明该地区对于创新发展的重视程度越高，对创新发展的能力支撑就越大。

三是产出绩效为创新发展提供方向引领。产出绩效衡量了创新能否为经济社会发展带来实际的效益。产出绩效主要体现在创新的知识成果数量和知识成果转为实际收益两个方面，知识成果到实际收益转化主要是指原始技术创新——技术产品化——产品产业化的转化过程。地区的专利申请个数、科技论文数和高新技术产品占GDP的比重等指标直接反映出该地区创新的产出绩效，同时最新的专利或者是科技论文数也为创新发展提供了方向引领，指导该地区可以侧重从哪方面实施创新，进而为整体的城市群城镇化高质量发展提供根本动力。

3.2.2 共享发展是协同推进的重要目标

城市群作为我国推进城镇化的主体形态，其健康、科学、共享发展有助于实现资源在更大范围内的合理配置。努力塑造要素有序自由流动、主体功能布局合理、基本公共服务共建共享的城市群一体化共享发展新格局，是城市群实现高质量发展的重要目标。在推进城市群城镇化高质量发展的过程中，要始终注重维护整个城市群内地区间发展的公平性，保证各地区和全体劳动者能够享有平等的发展机会，获得均等化的基本公共服务；共享是共同分享，不仅要求公平和平等地享用公共环境和服务，更要求发展机会的共享，这是实现城市群高质量城镇化发展的必然结果。共享发展主要体现在基础设施共享、公共服务共享、发展机会共享和发展成果共享四个方面，且这四个方面是层层递进的关系。共享发展首先要实现基本的基础设施共享，其次是公共服务的共享，接着是发展机会共享，最终实现发展成果共享，如图 3－2 所示。

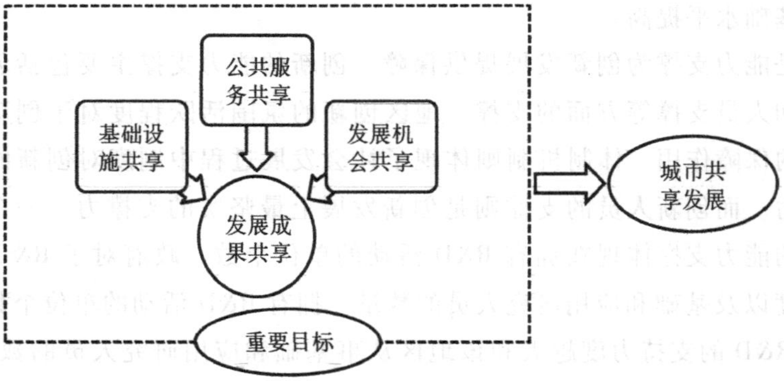

图 3－2 城市群共享发展的重要目标

一是基础设施共享是共享发展的逻辑起点。城市群高质量城镇化发展，统一完善的基础设施建设是前提。城市群的基础设施建设程度，可以通过交通基础设施的互联互通、公共图书馆资源的共享共建和医疗、教育等基础性资源的配置等来具体体现。只有实现了基本的基础设施共享，才会有更多资源用来实现更高水平的共享。

二是公共服务共享是共享发展的重要体现。公共服务共享是指城市群有均等的机会享受到同等的公共服务，不因地区差异而不同。均等的公共服务共享权利体现了城市群一体化过程中实质性的共享程度。公共服务共享才会更好地实现城市群一体化，才会让整个城市群内的居民真切体会到共享发展带来的好处。如建立社保协同互认机制，推进养老保险关系无障碍转移接续等公共服务共享机制建设，对城市群一体化公共服务的共享程度将产生强有力的影响。

三是发展机会共享是共享发展的关键所在。发展机会共享是在实现基本设施和公共服务共享后，要着重达到的目标。城市群内城市与城市之间平等的发展机会是共享发展的关键所在，也是衡量城市群高质量城镇化发展水平的重要尺度。发展机会共享主要反映城市群在公共财政、教育、科学技术和固定资产投资等方面的投入与潜力。平等的发展机会有利于实现人才资源的平等分配。城市群内城市与城市之间平等的人均公共财政支出、人均教育支出、人均科学技术支出、人均城市维护建设资金支出和人均公共财政收入等，有助于吸引人才，留住人才，为城市群高质量城镇化发展提供智力支撑。

四是发展成果共享是共享发展的必然结果。发展的目的是为了共享。发展成果共享主要反映的是城市群惠及人民群众方面的水平。城市群高质量城镇化发展的目标是要该地区人民享受发展带来的好处，这是共享发展的必然结果。如城市群高质量城镇化发展惠及百姓，提高了人均地区生产总值，互联网通信、电视以及新型基础设施的建设和完善，让老百姓感到生活更便利、更幸福，则发展成果共享的程度就越高，对城市群高质量城镇化发展也将产生深远的影响。

3.2.3　绿色发展是协同推进的基础条件

绿色发展是建设美丽城市群的基石。绿色发展关乎人们生活质量的改善，关乎国家可持续发展战略的实现。40 年前重温饱，现在重环保；40 年前重生存，现在重生态，传统的旧的“重经济轻生态”的发展思路使得资源环境受到一定程度的破坏。美丽城市群的打造需要有绿色发展观的引导，才能行稳致远。绿水青山就是金山银山，城市群高质量城镇化发展要走在生态优先、绿色发展之路上。绿色发展包括绿色生产、绿色生活和绿色生态三个方面，如图 3 – 3 所示。

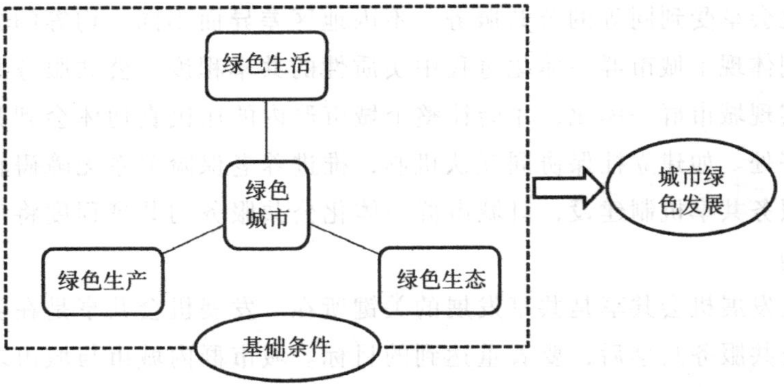

图 3-3 城市群绿色发展的基础条件

一是绿色发展的直接动力是绿色生产。绿色生产是生态文明建设的重要内容，也是工业化提高的重要标志。绿色生产主要反映城市的污染物排放以及工业节能等方面的水平。生产方式涉及劳动者、劳动对象、劳动工具、劳动环境和劳动产品等诸多要素。绿色生产包括这些要素自身及其整体的生态化，如劳动者的生态素养普遍提升、劳动对象得以生态化利用、劳动工具能够节省资源、劳动环境干净无害和劳动产品绿色环保等，并且能够合理配置能源资源，实现整体关系上的优化。一般工业固体废物综合利用率、污水处理厂集中处理率和第三产业占 GDP 的比重等指标反映出城市群绿色生产的水平。

二是绿色发展的有力支撑是绿色生活。绿色生活是一种没有污染、节约资源和能源、对环境友好、健康的生活方式。生活方式涉及衣食住行用各方面，绿色生活体现为人们对绿色食品、绿色服装、绿色住宅、绿色交通和生态用品愈益青睐，对简约适度、绿色低碳的文明生活普遍崇尚。实现绿色生活，城市中人的作用不可忽视。居住城市中人们的生活方式对绿色发展会产生极大影响。只有绿色观念深入人心，才会引导人们在生活中的方方面面为绿色发展做出努力。只有整个城市群实现了绿色发展，才能实现城市群的高质量发展。

三是绿色发展的天然基础是绿色生态。绿色生态观是践行社会主义文明观的核心部分，是实现经济发展，提高幸福感的基础。城市群绿色生态主要反映在森林覆盖率、公园绿地面积等生态环境建设方面的投入与现状。天然的良好生态环境，是城市群在一体化高质量发展过程中最优的资源优势，是任何规划都无法达到的最佳条件。在城市群高质量城镇化发展过程中，要注重对本身绿色环境的保护，因势而造，合理规划绿色面积和道路面积。

3.2.4　协调发展是协同推进的质量要求

改革开放以来，城市群发展日新月异，已经成为带动经济社会发展和现代化建设的重要引擎。在城市群快速推进的过程中，我国城市群发展也出现了群内城市与城市之间的产业同质化和群内城市间差距较为明显等突出问题。推动我国大中小城市协调发展，应深入理解和把握城市群发展背后的逻辑和地缘经济关系，应发挥中心城市的引领作用，促进大城市朝着规模化、小城市朝着专业化方向发展，在大中小城市间形成具有合理地缘经济关系的城市群产业分工和合理布局的体系。城市群一体化协调发展体现在经济协调、社会协调、文化协调和资源协调四个方面，且经济、社会、文化和资源的协调发展是相辅相成的，如图 3－4 所示。

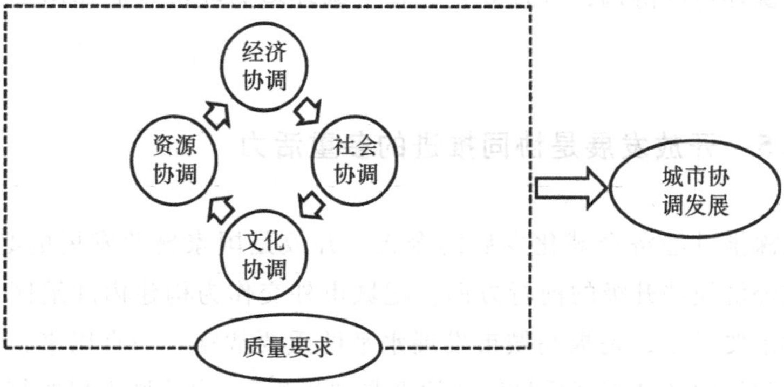

图 3－4　城市群协调发展的质量要求

一是经济协调体现了城市群的产业结构配合度。城市群在发展过程中容易出现产业同质化现象。尤其是中心城市在某一产业上极具优势，周边城市就极易借鉴，由此导致城市群整体在某方面发展非常迅速，而相关产业发展稍显吃力。因此经济协调要求城市群在产业发展上体现各城市的比较优势，在区域间关系上形成优势互补、良性互动的机制，提升城市群作为整体的竞争优势和经济效率，避免重复建设、相互封锁和产业结构趋同化。

二是社会协调体现了城市群的城乡融合度。统筹城乡经济社会发展，是相对于城乡分割的“二元经济社会结构”而言的。传统的城市发展，城市和乡村之间本身就存在差异，因此在城市群高质量城镇化发展过程中，要注重健全城乡发展一体化体制机制，健全农村基础设施投入长效机制，推动城镇公共服务向农村延伸，促进城乡分割的传统“二元经济社会结构”向城乡一体化发展的现代转变。

三是文化协调体现了城市群的思想包容度。城市之间往往因为地理位置优势想要加强联系，进而提出城市群的一体化建设。天然的毗邻关系，使得相邻的城市具有大致相同的文化背景，在城市群的一体化建设过程中，城市之间文化的融合程度，以及文化与物质文明的匹配度，是需要重点关注的。推进城市群的文化协调，为一体化发展提供普适的文化理念，会创造更加包容的发展前景。

四是资源环境协调体现了城市群的规划合理度。资源环境协调更多是指发展能力和发展条件之间的关系。任何城市群的发展都需要建立在自身资源可承载的基础之上，不可估高。土地资源和水资源是区域经济发展的承载基础，是城市群一体化发展最重要的基本要素。城市群的一体化高质量发展要注重与资源环境的协调，合理规划，让资源环境为经济发展作出最大限度的贡献。

3.2.5 开放发展是协同推进的多重活力

在纵深推进经济全球化发展的今天，开放是国家繁荣发展的必由之路，也是地域经济换挡升级的前行方向。把城市外交作为构建内陆地区对外开放新高地的重要抓手，是提高城市发展水平的重要战略。一直以来，经济外向度不高是制约内陆城市高质量发展的重要“短板”。内陆城市想要打造高水平开放型城市，就要在区域竞争中寻找到一把能促进经济快速发展的“钥匙”。而通过开放开发，推动城市实现经济发展不断壮大，开放带来竞争，竞争提高效率，效率催生繁荣，尤其是在城市群内部之间形成开放资源共享和合理利用的机制，可以推动城市群开放发展水平的整体提高，这样的内生循环，也将城市群高质量城镇化发展提升到一个更新的层次。城市群的开放发展主要体现在外贸水平、外资水平和外经水平方面，如图 3 – 5 所示。

一是外贸是城市群一体化开放发展的主要内容。在双循环发展新格局背景下，对外贸易对开拓市场、刺激需求有一定的现实意义，尤其是一个城市的进出口总值、外贸依存度等在一定程度上对城市开放程度产生强有力影响，进出口总值越大，外贸依存度越高，则城市开放程度越高。城市开放发展的

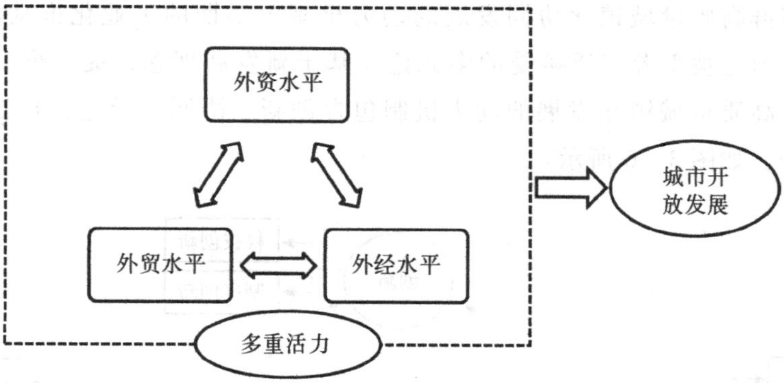

图3-5　城市群开放发展的多重活力

主要内容就是对外贸易，通过对外贸易，让市场机制更好地发挥作用，为城市发展创造更多活力。

二是外资是城市群一体化开放发展的主攻方向。外资水平体现了城市对外的吸引程度。吸引外资对于提升城市发展水平可以起到一定的作用。吸引外资不仅是为了引进技术，也是为了解决城市发展过程中资金不足的问题。外商直接投资项目个数、外商投资经济数额和规模以上外商投资企业个数等指标反映了城市的外资水平。

三是外经是城市群一体化开放发展的必然要求。外经水平是评价城市对外开放程度的直接指标。国际友好城市是开放型经济发展的重要目的地。以友好城市交流为基础，推进对外经济合作，有力地支撑着开放型经济发展水平提升。规模以上工业企业是开放型经济发展水平的重要主体。因此，努力构建国际友好城市，发展规模化的工业企业，就越利于提高城市外经水平。

3.3　新发展理念下城市群高质量城镇化协同发展的动力机制分析

动力机制是指一个复杂的系统内外部组成部分的结构、功能及其各部分之间的相互联系、相互作用、相互影响的关系。因此，分析城市群城镇化的动力机制也应该找出各组成要素并进行深度剖析，从理论上看，本书认为长江中游城市群高质量城镇化发展的核心动力来源于新发展理念。而这些动力在推动长江中游城市群发展的同时，彼此之间也相互作用，相互影响。长江中游城市群高质量城镇化协同发展的动力机制由早期的工业化推动城镇化，发展到目前已被学者广泛接受的多元论。基于新发展理念，提出推动长江中游城市群高质量城镇化发展的动力机制包含创新、协调、绿色、开放、共享五个因子，如图3－6所示。

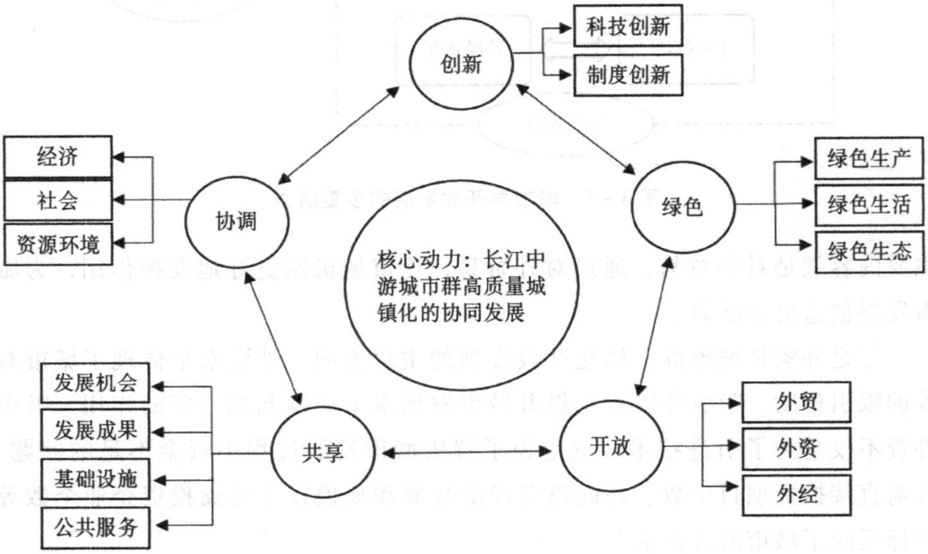

图3－6 长江中游城市群高质量城镇化协同发展动力机制

3.3.1 创新动力因子构成及其动力机制

高质量城镇化的内在发展动力的根本是创新。长江中游城市群实现高质量的经济提升，其切实有效的实践动力来源便是技术创新。纵观目前我国区域发展现状，可以发现创新意识较好、创新能力较强的区域往往拥有行业领先的前沿企业或具有核心竞争力的研发技术。可以说，创新能力是区域和城市在知识时代提升核心竞争力的重要引擎。创新驱动为区域带来新的绿色技术，让区域经济更加高效地运行，促进新型城镇化绿色、集约、高效地发展。

(1) 科技创新

在当前科技作为第一生产力的背景下，科技创新将会在最大程度上影响未来高质量城镇化的发展路径。科技创新能够驱动产业结构升级，推动产业转型发展，推动城市群城镇经济绿色发展；有利于推动产业布局优化，促进城市群城镇空间、能源、资源的高效利用；有利于推动互联网、信息通信技术的发展，推动城镇智慧发展。高质量城镇化更多地强调城镇的绿色、智能、低碳发展，离不开科技创新的战略支撑。长江中游城市群建设高质量城镇化需要建立稳固的科技支撑体系，只有以科技创新为支撑，才能促进长江中游城市群高质量城镇化的健康可持续发展。科技创新主要体现在人员投入、R&D 人员的数量、R&D 经费支出以及专利授权量等指标上。

（2）制度创新

习近平总书记提出，“要积极推进区域发展体制机制创新，探索完善城市群布局和形态、优化开发区域发展”。推动城市群城镇化协同发展，就要实现体制机制的创新，城市群城镇化的协同发展是我国城镇建设的战略部署，涉及社会、文化、经济等多个方面，其中一些重大决策需要有关的法律法规以及政策作为指导。体制机制的创新，使政府在城镇化发展过程中的作用发生变化，从主导型政府转变为服务型政府，进一步深化了市场在资源配置中的决定性作用，推动城市群向开放、共享的方向发展，从而推动城市群的协同发展。新时代城市群创新发展之路的重点在于制度创新，制度创新应该以涉及居民生活的方面为出发点，从人才、资本等方面为源头，促进长江中游城市群的制度创新，从而促进城市群的协同发展。

3.3.2　协调动力因子构成及其动力机制

协调发展是我国经济发展长期以来所遵循的基本方针，新发展理念也强调了协调发展的重要性。高质量城镇化的发展内在要求是协调。区域协调发展是城市化进程中城乡关系发展的追求目标之一，处理好城镇化与农村经济振兴、城镇化与区域城市群协同发展、城镇化与社会各项生产要素的协同发展关系是高质量城镇化的内部要求。贯彻新发展理念，建设现代化经济体系，实施区域协调发展战略是新时期推动城市群城镇化协调发展的重要抓手。协调发展是多元化的发展，是大中小城市各项要素的优化配置与均衡发展，其核心是达到经济、社会、资源环境等的协调发展。因此，长江中游城市群高质量城镇化的协同发展离不开各要素的协调发展，在城市群协调发展中，要认识到经济协调发展是重点，社会协调发展是保障，资源环境协调发展是基础，促进城市群大中小城市协调发展是目的。

（1）经济协调发展

城市群经济协调发展是由于城市群集聚经济效应与城市群集聚的分工经

济效应共同作用的结果。在城市群演进的过程中，由于各区域产业协同发展，对地方政府协同治理、交通基础设施建设、区域间民间企业合作、文化交流、人才和资源要素流动等的需求促进了城市群的全面协调发展。同时随区域内产业的发展壮大，产业由中心城市向周边工商业基础良好、市场潜力大的区域扩散，这一过程会进一步强化城市群内部的经济和产业联系。这种产业扩散的内部动力是产业内部的分工协调、产业要素分布的空间优化。同时城市群是产业分工协作的区域合作基础，多城市群的聚集往往意味着更大的资源吸附能力和自我发展能力，这将会为产业协调发展提供更强大的资源支持。因此，城市群集群不仅仅是空间的一种产业布局形态，更是一种覆盖范围广的区域利益协调安排机制，而且城市群作为一个整体更有利于融入全国或者全球的更大利益安排。武汉城市圈、环鄱阳湖城市群以及环长株潭城市群等都是由于集聚经济效应而聚集所形成的区域城市群，如果想要长江中游城市群形成一个更大范围的协调统一，必须使长江中游城市群的三个子城市群内部产业链相互连接、各种资源实现共享互补，在此基础上逐渐向协调状态演进，随着长江中游城市群生产效率的提高、城市群内部联系的日益紧密，长江中游城市群经济会慢慢达到动态平衡。从以上分析可以看到，城市群经济协调发展与协同发展是完全内在统一的。

（2）社会协调发展

实现社会协调发展，不仅表现为经济总量的增长，还要求实现社会发展重要因素的综合协调发展。因此，社会协调发展会推动城市群高质量城镇化的协同发展，要自觉用协调发展的理念去指导现实中的社会实践。通过实现城乡之间、大中小城市之间的社会协调发展，才能够解决目前仍然面临的一些问题，促进共享目标的实现，从而推动城市群高质量城镇化的协同发展。从本区域的实际情况出发，综合考虑长江中游城市群特有的文化、社会结构和资源状况等因素，选择适合自身发展的社会发展模式，推动社会的协调发展，进而推动长江中游城市群高质量城镇化的协同发展。

（3）资源环境协调

在当今社会发展中，社会发展的合理性不仅表现在强调经济和社会的协调发展，还表现在强调社会发展与自然环境的协调发展等资源环境问题，这也是当前人们普遍接受的绿色发展理念。提升资源环境的利用效率，可以为城市群经济结构调整和绿色产业的发展提供思路，促进产业结构转型，推进城市群高质量城镇化的协同发展。中国的传统文化一直比较重视“和”的理念，不只主张人与人的和谐共处，也强调人与自然、人与社会的和谐共存，这一思想为当今建设和谐发展的长江中游城市群提供了重要的思想指导。当前中国的发展面临着资源紧缺问题日益显现、环境污染和生态环境破坏日益严重的形势，近年来党和国家不断强调绿色发展理念，就是要解决国家经济发展与保护资源环境之间的冲突与矛盾。长江中游城市群作为新发展的城市群，在高质量城镇化协同发展的过程中，必须要重视这一问题，在经济发展、社会发展的过程中，协调好各要素与资源环境之间的关系。

3.3.3　绿色动力因子构成及其动力机制

高质量城镇化的基本保障是绿色。发展环境友好型、生态良好型绿色经济是一个重要的可持续发展战略。实现绿色发展能够协调城镇化的局部与全局利益矛盾，平衡短期与长期利益的发展取舍。长江中游城市群是长江经济带的重要组成部分，其绿色低碳协同发展能够促进长江中游城市群城镇化的发展提升到更高水平，促进其经济社会长远可持续发展；同时，为国家生态区域发展以及我国其他城市群绿色低碳协同发展提供一定的借鉴意义。

长江中游城市群作为长江经济带的三大增长极之一，对于培育绿色发展新动力、推动协调一体化发展，发挥着重要的支撑、带动、引领和示范作用，其绿色协调发展关系着整个长江经济带的创新驱动与绿色发展进程，同时，对全面落实创新、协调、绿色、开放、共享的新发展理念和紧扣“共抓大保护，不搞大开发”总基调有着重要的理论和现实意义。

（1）绿色生产

发展生态生产、实现生产发达是高质量城镇化的基本内容，高质量城镇化应该以生态经济为基础、生态产业为支撑。传统城镇化的一个重要表现就是重发展轻保护。高质量城镇化的关键，是要处理好生态与生产的关系，尽快形成绿色生产方式，使绿色生产成为城市经济的主流。绿色经济、生态经济、循环经济等生态经济就是绿色生产方式，发展生态经济是中国特色高质量城镇化道路的根本途径。城市群城镇化的高质量发展在新发展理念的指导下，要重视绿色生产，使绿色生产成为城市群城市经济的主要生产方式。循环经济通过实现资源的高效充分利用，减轻生态环境压力，减缓生产与生态之间的矛盾，最终实现经济健康可持续发展。作为中国特色生态城镇化道路的根本途径，也是城市群高质量城镇化协同发展的根本做法，必须大力推动循环经济的发展，重视国家循环经济试点，创建循环经济示范区，加快推进生态工业园区的建设，完善循环经济发展模式，不断发展产业链，实现资源、能源的高效合理利用，进一步推进城市群高质量城镇化的发展。同时，也要大力发展其他生态经济方式，如绿色经济、低碳经济等。

(2) 绿色生活

人是城市群高质量城镇化发展中的主要内容，因此绿色生活也是关系城市群城镇化发展的重要因素。而绿色生活主要是指他们的消费是绿色消费，绿色消费一般包含三层含义：一是鼓励消费者在消费时选择未被污染或者有利于公众健康的绿色产品；二是在消费过程中重视对废弃物的处理；三是引导消费者转变消费观念，给消费者树立绿色消费的观念，在追求生活品质以及舒适的同时，注重环保、节约资源，实现健康可持续的消费。通过培养居民的绿色消费意识，更多地选择绿色生活方式，可以减少对资源的消耗、更好地保护环境、降低污染，进而推动城市群绿色城镇化的发展，促进城市群高质量城镇化的发展。绿色消费在理念和目标上都与城市群高质量城镇化发展中的绿色生活有较强的一致性，在理念上，两者都重视对资源的节约、再生和循环利用，同时注重对环境的保护；在目标上，两者都强调人的消费及生活方式要与自然生态系统相协调，实现可持续发展。

(3) 绿色生态

城市群在城镇化高质量协同发展的过程中，与传统城镇化区别最大的一点就是重视生态环境的保护和资源的合理高效利用。也就是要在城镇化发展的过程中，建设生态城镇，要节约集约利用能源、资源，重视环境保护和生态修复，减少对自然的干扰和损害。也就是要建设生态良好型、资源节约型和环境友好型社会。通过构建高效的资源回收利用体系，实现城市群城镇废弃物的有效利用，在缓解资源不足的同时，促进城市群城镇经济的增长；通过加强城市群水、大气、土壤的污染防治，推动废水、废气的资源化、能源化进程，预防土壤污染，对污染源排放进行控制，对受污染的土壤进行有效修复，可以在提高环境利益的同时，获取经济利益，与此同时，也就促进了城市群高质量城镇化的协同发展，因此说绿色生态为城市群城镇化的高质量发展提供物质保障。目前，长江中游城市群的土地城镇化快于人口城镇化，资源能源紧缺，例如2020年年底，长沙出现了电力告急的情况。这就需要加快资源节约型社会的建设。绿色生态也成为长江中游城市群高质量城镇化协同发展的必要条件。

3.3.4　开放动力因子构成及其动力机制

高质量城镇化进程的必经之路是开放。为了进一步实现高质量城镇化的发展，开放意味着抓住区域发展中的对外发展机遇，及时借助政策以及经济一体化的机会扩大城镇化带来的优势。响应我国在党的十八大后提出的“一带一路”倡议，借助区域优势建立与相关国家的对外合作，采取兴建自由贸易区等方针策略来提高城市群的聚集能力。中国共产党十八届五中全会提出，“坚持开放发展，必须顺应我国经济深度融入世界经济的趋势，奉行互利共赢的开放战略，发展更高层次的开放的市场经济体制，积极参与全球经济治理和公共产品供给，提高我国在全球经济治理中的制度性话语权，构建广泛的利益共同体”。经济全球化和区域经济一体化的趋势不会逆转，顺应时代的发展，充分参与到国际经济的竞争与合作中是长远的发展战略。长江中游城市群想要打造中国第四大经济增长极，就必须坚持开放发展，即要坚持“引进来”与“走出去”并重，对外开放城市群市场，为外资的投资与对外贸易提供便利条件，又要鼓励企业参与国际竞争，并在竞争中实现在全球范围内的资源优化配置。

（1）外贸

城市群的发展要积极“走出去”，充分利用外部市场与资源条件，鼓励有实力的企业在区域外发展，通过提升企业自身的竞争力，来提升区域的竞争力，从而提高城市群的高质量城镇化水平。长江中游城市群要充分把握“一带一路”倡议带来的重要机遇，充分利用长江经济带等国际贸易通道，大力发展外贸经济。在经济全球化的背景下，长江中游城市群经济的发展与国外经济的依存度日益明显、互动也日益频繁。要适应全球化的要求，就必须建立外向型经济，提升城市群在全国乃至全球的地位和在全球经济总量中所占的分量，这就要求长江中游城市群各政府坚持开放发展的理念来发展经济。外贸水平主要反映在进出口总值、进出口总值的增长率和外贸的依存度等方面，进出口总值可以反映出区域内城市对外开放的程度。

（2）外资

对外经济合作、经贸往来和资源开发合作。坚持“引进来”，加大招商引资力度，注重外资的质量，借助外力加快城市群的发展，促进城市群高质量城镇化的协同发展。当前长三角对外开放水平总体较高，但长江中游城市群内陆三省还存在依赖传统的资源以及简单照搬沿海地区开放发展模式等问题。过去40多年来，内陆各区域以及中国的经济发展都离不开改革开放，长江中游城市群未来高质量城镇化的协同发展也离不开开放发展。只有长江中游城市群继续在开放发展中发挥优势，在发展自身经济的同时带动整个长江中游城市群所辖地区的发展，借助“一带一路”倡议的实施，提高对外开放水平，才能使长江中游城市群在全面开放新格局中发挥更重要的带头作用。外资水平主要反映在外商直接投资项目个数、外商投资经济和实际利用外资等方面，实际利用外资水平可以反映出一个地区引进外来资本的程度，进而反映出城市群在外资引进方面的水平，也可以体现出城市群吸引外资的水平高低。

(3) 外经

开放发展理念主张联合国内外，构建互利共赢的利益共同体，让国内外共享长江中游城市群协同发展带来的利益，国内各地区以及国外企业都可以在长江中游城市群投资办厂，进行资源共享，可以在众多领域进行组织、政府以及国家间的合作交流，这在推动长江中游城市群协同发展的同时，也可以推动国内各地区的发展。长江中游城市群的对外开放，可以使城市群的经济与整个国家融为一体，在长江中游城市群城镇化协同发展的过程中，会促进城市群经济的发展，进而推动中国经济的发展，而中国经济的发展必定会带动世界经济的协同发展。外经水平主要反映在新签合同额、完成营业额、外派劳务人数和月末在外人数等方面，从这些指标可以看出长江中游城市群“走出去”的情况，反映出城市群走开放发展道路的决心与勇气。

3.3.5 共享动力因子构成及其动力机制

共享是为了破解我国发展中分配公平尚未完全解决的问题。高质量城镇化的目的是共享。高质量城镇化旨在实现达成目标后能够为更多的人民提供福利，使更多的人民参与其中，享受到城镇化带来的社会进步的成果。共享的具体内涵是社会公共服务与城乡居民生活质量的提高。共享发展理念把实现人民幸福作为发展的目的和归宿，坚持共享发展，必须坚持发展为了人民、发展依靠人民、发展成果由人民共享，作出更有效的制度安排，使全体人民在共建共享发展中有更多获得感，增强发展动力，增进人民团结，朝着共同富裕方向稳步前进。从城市群发展的实际与共享发展的内涵出发，认为共享发展主要体现在以下几个方面。

（1）发展机会

习近平总书记强调："社会建设要以共建共享为基本原则。"要让人民一起参与到共建的过程中，就要给予各地区居民均等的发展机会，这样才能调动人民的积极性，促进长江中游城市群高质量城镇化更好更快发展。发展机会共享主要反映地区在公共财政、教育、科学技术和固定资产投资等方面的投入与潜力。对地区科学技术与教育的投资能够对区域创新能力的提高起到推动作用，公共财政的公平，为各地区吸引人才，留住人才提供很好的保障作用，从而为各区域提供相对均等的发展机会。

（2）基础设施

带领人民创造美好生活，是国家始终不渝的奋斗目标。长江中游城市群高质量城镇化协同发展的最终目的也是为了实现这一目标，因此要坚持基础先行、综合配套的原则。基础设施的建设能够为城市群内居民提供相对绿色与健康的生活与居住环境，使各区域能够相对平等地享受到发展带来的利益；此外，在大中小基础设施共享进一步升级的同时，能够增强中小城市的经济振兴能力、促进经济的发展，进而推动城市群高质量城镇化的协同发展。基础设施共享主要反映在人均实有城市道路面积、建成区绿化覆盖率、绿地面积占城市建设用地面积比例、居民用地面积与绿地面积比和公园绿地面积。

（3）公共服务

长江中游城市群高质量城镇化协同发展要始终坚持以人为本的原则，要聚焦基础性的民生工程建设，落实党和国家关于民生工程的部署，优化公共服务建设，补齐民生工程的短板。在促进大中小城市公共服务差距缩小的过程中，可以优化、提高中小城市的公共服务水平，促进城市群内大中小城市的协调发展，进而推动城市群城镇化的发展。公共服务共享主要反映在公共图书馆图书藏量数、医院卫生院病床数、公共汽车运营车辆数、城镇职工基本养老保险参保人数、失业保险参保人数和城镇职工基本医疗保险参保人数。公共服务直接与居民的生活相联系，人民能否平等地享受医疗服务、基本的养老保险以及文化设施，关系到居民生活水平。

（4）发展成果

共享发展成果就是人民创造出来的社会财富由全体人民共同享有，由全体人民掌握，由全体人民共同支配，用来满足全体人民对物质文化生活的需要等。习近平总书记指出："共享发展就是要共享国家经济、政治、文化、社会、生态各方面建设的成果。"发展成果共享能够直接反映出人民是否享受到高质量城镇化发展带来的好处，做到发展成果共享不仅可以使人民平等的享受发展带来的生活水平的提高，而且能够带动社会与人民在城市群高质量城镇化发展中的推动作用，实现两者之间的良性循环。发展成果共享主要反映在居民人均人民币储蓄存款余额、在岗职工平均工资、人均地区生产总值、互联网宽带接入用户数和电视节目综合人口覆盖率等。

3.4 长江中游城市群高质量城镇化协同发展的因子条件

通过以上分析，可以知道，有许多因素会影响长江中游城市群高质量城镇化的协同发展。下面从几个重要的因素对长江中游城市群的现状进行分析。

3.4.1 长江中游城市群创新能力

(1) 科技创新

首先，在人员投入方面，长江中游城市群科教人力资源丰富，聚集着众多高等院校和科研院所，是全国重要的科教资源密集区之一。2019 年，湖南省普通高等学校共 110 所，其中包含 3 所部属院校；普通本专科在校人数为 140.71 万人，同比增长 6.05%；R&D 人员达到 249107 人，2015—2019 年这 5 年间增加将近 75000 人。湖北省 2019 年年末普通高等教育在校生 1498100 人，拥有 R&D 人员 285507 人，科学研究与开发机构 3675 个。江西省 2019 年拥有普通高等学校在校生 1135000 人，R&D 人员 160329 人。

其次，在资金投入方面，2019 年，湖南、湖北、江西 R&D 经费内部支出分别约为 787.2 亿元、957.9 亿元、384.3 亿元，同比增长 19.6%、16.5%、23.7%；R&D 经费投入强度（R&D 经费支出占 GDP 的比重）分别为 1.98%、2.09%、1.55%，只有湖北超过 2%。创新活动产出随着创新环境的不断优化，长江中游城市群科技活动产出水平得到了很大提升。2019 年，湖南省专利授权量为 54685 件，同比增长 11.7%，实现技术合同成交额 490.7 亿元。湖北省专利授权量达 73940 件，同比增长 15.3%，实现技术合同成交额 1449.6 亿元。江西省专利授权量为 59140 件，同比增长 12%，实现技术合同成交额 148.6 亿元。图 3-7 为近五年长江中游城市群三省专利授权量趋势图（本节所用数据来源于《湖南统计年鉴》《江西统计年鉴》《湖北统计年鉴》，下同）。

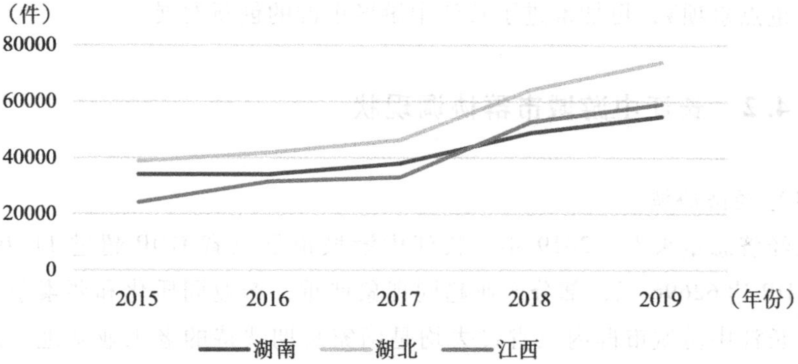

图3-7 长江中游城市群三省专利授权量折线图

从总量来看，长江中游城市群三省的专利授权数量呈逐年增加之势。2019年专利授权总量增至187765件，比2018年增加了21883件。以湖北为例，2019年，武汉城市圈9市专利授权量达到52098件，占湖北全省70.5%；从三种专利（发明、实用新型、外观设计）的授权状况来看，实用新型所占的比重最大，达到了63.4%，而发明只占到了24%，说明了在武汉城市圈专利授权中，原创性最强、技术含量最高的发明专利地位有待提高。从武汉城市圈的现状，可以看出长江中游城市群专利授权在三省中具有显著优势，但也能反映出长江中游城市群发明专利比较薄弱，需要进一步加强。

（2）制度创新

国家高度重视长江中游城市群的发展。早在2010年国务院发布《全国主体功能区规划》，就将长江中游地区定位为国家进行工业化城镇化建设的重点区域；2012年，武汉、长沙、南昌三省会城市签署《加快构建长江中游城市群战略合作协议》，首次明确提出建设长江中游城市群；2014年，国务院发布《关于依托黄金水道推动长江经济带发展的指导意见》，明确指出了长江中游城市群覆盖武汉城市圈、环长株潭城市群、环鄱阳湖城市群；2015年，湖北、湖南、江西三省签署了《长江中游城市群战略合作协议》，提出要加强三省在产业、公共服务等方面的对接合作；2016年，《促进中部地区崛起"十三五"规划》提出应壮大长江中游城市群，建设具有国际影响力的城镇化样板。长江中游城市群城市积极投入到城市群的发展建设中，从《武汉共识》到《长沙宣言》再到《南昌行动》，体现了三省政府对长江中游城市群发展的重视，2020年长江中游城市群省会城市第八届商会召开，签署了《长江中游城市群建设2021年合作重点事项》和《长江中游城市群省会城市与观察员城市2021

年合作重点事项》，更加推进了长江中游城市群的创新发展。

3.4.2 长江中游城市群协调现状

（1）经济协调

从经济总量来看，2019 年，长江中游城市群三省 GDP 超过 11 万亿元，人均 GDP 达 62696 元，部分产业趋同现象严重，产业同质化和要素争夺依然存在，长江中游城市群内三省过去均是国家长期扶持的老工业基地，形成了相似的产业结构，第二产业比重偏高，均处于相似的产业结构，第二产业比重偏高，均处于工业化中期。一方面，在三省的优势产业中，存在产业重合的现象，同时在承接东部沿海地区产业转移的过程中，出现了产业趋同现象，多为电子信息、食品制造和建材等产业。特别是江西、湖南两省产业结构相似度较高，在调整、优化产业结构过程中，由于缺乏总体规划引领和深入合作，又造成了新的产业结构趋同；另一方面，在城镇化发展水平上，区域中心城市竞争力和引领性不强。另外，三省除省会城市武汉、长沙、南昌城镇化水平较高外，其他城市实力都还不够，中小城镇发展也还有所欠缺。表 3-1 为 2018 年与 2019 年长江中游城市群内城市三大产业占 GDP 比重对比。

表 3-1　　长江中游城市群各市产业占 GDP 比重表　　单位：%

地区		第一产业占 GDP 比重		第二产业占 GDP 比重		第三产业占 GDP 比重	
		2018 年	2019 年	2018 年	2019 年	2018 年	2019 年
湖北	武汉市	2.44	2.3	42.96	36.9	54.61	60.8
	黄石市	6.03	5.9	58.56	50.9	35.41	43.2
	鄂州市	9.37	8.8	52.09	48.3	38.54	42.9
	黄冈市	18.48	17.35	40.88	37.74	40.64	44.91
	孝感市	15.01	13.5	48.39	42.7	36.6	43.8
	咸宁市	13.72	12.5	48.65	44.2	37.63	43.3
	仙桃市	10.9	10.7	51.6	46.1	37.5	43.2
	潜江市	10	9.9	52.6	50.2	37.4	39.9
	天门市	13.6	13.1	51.2	47.2	35.2	39.7
	襄阳市	9.62	9.3	51.47	48.4	38.91	42.3
	宜昌市	9.51	9.3	52.46	46.1	38.03	44.6
	荆门市	12.24	11.9	51.08	47.3	36.68	40.8

续表

地区		第一产业占 GDP 比重		第二产业占 GDP 比重		第三产业占 GDP 比重	
		2018 年	2019 年	2018 年	2019 年	2018 年	2019 年
湖南	长沙市	2.9	1	42.35	32	54.75	67.1
	湘潭市	5.79	1.3	48.21	37.4	46	38.7
	岳阳市	9.38	3.3	41.76	38.1	48.86	58.5
	益阳市	13.98	8.9	38.08	50.3	47.94	40.7
	常德市	10.25	4.5	37.87	48.9	51.88	46.6
	衡阳市	11.06	1.6	33.6	31.9	55.33	66.5
	娄底市	9.86	3.6	45.33	46	44.81	50.4
江西	南昌市	3.62	3.8	50.45	47.4	45.94	48.8
	九江市	7.01	6.8	50.48	48.4	42.52	44.8
	景德镇市	6.67	6.6	47.52	44.2	45.81	49.2
	鹰潭市	6.88	6.9	55.04	52.7	38.08	40.4
	新余市	5.4	6.5	49.57	46.7	45.03	46.9
	宜春市	12.34	11	44.82	42.3	42.83	46.7
	萍乡市	5.88	7.3	46.51	44.5	47.61	48.2
	上饶市	11.41	10.9	46.51	38.9	42.08	50.2
	抚州市	14.42	14.2	40.94	38	44.64	47.8
	吉安市	11.94	10.3	45.35	45.3	42.71	44.4

注：以上数据来源于《湖南统计年鉴》《江西统计年鉴》《湖北统计年鉴》。

（2）社会协调

长江中游城市群中地方政府所倡导的跨行政区合作，政府的积极倡导离不开社会层面的有效配合。但是，目前长江中游城市群的跨区域合作还不够深入，社会层面的合作机制还未完全建立。从城市群的发展规律来看，应该充分发挥市场在资源配置中的决定性作用，政府要发挥引导的作用，促进区域间要素配置、资源流动、产业发展等方面协调，但行政壁垒的存在限制了资源要素的自由流动，跨区域合作存在一定的困难，同时城乡二元结构的促进，也在一定程度上对协调发展产生了影响。可通过可支配收入与消费支出指标的对比来判断协调质量，如表 3－2、表 3－3 所示，表 3－2 收集整理了 2013 年至 2019 年城镇居民与农村居民的人均消费支出，并通过计算得到城乡居民消费支出比。表 3－3 收集整理了同时间段内城镇居民与农村居民的可支配收入与城乡居民收入比。由于 2013 年国家统计局修改了统计口径，因此

2013年之前的数据没有收集在内。

表3-2　　长江中游城市群三大省份城乡消费情况

年份	城镇居民人均消费支出（元）			农村居民人均消费支出（元）			城乡居民消费支出比		
	湖北	湖南	江西	湖北	湖南	江西	湖北	湖南	江西
2019	26422	26924	22714	15328	13969	12497	1.72	1.93	1.82
2018	23996	25064	20760	13946	12721	10885	1.72	1.97	1.91
2017	21276	23163	19244	11633	11534	9870	1.83	2.01	1.95
2016	20040	21420	17696	10938	10630	9128	1.83	2.02	1.94
2015	18192	19501	16732	9803	9691	8486	1.86	2.01	1.97
2014	16681	18335	15142	8681	9025	7548	1.92	2.03	2.01
2013	15334	16867	13843	7850	7833	6807	1.95	2.15	2.03

注：以上数据来源于《湖南统计年鉴》《江西统计年鉴》《湖北统计年鉴》。

表3-3　　长江中游城市群三大省份城乡收入情况

年份	城镇人均可支配收入（元）			农村人均收入情况（元）			城乡居民收入比		
	湖北	湖南	江西	湖北	湖南	江西	湖北	湖南	江西
2019	37601	39842	36546	16391	15395	15796	2.29	2.59	2.31
2018	34455	36698	33819	14978	14093	14460	2.30	2.60	2.34
2017	31889	33948	31198	13812	12936	13242	2.31	2.62	2.36
2016	29386	31284	28673	12725	11930	12138	2.31	2.62	2.36
2015	27051	28838	26500	11844	10993	11139	2.28	2.62	2.38
2014	24852	26570	24309	10849	10060	10117	2.29	2.64	2.40
2013	22668	24352	22120	9692	9029	9089	2.34	2.70	2.43

注：以上数据来源于《湖南统计年鉴》《江西统计年鉴》《湖北统计年鉴》。

从表3-2、表3-3中可以看出，三个省份的协调发展情况都属于稳定状态，三省里面湖北的协调发展情况最好，城乡居民收入消费水平相差不大，说明了湖北省对于城乡协调发展的工作相对较好。

3.4.3 长江中游城市群绿色发展状况

（1）绿色生产

绿色生产主要反映的是城市群内污染物排放量、废物利用率以及工业节能等方面的水平，随着这几年国家大力推行产业转型升级，大力推进节能减排等工作，整体来看，各地区的绿色生产水平都有所提升。并以长江中游城市群中的江西地区为例，进行分析，如图3-8所示，从2014年到2018年江西省长江中游城市群地区工业二氧化硫排放量一直在减少，而且在江西全省中所占的比重也越来越低，从2014年的90%下降到了2018年的85.7%，而且以现在的趋势，还会有下降的可能性。以江西省地区来看长江中游城市群的整个地区，说明长江中游城市群地区绿色生产水平不断提高，并且未来还有提高的可能性。

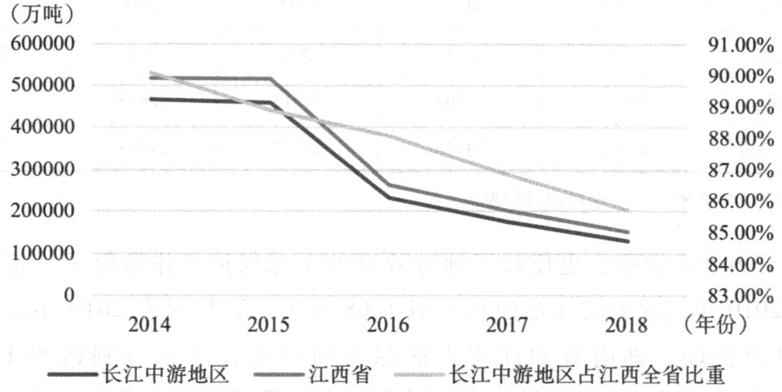

注：数据来源于《江西统计年鉴》。

图3-8 江西省长江中游城市群地区工业二氧化硫排放量

（2）绿色生活

提升居民绿色生活水平是绿色发展的最终归宿，随着近几年对绿色消费观念的推行与宣传，以及政府对公共交通的大力投入，长江中游城市群居民的绿色生活观念也越来越强。下面以长江中游城市群中的湖南地区为例进行说明，如表3-4所示，长江中游城市群的湖南地区的公共交通的总量基本处于增加趋势，每万人拥有的公共交通数也基本处于增加状态，从2015年的12辆左右增加到2019年的将近16辆。表明政府对于公共交通的投入在增加，也就促进了长江中游城市群绿色生活水平的提高。

（3）绿色生态

生态污染防治任重道远。总体来看，三省生态环境质量在进一步改善。同时，经过对三个省绿色生态指标的分析，发现三个省在2010年至2019年均逐年提高，这反映了长江中游城市群对于生态环境以及绿色经济的重视程

表3-4 湖南省长江中游城市群地区公共交通总量

地区	公共交通总量（辆）				
	2019 年	2018 年	2017 年	2016 年	2015 年
长沙市	9596	7282	8361	7187	6103
湘潭市	1087	1097	1163	1170	1026
岳阳市	982	767	935	898	940
益阳市	1418	1301	1647	896	772
常德市	728	834	790	872	687
衡阳市	1789	2010	1215	1388	1345
娄底市	423	273	202	202	241
总量	16023	13564	14313	12613	11114
湖南省总量	31851	29476	27072	24483	17203

注：以上数据来源于《湖南统计年鉴》。

度及执行力度的加强，也反映了地方政府的生态保护工作取得了一定阶段的成果。2010 年湖北省的绿地面积只有 1.68 万公顷，但是在 2019 年已经达到了 2.79 万公顷。湖南省和江西省的绿化面积增长率也分别达到 179% 和 169%，这反映了长江中游城市群的绿化工作取得了有效的成效。另外，三个省份中废水排放量和二氧化硫排放量均有微弱上升，在 2010 年，湖北省废水排放量为 270755 万吨，二氧化硫排放量为 632582 万吨；湖南省废水排放量为 268110 万吨，二氧化硫排放量为 801311 万吨；江西省废水排放量为 160661 万吨，二氧化硫排放量为 557072 万吨。湖南省与湖北省废水排放量基本持平，而江西省则在这方面做得较好。从 2017 年最新的数据来看，湖北省废水排放量为 272694.21 万吨，二氧化硫排放量为 180660 万吨；湖南省固体废水排放量为 300563.22 万吨，二氧化硫排放量为 228160 万吨；江西省废水排放量为 189362.32 万吨，二氧化硫排放量为 321690 万吨。三个省份废水排放总量较十年前区别不大，但是二氧化硫排放量显著地减少了。这说明长江中游省份在污染物排放的治理上有成效，结合经济效益来看，在经济效益增加的情况下，主要污染物排放的减少说明了长江中游城市群的绿化工作做得较为成功。资源利用率上升，产业结构优化取得了阶段性的胜利。

3.4.4 长江中游城市群开放发展形势

（1）对外贸易规模不断扩大

随着改革开放的不断深入以及“一带一路”倡议的提出，长江中游城市群对外贸易的形势良好。2019 年，长江中游城市群三省的外贸进出口总额为 1709.0 亿美元，以湖南和江西为例，长江中游城市群中湖南地区的外贸进出口总额为 484.75 亿美元，占湖南全省外贸进出口总额的 77.1%；江西省的外贸进出口总额为 451.35 亿美元，占江西全省外贸进出口总额的 88.7%。因此，长江中游城市群中湖南和江西地区作为各自所属省份的重要对外贸易区域，代表了长江中游城市群的外贸整体发展水平。

（2）利用外资总量平稳增长

通过改善投资软硬件环境，拓宽外资引进渠道，优化外资投入产业结构，长江中游城市群的外资利用水平稳步提升。2019 年，长江中游城市群三省实际利用外资总额 445.88 亿美元，以湖南和江西为例，长江中游城市群中湖南地区的实际利用外资总额为 125.2 亿美元，占湖南全省实际利用外资总额的 69.2%；长江中游城市群中江西地区的实际利用外资总额为 116.1 亿美元，占江西全省实际利用外资总额的 85.5%。因此，长江中游城市群中湖南和江西地区作为各自所属省份的重要的外资引进区域，代表了长江中游城市群的外资引进的整体发展水平。表 3 – 5 为 2019 年长江中游城市群中湖南和江西地区外贸进出口额与当年实际利用外资总额。

表 3 – 5 湖南省、江西省长江中游城市群地区外贸进出口额和实际利用外资总额

单位：万美元

地区		外贸进出口总额	外贸出口总额	外贸进口总额	实际利用外资总额
湖南	长沙市	2898697	2021557	877141	637366
	湘潭市	347056	237282	109774	154421
	岳阳市	478295	277680	200714	63861
	益阳市	214221	191729	22492	35326
	常德市	191216	171228	19988	141929
	衡阳市	534043	298219	235824	158032
	娄底市	183970	68829	115140	61010

续表

地区		外贸进出口总额	外贸出口总额	外贸进口总额	实际利用外资总额
江西	南昌市	1538172	935687	602486	377156
	九江市	511849	426776	85073	234697
	景德镇市	92955	91388	1567	23675
	鹰潭市	431893	118155	313739	34122
	新余市	216617	109594	107022	50944
	宜春市	301490	276362	25129	90763
	萍乡市	171633	169702	1932	42602
	上饶市	320290	289329	30961	139435
	抚州市	221620	203361	18260	41192
	吉安市	706965	509015	197950	126637

注：以上数据来源于《湖南统计年鉴》《江西统计年鉴》。

3.4.5 长江中游城市群共享力度

（1）基础设施建设在加速推进

总体来看，各行政区划内基础设施建设总体水平逐渐提高、交通网络日趋完善，但是跨区域之间的共享程度不高，目前正加快省际铁路、高速公路、高等级航道和港口等交通运输通道的建设，未来将依托“沿江、沪昆和京广、京九、二广”两横三纵轴线，打造形成多中心、网路化发展的区域互联互通格局。沿江发展轴重点是发挥武汉的带动功能，提升湖北地区沿江城市综合经济实力，优化产业结构分工。“沪昆”发展轴以“沪昆”高铁为依托，以长沙、南昌为中心，以沿线城市为节点，发展和培育城镇集聚区，更好地连接上中下游地区。“二广”发展轴以“二广”高速、焦柳铁路及蒙华铁路为依托，以沿线重要城市为节点，以高新区、开发区和承接产业转移园区为载体，发展特色产业和劳动密集型产业，加强区域合作，成为与中原经济区连接的重要通道。“京广”发展轴以武汉、长沙为龙头，依托沿线重要节点城市的人力资源优势和产业基础，重点发展依托人才的高新技术产业，推动形成我国重要的制造业基地，建设成为沟通京津冀、珠三角和中原经济区等地的重要通道。“京九”发展轴依托京九通道，发挥南昌、九江辐射带动作用，提升沿线中小城镇的综合经济实力，立足特色资源优势，共同建设赣北、鄂东等地区的资源性产品生产及加工基地，成为联系京津冀、珠三角和海峡两岸等地区的重要通道。

（2）公共服务水平提高

根据长江中游城市群 2015—2019 年一般公共预算支出的数据绘制出长江中游城市群从 2015 年至 2019 年一般公共预算支出变化的趋势，如图 3－9 所示。从图中可以看出，长江中游城市群整体和各区域一般财政预算支出一直呈现上升趋势，说明政府对公共服务的重视度越来越高，也可以看到湖北地区一般公共预算支出一直领先于湖南地区与江西地区，说明湖南地区与江西地区可以在公共服务方面继续改进。

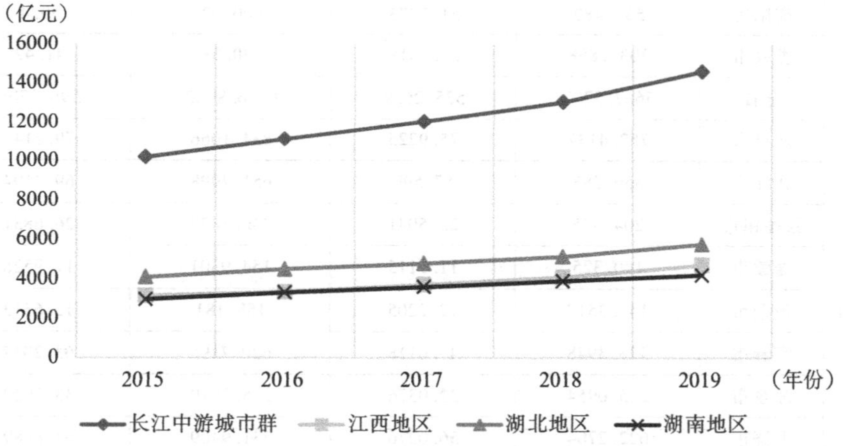

注：图中数据来源于《湖南统计年鉴》《江西统计年鉴》《湖北统计年鉴》。

图 3－9　长江中游城市群一般公共预算支出趋势

此外，以湖南地区与江西地区为例，对长江中游城市群一般公共服务支出进行分析，表 3－6 为其 2018 年与 2019 年一般公共预算支出与一般公共服务支出的数据，对其进行分析可以得到以下结论：从 2018 年到 2019 年湖南地区和江西地区不管是从一般公共预算支出来看，还是从一般公共服务支出角度来看，总体上都呈现递增的趋势，湖南地区一般公共服务占全省的比重从 53% 上升到 56%；江西地区一般公共服务占全省的比重从 76% 上升到 96.9%，有很大幅度的提升。由此可以看出长江中游城市群在一般公共服务方面的投资还可以进一步扩大。

表 3-6　湖南省、江西省长江中游城市群 2018 年、2019 年一般公共预算支出表

单位：亿元

地区		2018 年		2019 年	
		一般公共预算支出	一般公共服务支出	一般公共预算支出	一般公共服务支出
湖南	全省	7479.6148	797.2979	8034.42	850.66
	长沙市	1300.7895	162.0504	1425.98	179.7
	湘潭市	307.4651	35.8962	316.59	38.68
	岳阳市	531.7647	50.6308	532.43	57.82
	益阳市	356.3421	35.1253	382.42	40.56
	常德市	548.122	53.6369	608.54	57.4
	衡阳市	531.482	51.7773	600.02	59.4
	娄底市	303.2858	38.9518	320.88	41.42
江西	全省	5667.5207	525.2659	6386.8022	596.3708
	南昌市	752.4137	75.9225	834.1066	79.6143
	九江市	556.283	57.599	651.7998	69.4194
	景德镇市	204.355	22.5041	236.1873	26.6831
	鹰潭市	140.325	11.9115	154.9301	11.9528
	新余市	140.3517	12.2205	158.181	12.6313
	宜春市	523.3948	47.0118	620.7195	63.2037
	萍乡市	245.0954	32.0376	275.7979	33.5022
	上饶市	622.2704	56.0276	731.9409	64.8089
	抚州市	403.6499	37.8975	474.873	48.4637
	吉安市	484.524	45.8992	542.7662	50.0787

注：以上数据来源于《湖南统计年鉴》《江西统计年鉴》。

此外，从一些实际数据来看，湖北省和湖南省的卫生机构床位总数分别是江西省的 1.52 倍和 1.89 倍。每万人医疗机构床位数则分别是 1.19 倍和 1.28 倍。由于武汉与长沙具有高质量的三甲医院，也吸引了医疗资源及相关研究机构向两个城市的倾斜。从公共图书馆的角度来看，湖北省的人均流通次数最高，为 1.34 次；湖南居中，为 1.08 次；江西为 0.89 次。这可能是由于湖北省及湖南省拥有的高校数量较多，文化氛围较强所导致的。

3.5　协同推进机制构想

3.5.1　协同推进创新发展

重视高质量城镇化建设并不意味着忽略创新发展，创新能力的提升仍然是长江中游城市群的一大重点任务。目前，长江中游城市群城镇化的创新发展需要以提高培育创新型人才能力以及制度创新为重点任务，提高长江中游城市群的人才吸引力，以此来更进一步推动长江中游城市群高质量城镇化的协同发展。

（1）科技创新

科技的创新最重要的就是对创新人才的培养。城市的创新氛围与城市对人才的吸引力是两个相辅相成的指标，两者之间呈现正向促进的关系。要培养创新型人才，就要增加研发经费投入。人才与资本的投入能够促进城市创新能力的提高。因此，在推进长江中游城市群高质量城镇化协同发展的过程中，要将自身的教育优势转化为经济竞争优势，培养高质量、高技能的创新型人才，且制定与完善能够吸引和引导人才向先进企业、高校以及科研机构流动的相关制度；同时，长江中游城市群涉及到的三省要共建共享科技创新平台，加大对科研经费的投入，高效利用科研经费，设立健全的科技成果转化机制，共同打造长江中游城市群创新高地。

（2）制度创新

要深化政府体制改革，打破阻碍城市群发展的行政壁垒，要按照各区域的资源禀赋和要素优势进行产业布局及分工，形成各具特色的产业，以实现规模效应。探索建立适应城市群高质量发展要求的体制机制。城市群各区域在发展的过程中，要把构建协调推进体系作为基础保障，探索高质量发展的户籍制度、土地保障机制。要突出各自的区位优势，要善于利用城市群内部的资源和技术要素，建立绿色发展保障制度。

3.5.2　协同推进协调发展

城市群的协调发展，必须要打破行政壁垒，建立跨区域的经济、社会合作关系。长江中游城市群可以借鉴“广域行政”的方式促进长江中游地区地方政府之间的合作，合理协调政府部门之间的相关利益诉求。激励各地方政府协同合作，提高协调发展效率，实现政府与市场、社会的协调统一，促进长江中游城市群高质量城镇化的协调发展。

（1）经济协调

建立有利于城市群产业体系发展的市场经济新机制，以城市群发展为载体，以优化区域分工和产业布局为重点，以资源要素空间统筹为主线，以“全球、国家、区域”三结合的视野理顺产业发展链条，结合不同城市的资源禀赋和地缘优势，形成各城市间产业的合理分布和上下游联动机制，通过分工合作实现各城市之间的错位发展，形成辐射范围广、作用大、竞争力强的城市群一体化产业链。

（2）社会协调

积极调动社会力量参与城市群城镇化协同发展，致力于形成城市群一体化发展的强大合力。在学术层面为城市群建设提供理论支持；在行业层面加强对城市群高质量发展的科学指导和组织；在企业层面，建立城市群企业联络制度；在舆论层面，加强城市群内各城市新闻媒体之间的交流互动，为城市群高质量城镇化的协同发展创造良好的社会环境，促进大中小城市协调发展。

3.5.3 协同推进绿色发展

建立健全城市群绿色发展机制，就是要建立城市群绿色低碳协同发展的激励机制。通过制定城市群绿色低碳发展质量标准，对城市群各区域政府发展绿色低碳的行为进行奖励、惩罚和补贴，以此来激励城市群各区域践行绿色低碳理念。

（1）绿色产业

调整和优化产业结构升级是推进长江中游城市群高质量城镇化的绿色化发展的重要途径。从农业产业来看，重点要加快一、二、三产业的融合发展。以发展农产品区域品牌和乡村旅游产业为契机，加快推进农业现代化发展，长江中游地区要充分利用自己的地缘优势和资源优势，大力推动生态农业、观光农业等现代农业的发展，提升农业的附加值，实现农村一、二、三产业的充分融合。从工业产业来看，重点是要推动传统制造业的转型升级，降低工业生产中的能源损耗，提高资源的利用效率，长江中游城市群一部分地区重工业仍然占有一定地位，应该在此基础上充分发挥传统优势，发挥新时代工匠精神，在提升制造业质量的同时，充分利用各地的地理、人才等优势，发展高新技术产业。从第三产业来看，重点在发展现代服务业，在如今互联网技术快速发展的时代，发展电子商务、商贸流通业等，逐渐拓展绿色产业发展空间，推动区域绿色产业的发展。

推进绿色产业发展是促进长江中游城市群高质量城镇化协同发展的重要方式。首先，强力推进绿色工业发展，鼓励发展科技含量高、环境污染小、经济效益好的新兴产业，如高端制造装备、现代生物、新能源新材料、节能环保和新能源汽车等，培育城市群城镇化绿色发展的新动力。挖掘传统制造业的绿色发展潜力，提高传统产业的绿色竞争力，如对长江中游城市群钢铁、有色金属、石化和纺织等传统产业进行改造，使其更加绿色环保。其次，要大力发展绿色服务业，增强绿色发展服务功能。以长沙、武汉、南昌为中心，优先发展高技术、高附加值的生产性服务业和生活性服务业，以此来支撑实体绿色工业快速发展。再次，要优先发展绿色农业，提高农产品的品质，提升农民收入水平。

(2) 绿色生活

倡导绿色生活，打造绿色消费体系，培养居民绿色生活文化是引导城市群城镇化绿色发展的重要组成部分。绿色消费是一种节约型消费，节约型消费是指不浪费自然资源，在保证不损害后人利益的基础上实现的一种消费满足。绿色消费能够有助于环保政策的落地执行。在打造绿色消费体系中，倡导绿色生活、宣传绿色消费观、推行绿色购物以及调整不适宜的消费结构等都是其中的重要部分。对此，政府可以进行适当的环保宣传，提倡节约、可持续、适度的消费观念。推进生活方式的“绿色化”，充分发挥生态文明建设示范效应和作用，加快形成勤俭节约、绿色低碳、文明健康的生活方式和消费模式。

(3) 绿色生态

长江中游城市群在城镇化绿色发展进程中，需共同采取行动，在建设资源节约型和环境友好型社会中作出更大努力。

一是要构建跨区域环境保护协调机制。建立协同管理机构，共同防治水污染、大气污染等；建立定期协商对话机制，构建跨区域应急监测体系，加大对重大环境污染源的动态监控与风险控制。加强对生态环境的保护和修复，以环保优先和自然修复为主维护长江中游城市群范围内的江河、湖泊的健康生态；加大对自然林的保护，在长江中游城市群中生态比较脆弱的区域实施封山育林、同时支持实施退耕还林；加强对濒危动植物的保护。

二是要建立资源管理机制和节能降耗协调机制。城市群各区域共同对城市群内各自然生态空间进行确权登记，确保各类资源能按质量分级，合理高效利用；在不超过资源环境承载力的基础上，将各类资源开发活动限制在资源环境的承载力之内。城市群还可合作建立碳排放权交易平台，推动城市群在低能耗、高技术产业的发展，如新能源汽车、太阳能等的使用；鼓励区域内能源企业，跨省实施能源合作项目。

3.5.4 协同推进开放发展

长江中游城市群的开放发展需要看清国内外经济社会发展现状，尤其要重视国家现行的经济发展战略。近年来，随着创新开放模式等战略的提出，内陆地区掀起了开放发展的热潮，长江中游城市群作为其中重要的一部分，在协调开放的同时，也应该在开放模式上实现创新。长江中游城市群的开放发展应该区别于传统的开发发展模式，要重视“引进来”和“走出去”共同发展，城市群之间通过资源整合共享，优势互补、形成合力，使区域互联互通，提升区域整体的开放水平。

（1）加强供给侧改革

加强供给侧改革，就需要将市场活力和社会成员的创造力充分激发出来。需要尽量破除相关的体制障碍，充分发挥市场在资源配置中的决定性作用。当前推行的政府职能的转变工作，就是为了让市场能够更好地发挥作用。政府在经济领域中的作用是为市场主体创造良好的经营环境和解决市场失灵问题。公共部门要充分利用现代互联网技术，丰富“互联网+政务服务”功能，建立数据共享平台，更好地为企业主体和社会成员提供服务。同时，采取措施推动科技与经济的深度融合发展，提高科研人员的积极性，使产学研各方共同推动创新。

（2）创新体制机制

要提高长江中游城市群的开放发展水平，不可忽略的一部分就是要解决“引进来”的问题，而其中的重点就是要对引进外资的质量进行监督。除了先进设备、关键零件以及能源原材料的进口外，重点要严格控制引进外资的质量。要根据当前长江中游城市群的经济发展阶段以及产业结构优化升级的需要，加大对创新人才、高新技术以及先进理念的引进，这是利用外资方面的重点。在此前提下，要创新相关的体制机制，提高外资引进效率，简化外资在长江中游城市群设立企业的程序，为引进外资提供便利条件。同时，在制度层面，要全面深化改革，营造透明高效的公共管理和服务环境、公平公正的市场环境，为外资引进提供比较优势和竞争优势；在开放模式层面，要充分利用外资，引导外资向中小城市投资，促进长江中游城市群大中小城市的协同发展。总之，要采取多种措施，大力推动外资引进，加速引进过程，实现以改革促开放，以开放促发展。

（3）搭建开放平台

扩大全面开放要推进开放平台的搭建。首先要把工业园区、经济技术开发区等园区和产业基地作为长江中游城市群对外合作与承接产业转移的重要平台，加快推进产业园区和基地基础设施建设，增强园区与基地承接产业和项目的能力；在此基础上，要充分利用国际会议、博览会等的作用，通过会展经济平台，提高长江中游城市群的知名度。其次是要把招商引资作为长江中游城市群对外开放的重要任务，通过全方位、多领域的招商引资政策，促进优质项目落地实施，最终实现产业结构优化升级，提升长江中游城市群地区在国内外的市场竞争力。最后是要改善长江中游城市群对内对外开放的投资环境，在加快建设基础设施等硬件设施的同时，加大对软件环境的改革整治，转变政府职能，加快建设服务型政府，改善投资环境，促进投资贸易的便利化。

3.5.5　协同推进共享发展

共享发展是中国特色社会主义的本质要求，习近平总书记指出：“改革发展搞得成不成功，最终的判断标准是人民是不是共同享受到了改革发展成果。”新发展理念的共享理念是中国特色社会主义发展理论对中国发展现实的回应。要在制度、体制上实现创新突破，才能将其落实。

（1）基础设施建设

加强以现代化大交通为主的基础设施建设。经济发展、交通先行，交通运输体系的优化建设是长江中游城市群发展的关键因素和重要保障。长江中游城市群要实现高质量城镇化的协同发展就必须建立便利的交通设施，一方面，鼓励各种交通运输方式之间的市场竞争，通过市场竞争反映社会对各种交通运输方式的需求，进而促进长江中游城市群交通运输体系的完善与效率的提高；另一方面，要依靠政府来加快磁悬浮、城际高铁、客运汽车、水陆交通等交通基础设施的建设，促进长江中游城市群各区域之间的交通一体化，同时，加快城市内地铁的建设，缓解地面交通的压力。

(2) 公共服务

建立社会公共服务保障机制，在我国基本国情的基础上，给这种保障机制赋予新的含义，中国特色社会主义背景下的社会公共服务保障机制，使社会成员能够平等地享受社会公共服务，分享经济发展的成果。同时，根据各地区经济发展水平的不同，为满足不同地区、不同人群、不同阶段的需求，提供差异化的公共服务。完善公共服务供给机制。从传统的供给转变为均等化的供给，在政府的指导下实现公共服务分配的均等，保证一定时期、不同地区以及同一地区的个人所能够享有的公共服务的质量和数量大致相等。因此，就要求提高政府的服务职能，提高长江中游城市群基本公共服务的供给水平，政府也应该将提高居民享有公共服务均等化程度作为重要任务。同时，政府也应该完善中央财政转移支付制度，由于长江中游城市群地方财政收入比较大，有些地区政府公共服务供给能力不足，政府需要考虑各地区之间的差异，优化公共服务供给的结构和布局，使相对欠发达的地区的居民也能够享有优质的公共服务。

(3) 发展机会

发挥市场在资源配置中的决定性作用，推进资源要素优化配置，为市场主体创造公平的发展机会和环境，消除行政壁垒，实现长江中游城市群内各区域间行业资质标准互认，推动形成城市群统一大市场。在长江中游城市群内建立统一开放的资本、技术、人力资源等要素市场的自由流动，推动城市群各城市间的功能分化与融合，实现生产要素跨区域高效流动和资源优化配置。城市群内设立统一、规范的市场秩序，为各地区提供公平、平等的市场环境。充分发挥中心城市的辐射带动作用，在长江中游城市群中，对于城镇化水平较高的长沙、武汉、南昌中心城市，在不断增强自身能力的同时，要加强与周边城市的互动交流，发挥其中心城市的辐射带动作用；对于城镇化水平较低的中小城镇，应打破行政壁垒，联合发展，壮大其规模，为不同阶段的城镇提供相对平等的发展机会。

（4）发展成果

长江中游城市群建设的出发点和落脚点就是实现互利共赢，也就是要实现发展成果共享、利益共享、责任共担。首先要建立重大项目责任共担机制，共同负担重大基础设施建设与运营的投入，如交通设施、能源设施、水利设施以及信息设施等；推动三省之间就业、科教、社保等基本生活服务体系等的联结，加快推进医疗卫生资源、教育资源、食品医药等共建共享机制。其次要建立跨区域投资与产业转移利益分享机制，鼓励企业进行跨区域投资、跨区域联合发展和并购重组，强强联合形成一批优势企业集团；此外，可以联合长江中游城市群中有意向的园区成立长江中游城市群园区共建联盟，并通过股份分红等方式使各地区政府共享共建园区收益。在企业、政府享受到长江中游城市群协同发展所带来的红利的同时，最重要的是通过完善居民财产性收入机制，使社会居民也共享其经济发展成果。

3.6　本章小结

城市群协同推进发展对促进城市群内大、中、小城市之间形成紧密互动、产业关联、协同发展的总体格局具有重要意义。在当前国家推进城市群城镇化协同发展的大背景下，对长江中游城市群高质量城镇化协同推进的动力机制进行研究，有利于推动其进入高质量发展的新阶段，本书基于新发展理念视角，从创新发展、共享发展、绿色发展、协调发展、开放发展等角度系统分析长江中游城市群高质量城镇化协同推进的动力因子，并对其高质量城镇化协同推进的基础和条件展开了分析，研究认为长江中游城市群在创新方面的投入力度在逐渐增大，但各城市创新发展不是很协调；在协调方面，从经济、社会、资源环境的角度分析，认为产业结构还需要进一步升级，社会合作还不够紧密；在绿色方面，绿色生产和绿色生活水平不断提高；在开放方面，长江中游城市群对外开放水平不断增加；在共享方面，政府的公共服务水平和基础设施建设水平不断提升，但是仍有很大的进步空间。针对这一现状，提出了以下建议：一是创造创新氛围，激发创新活力；二是健全区域协调机制，提升协调作用力；三是健全绿色发展机制，挖掘绿色发展潜力；四是提高开放发展水平，释放开放拉力；五是推进共享发展，发挥共享推动力，以此为推动长江中游城市群高质量城镇化发展提供参考。

第4章

新发展理念下长江中游城市群高质量城镇化的协同推进现状

积极推进城镇化进程对于拉动我国经济增长具有重要作用。随着城镇化的加速发展，逐渐由各主体城市单独发展转变成以城市群为主导形式发展，形成各方面联系紧密的多层次组织，从而在区域范围内聚集各类要素形成规模效应，同时通过城市群的建设还可以有效推动城镇化的进程。为了更好地认识长江中游城市群高质量城镇化协同发展的现状，本部分从城乡协调、生态文明、开放程度、公共基础建设以及创新等多个方面分别利用 SWOT 分析方法对当前长江中游城市群城镇化发展现状与城市协同发展能力进行分析，通过分析长江中游城市群的内部资源、外部环境等方面来确定当前长江中游城市群城镇化高质量发展的优势和劣势，并针对当前发展状况分析其机遇与威胁，在保证高质量城镇化发展的前提下，在战略与战术两个层面加以调整，结合新发展理念就长江中游城市群高质量城镇化协同推进提出有关建议，以实现长江中游城市群高质量发展的目标。

4.1 长江中游城市群高质量城镇化协同发展的优势

2015 年 4 月国务院批复《长江中游城市群发展规划》以来，作为首个跨区域城市规划，明确了长江中游城市群的六大任务：城乡统筹、基础设施互联互通、产业协调发展、共建生态文明、公共服务共用、深化对外开放，以推进长江中游城市群实现城市群高质量城镇化发展。近年来，经过区域间的协调、不断协同推进，在经济、科技、综合实力以及人民生活水平等方面取得大量成就。

4.1.1　区位和经济发展优势

长江中游城市群地理位置优越，区域内部分城市沿长江流域分布，并且涵盖长江部分、鄱阳湖、洞庭湖，生态环境优越、水资源充沛，气候宜居、人口聚居、科教文化资源优势显著，为该地区的经济发展提供了根本动力。《中三角蓝皮书：长江中游城市群发展报告（2017）》认为武汉、长沙、南昌三省会城市呈三角状分布，其有利的区位促进了城镇人口的迁移和流动，交通体系的健全对区域经济活动有引导作用，较为有利的区位在降低运输、产品成本的同时，更加能够便利区域共享发展，对产业发展和劳动力吸引都极具贡献力，同时，良好的环境可以形成有利的投资氛围，从而达到吸引外资的目的。省会城市作为区域内经济、政治、文化中心，其要素汇集能够起到一定的带动和示范作用，从而刺激周边地区按中心城市标准水平建设，提升区域整体城镇化的质量。

与此同时，湖北、湖南、江西三省拥有众多高新科技产业、先进制造业、传统与新兴产业，以降低成本、刺激创新、提高效率以及形成良性竞争的目的打造产业集群，从而促进长江中游城市群产业发展优势的产生，提高了整个区域的综合竞争能力。各省具有各自独特的资源，因此在实现区域联动与协同的过程中，能够有效密切各地区的互动、加速创新要素、成果的流动和有效配置，从而促进整体协同效应发挥达到区域效益最大化的目标。

4.1.2　科技创新能力显著

高质量城镇化能够表征一个地区各类资源要素的综合发展实力，而地区的基础创新资源以及创新能力则是提高城市群高质量城镇化发展的重要引擎，以科技创新为支撑，对促进高质量城镇化发展意义重大。其中，科研资金的大量投入能够促进城镇空间、能源和资源高效集约利用，因此城镇化的高质量发展与科技创新关系密切。

就长江中游城市群来说，首先，在创新资源方面，长江中游城市群科技人才资源丰富，拥有众多高等院校和科研院所，是全国重要的科教资源密集区之一，因此具有雄厚的创新人员基础；其次，在科研资金投入方面（如表 4－1），尤其是武汉城市圈在长江中游城市群中科学技术方面资金投入相对充足，同时又具备科教优势，科研设备、科研机构、科研人员等各方面的资源基础，创新潜力巨大。

表 4－1　　2019 年长江中游城市群科学技术支出情况

所辖城市群	地方一般地区公共预算支出（万元）	科学技术支出（万元）	科学技术支出占比（%）
武汉城市圈	5593467.4	259307.8	4.7
环长株潭城市群	4974424.9	160252.8	3.2
环鄱阳湖城市群	4072313.3	109288.5	2.7

资料来源：《中国城市统计年鉴 2019》。

其次，在创新能力与成果方面如图 4－1 所示，说明三大城市群均具有创新热情，申请热情不减，授权数量比例也较高，尤其武汉城市圈和长株潭城市群的创新积极性最高，基于其丰富的创新资源基础，拥有较多的创造成果和较强的创新能力。

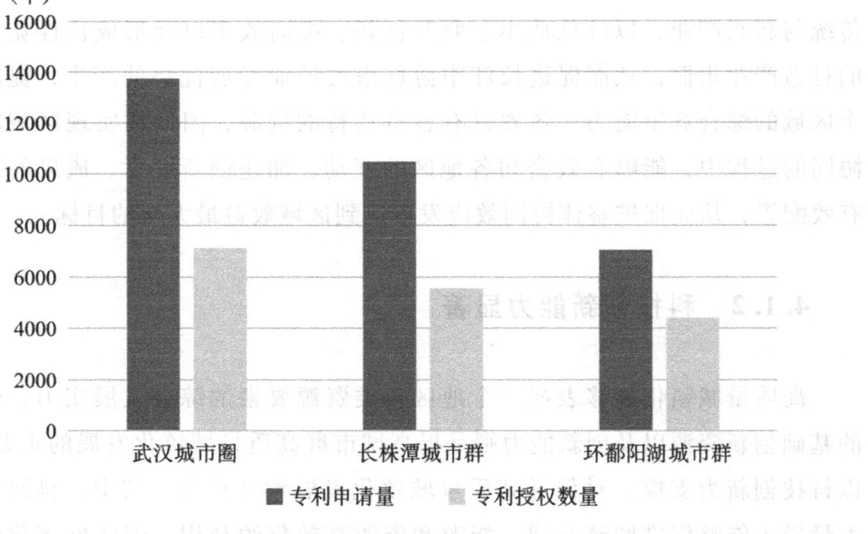

图 4－1　2019 年长江中游城市群专利申请授权情况

资料来源：《中国城市统计年鉴 2014》《中国城市统计年鉴 2019》及《湖南统计年鉴 2014》《湖南统计年鉴 2019》。

在《国家创新型城市创新能力评价报告 2020》中，武汉市在全国城市创新能力排名第 5、长沙市排名第 8、南昌市排名第 18，结合图 4－1，整体呈现出武汉市、长沙市、南昌市省会城市遥遥领先的态势。

4.1.3　民生领域共建共享较为完善

共建共享是城市群高质量发展的目标所在，而民生领域的共建共享更是一个城市群高质量城镇化发展的具体体现和关键领域，长江中游城市群民生领域的共建共享迈出了较大的步伐，如表 4－2 所示，武汉、长沙、南昌三省会城市在文化、医疗、社会保障以及交通基础设施建设程度相比于三大城市群的平均建设水平要完善很多，尤其是交通基础设施建设对高质量城镇化发展具有十分重要的作用，长江中游城市群三省之间交通基础设施建设较为完善，拥有"水、陆、空"多种便捷交通方式，并且综合立体交通等一系列的重点项目正在建设中，三省之间形成高速交通圈指日可待。

表 4－2　　2019 年长江中游城市群社会基础设施建设情况

基础设施指标	武汉城市圈	武汉	环长株潭城市群	长沙	环鄱阳湖城市群	南昌
公共图书馆藏书量（万册）	282.4	838	314.4	1085	164.3	224
医院床位数（张）	24134.9	81765	28956.7	62042	14234.4	28222
城镇职工养老保险参保人数（个）	1272113.7	4542400	1193934.4	2531981	774943.8	1996844
公共汽车运营车数（辆）	1850.4	9710	2688.2	8806	837.5	4112

资料来源：《中国城市统计年鉴 2019》。

可以看出，通过医疗、教育、保障以及交通等民生领域共建共享的完善，提高了居民的生活质量，广大群众获得的幸福感逐步提高。除此之外，民生领域共建共享的完善还能够带来稳定的投资，间接推动长江中游城市群经济的整体协调发展，促进中部崛起。

4.2 长江中游城市群高质量城镇化协同发展的劣势

4.2.1 产业协同发展效应不明显

长江中游城市群下辖的主要城市群产业结构如图 4－2 所示，为打造出先进制造业和高技术产业为优势的城市群，长江中游城市群都注重产业结构调整，第二、第三产业比重整体处于相对较高的水平。

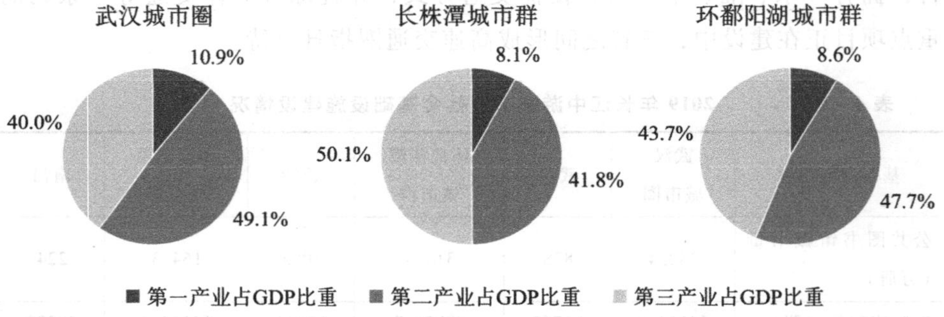

图 4－2 长江中游城市群三省产业结构占比

资料来源：《中国城市统计年鉴 2014》《中国城市统计年鉴 2019》及《湖南统计年鉴 2014》《湖南统计年鉴 2019》。

尤其是省会城市，第三产业比重大大提高，武汉、长沙的占比都超过了 50%（见表 4－3）。

表 4－3 长江中游城市群省会城市产业结构对比

省会城市	第一产业占 GDP 比重	第二产业占 GDP 比重	第三产业占 GDP 比重
武汉	2.4%	43.0%	54.6%
长沙	2.9%	42.3%	54.8%
南昌	3.6%	50.4%	46.0%

资料来源：《中国城市统计年鉴 2014》《中国城市统计年鉴 2019》及《湖南统计年鉴 2014》《湖南统计年鉴 2019》。

但结合表 4－3 中湘、鄂、赣三省会城市产业结构比重对比可以发现在各省内出现了极化现象，三个省会城市的第三产业占 GDP 比重均高于整省平均水平，其中武汉市与武汉城市圈的产业结构占比出现了相对较大的差异，反映出省会城市相对发展较快且较好，而次级城市发展相对不足，从而对长江中游城市群城镇化整体协调发展形成了障碍。与此同时，长江中游城市群内产业发展出现同构化现象，三省之间互补性不明显且难以发挥各自比较优势，各地区产业特色不明确，存在重复投资、类型重叠等现象。同时内部竞争还会不可避免地导致三省在项目、投资、人才引进方面出现激烈竞争，甚至各地区优惠政策出现差异时还会降低地区间的合作紧密程度，甚至可能导致出现竞争大于合作的情况。区域间缺乏专业化分工协作和密切的经济联系，给产业集群的形成以及产业之间的关联带来了阻碍。由于行政界线隔阂，区域内部信息共享不流畅，导致各地区会出现产业发展重复、运营效率不高的情况，由此可知，城市间的沟通协同对于城市群产业高质量发展显得尤为重要。

4.2.2 绿色发展的现实困境犹存

2016 年《长江经济带发展规划纲要》提出“生态优先、绿色发展”的理念。长江中游城市群作为长江经济带中的重要一员，其绿色发展水平与城镇化保持着同步调发展，如表 4－4 所示长江中游城市群为响应绿色生态发展号召，自规划颁布后至 2019 年三大城市群的绿地面积都有不同程度扩张，同时废水处理率、生活垃圾无害化处理率随着环保意识的加强和处理技术的成熟，也有很大的提升。

表 4－4　　　长江中游城市群绿色指标对比

城市群	2014 年			2019 年		
	绿地面积（公顷）	污水处理厂集中处理率	生活垃圾无害处理率	绿地面积（公顷）	污水处理厂集中处理率	生活垃圾无害处理率
武汉城市圈	5523.7	90.8%	98.6%	6229.4	91.8%	99.6%
环长株潭城市群	4565.6	83.2%	99.88%	5527.9	92.1%	100%
环鄱阳湖城市群	3515.7	82.3%	91.1%	4653.1	91.444	100%

资料来源：《中国城市统计年鉴 2014》《中国城市统计年鉴 2019》。

表 4－4 表明长江中游城市群的绿色发展水平相对较高，在一定程度上为高质量城镇化发展提供了有力支撑，环长株潭城市群相较其他两城市群的绿

色发展水平而言发展较好。同时，湖北省的绿色发展水平较为均衡；江西省相比于湖北省、湖南省的绿色发展水平相对较低，但整体而言长江中游城市群未来的绿色发展依然存在诸多阻碍。譬如尽管近几年国家大力推动产业转型升级，但由于种种原因，高耗能的产业仍然占据一定比例，随着经济、人口等各方面的快速增长，仍然有一定的污染问题，甚至使得日益增长的资源需求量与资源的稀缺性存在一定矛盾，对绿色发展形成了一定的影响。

4.2.3 大中小城市协调发展中的不均衡性仍然突出

长江中游城市群的城镇体系层级辐射和涉及面广，中小城市多且规模小、城镇化水平低，限制了城市群对人力、资本的影响力和控制力，且城乡二元结构突出，次级城市发展相对落后、发展不均衡。长江中游城市群城镇化两极分化严重，缺乏区域次级中心城市作为桥梁和平台连接和过渡。产业、知识、人才、技术等资源高度集中在省会中心城市，导致次级城市缺乏创新资源，中心城市的创新成果也难以向周边地区扩散，难以及时让区域在技术、知识、生产等方面的优势通过人员、资本的途径影响周边中小城市的发展，因而进一步加大城乡和区域差距。此外，一些城市合理规划欠缺、城市建设不足且公共基础设施不完善，导致区域内部发展不均衡的局面仍然突出。

4.3 长江中游城市群高质量城镇化协同发展的机遇

4.3.1 政策制度支撑和战略机遇

自2003年起就陆续提出将武汉城市圈、环长株潭城市群以及环鄱阳湖城市群联合打造出中国经济增长“第四极”，2013年长江中游城市群省会城市会商会的召开，标志着长江中游城市群建设的全面推进。随着城市群的发展模式逐渐主导化，长江中游城市群的建立不仅只是支撑长江经济带的重要支柱，更是已经上升到国家战略意义层面。直到2015年《长江中游城市群发展规划》的批复，指出要将长江中游城市群打造为中国经济发展新增长极、中西部新型城镇化先行区、内陆开放合作示范区和“两型”社会建设引领区。

要达到如此高度战略目标，三个省齐心协力、实现经济合作，制定跨省区区域规划，放大中部力量，提高长江中游城市群在全国的地位，在城镇化发展提速的同时，保障其高质量推进。在城乡区域协调发展、社会和谐进步、城乡居民共享现代化建设成果、产业协同等方面着力推进高质量城镇化发展。

4.3.2　产业发展的活力强劲

近年来，随着技术创新的不断推进，各地区都在寻求推动整个城市经济可持续发展的产业动力，在科技创新过程中寻求产业发展机遇，将新兴产业作为发展重点，提高经济社会发展水平，实现可持续发展。长江中游城市群所辖区域也在这方面着力下了功夫，湖北依托光电子信息、生命健康、智能等三大科创产业作为主要支撑，凭借“3 + X”产业布局发展与时共进的脑科学、量子信息等未来产业，打造了湖北省特色科创产业的形象。湖南省将制造业与智能产业进行深度融合，打造工程机械、轨道交通等先进制造业和智能制造业。江西则实施产业链链长制，通过延伸产业链、提升价值链、融通供应链与周边城市联结紧密，在区域内部形成具有特色优势的产业集群。因此，在未来产业发展趋势以及政策支持下长江中游城市群整体产业发展水平和竞争力将会不断提升，进而为促进城市群的城镇化高速高质发展提供了坚强保障和重要机遇。

4.3.3　双循环发展的潜力巨大

在经济全球化和“一带一路”的背景下，以城市群的形式适应经济全球化新趋势、国际形势新变化、打造内陆开放合作示范和发展更高层次的开发型经济已成为我国当前经济发展的重点，因此，长江中游城市群把国内经济与国际市场相联系，通过各城市间的默契合作，促进经济、人才、资金等各方面资源的聚集加强区域协同程度，使资源配置突破区域性的限制，在国内和全球范围内实现最优配置，长江中游城市群将会在国内外市场中占据一定地位。

4.4 长江中游城市群高质量城镇化协同发展的威胁

4.4.1 省会城市的虹吸效应愈发明显

长江中游城市群的人口城镇化高质量发展是确保该地区的经济社会繁荣发展的核心基础，2015 年国务院批复《长江中游城市群发展规划》后至今，长江中游城市群所涉及到的三省城镇化率均有所提升如图 4-3 所示，湖北地区城镇化发展一直处于领先位置，其 2014 年到 2019 年的城镇化率从 53.73% 上升到 61%，湖南地区的城镇化率截止到 2019 年年底达到了 60.29%，而江西地区相比湖南、湖北城镇化发展相对较慢。除此之外，三省的省会城市 2019 年的城镇化率是远高于各省平均城镇化率的，其中湖北省会城市武汉 2019 年的城镇化率更是达到了 80.49%，长沙、南昌均高于 70%，而在长江中游城市群所辖的 31 座城市中，只有 13 市人口城镇化率高于全国的 60.6%，比例仅占 41.94%。说明城镇化的发展还是集中于资源较丰沛的省会城市。这也说明，大城市与中小城市容易在发展资源上存在同质化竞争现象，三省均出现科教资源、人力资源、创新资源集中省会比较明显的趋势，大城市的虹吸效应十分明显，缺乏竞争优势的中小城市很难发挥资源吸引优势。同时，大城市过度的规模化发展导致的城市病也较为严重，中小城市以及小城镇发展动力不足，如导致中小城市人才供给速度与市场需求不匹配，这也会对城镇化的高质量发展产生一定影响。

在大力推动城镇化的过程中，一方面人口迅速膨胀；另一方面需保持经济稳定增长。在各方面发展需求的情况下，想要避免高负荷的省会城市城镇化运转，提高城市承载能力，保证城镇化发展的质量，就要将城镇人口的迁移与经济发展水平相匹配、相协调。

4.4.2 核心竞争力还不够突出

在绿色发展上，保证长江中游城市群高质量的绿色城镇化发展对于整个地区乃至全国的绿色发展水平、经济与资源环境的协调发展都具有重要的现

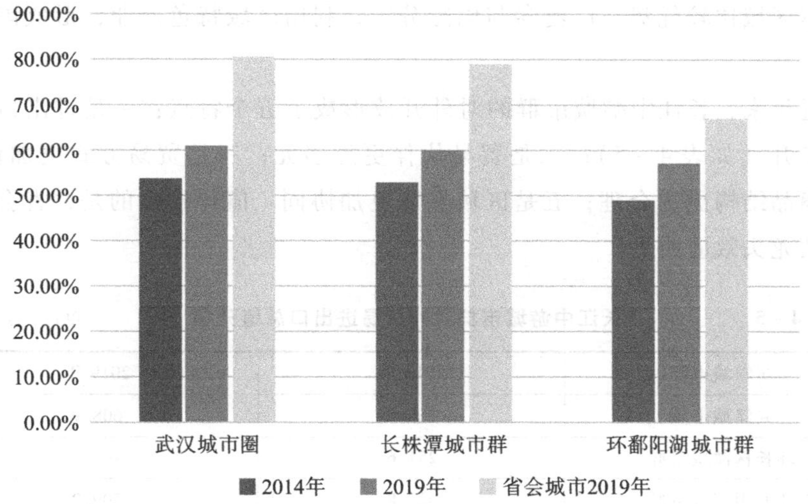

图 4－3　长江中游城市群 2014 年、2019 年城镇化率对比

资料来源：《中国城市统计年鉴 2014》《中国城市统计年鉴 2019》及《湖南统计年鉴 2014》《湖南统计年鉴 2019》。

实意义和示范价值。但缺乏良好的投入机制和足够的资金支持对绿色发展的整体推进形成了一定的影响。

在共享发展上，长江中游城市群高质量和高效发展的共享平台还在完善之中，跨区域交流合作等方面的实质性进展有一定差距。随着三省合作增多，长江中游城市群的基础设施在完善，群众的生活满意度也在增加，但是还不能满足城市群进一步高质量发展要求，更多深度的便民共享设施还有待进一步完善。

在创新发展上，在部分领域，企业自主创新能力总体上不强，部分高端制造业的核心技术还受制于人，在一些关键核心技术、核心基础零部件等方面还存在一些短板，传统制造业的智能化改造任务繁重，需要进一步增大创新引领意识，增强经费投入。

4.4.3　开放发展的外部环境变化大

长江中游作为“一带一路”和长江经济带对接当中的一个连接点，对于我国的开放型经济发展有巨大的推动作用。因此，需要长江中游城市群主动适应对外开放的新形势，扩大开放，与周边国家和地区形成经贸合作，充分发挥本区域比较优势，广泛参与国际分工，利用区域特色产业，形成国际竞争力。

近年来，长江中游城市群的对外开放形成了五个特点：一是进出口规模逐季攀升（如表4－5）；二是贸易伙伴更加多元；三是贸易方式更加优化；四是商品结构更加合理；五是区域发展更加协同。值得指出的是，省会城市的外贸龙头效应明显。

表4－5　　长江中游城市群对外贸易进出口总值分布　　单位：亿美元

所辖城市群	2014年	2019年
武汉城市圈	266.5	608.9
环长株潭城市群	251.6	465.3
环鄱阳湖城市群	427.8	509.2

资料来源：《湖南统计年鉴》《湖北统计年鉴》《江西统计年鉴》2014年、2019年。

总的来看，长江中游城市群三个区域的外贸进出口总额实现了量的稳定增长和质的稳步提升。尽管稳中向好、长期向好的基本趋势没有变，但当前世界经济增长持续放缓，不稳定、不确定因素增多，国内经济下行的压力也依然较大。长江中游城市群各城市之间跨省合作不多，缺少相应的合作平台来保障省际交流，同时，长江中游城市群的开放程度还不够，虽然中心城市在全国进出口总额排名居中，但相比长江经济带的上海、成都、重庆，长江中游城市群的三大中心城市对外开放程度较弱，如表4－6所示。因此，长江中游城市群地区要切实完善自身的开放型经济体系，抓住双循环发展新格局的战略机遇，以开发促发展，全方面地提升对外开放水平。

表4－6　2019年长江中游城市群中心城市与其他城市群中心城市对比　单位：亿元

城市	GDP	资金总量	进出口总额
上海	38155	132800	34047
成都	17013	39800	5823
重庆	23606	39483	5793
武汉	16223	28659	2440
长沙	11574	21048	2002
南昌	5596	12097	1151

注：数据来源于各市统计局。

4.5　SWOT 分析结论

通过以上对长江中游城市群高质量城镇化发展的优势、劣势以及发展机遇和面临的威胁进行分析后，将可选的 S—O、W—O，S—T、W—T 战略总结如表 4－7 所示。

表 4－7　　长江中游城市群高质量城镇化发展战略 SWOT 分析矩阵

外部因素 / 可选战略 / 内部因素	S——优势	W——劣势
	S1：区位和经济发展优势； S2：科技创新能力优势； S3：民生领域共建共享优势。	W1：产业协同发展效应不明显； W2：绿色发展的现实困境犹存； W3：大中小城市协调发展的不均衡性。
O—机遇	S—O 战略	W—O 战略
O1：政策制度支撑和战略机遇； O2：产业发展的活力强劲； O3：双循环发展的潜力巨大。	1. 利用区位优势与政策机遇结合，进行产业转型升级和创新； 2. 利用要素优势与产业发展机遇结合，提高国际综合竞争实力。	1. 优化地区产业结构，协调区域产业互补； 2. 响应政策，坚持绿色可持续发展； 3. 构建双循环发展新格局。
T—威胁	S—T 战略	W—T 战略
T1：省会城市的虹吸效应愈发明显； T2：核心竞争力还不够突出； T3：开放发展的外部环境变化大。	1. 利用区位优势，提高中心城市辐射带动作用，促进区域整体均衡发展。 2. 利用产业发展基础以及科技创新要素汇集优势，合力创新推动区域高质量发展，打造核心竞争力。	1. 加强区域内部沟通，构建共享平台，增强区域竞争力； 2. 减少产业重构现象，实施错位发展，大力扶持发展新兴产业。

根据以上分析，长江中游城市群高质量城镇化发展四种发展战略具体如下：

（1）S—O 战略

长江中游城市群地理位置优越，其中湖北、湖南、江西三省省会城市拥有众多高新科技产业、先进制造业、传统与新兴产业，通过产业集群可以达到降低成本、提高效率以及形成良性竞争的目的。此外，区域人才、资源和优秀产业等要素汇集、交通网络发达，一方面丰富的资源要素基础为区域发展提供了物质基础，另一方面多元化的交通基础设施能够连接中心城市与次级城市，加强交流与沟通能够促进区域形成合力，提高国际综合竞争实力。

（2）W—O 战略

长江中游城市群的湖北科创产业、湖南制造产业、江西传统工业，各省具有各自独特的创新资源与创新能力，因此在实现区域联动与协同的过程中，能够有效密切各创新主体的互动、加速创新要素、成果的流动和有效配置，从而促进整体协同效应发挥达到区域创新效益最大化，达到优化区域内部产业结构以及产业互补的目的。因此，要构建全面人才培育体系，出台相关激励政策，重点培养外向型人才，激励人才和科研活动，提高创新积极性和主动性，为发展开放型经济提供人才资源，在发展产业和培养人才的同时坚持绿色发展，走可持续发展路线，构建双循环发展新格局，助力高质量城镇化发展。

（3）S—T 战略

利用中心城市三角形的稳定区位优势，逐步提高中心城市的辐射带动作用，发展区域次级中心城市的桥梁连接和过渡作用，从而解决次级城市发展相对落后、长江中游城市群城镇化两极分化二元结构严重的问题。利用区域内部的优势产业形成的集群以及要素聚集效应所带来的有利条件，打破产业同构所产生的影响，形成新的竞争力，合力创新推动区域高质量发展，打造核心竞争力。

（4）W—T 战略

加强区域内部沟通，构建共享平台，增强区域竞争力。关闭废水废气废渣处理不达标对生态环境有影响的企业，减少过度重复类型产业，给予良好的政策环境和足够的资金支持开展绿色技术的创新研发工作，要大力推广新型绿色产业使用新型绿色技术替代传统技术降低工业产业带来的环境污染，减少产业重构现象，实施错位发展，大力扶持发展新兴产业，从而促进绿色城镇化的发展。

综上所述，四种战略能够帮助长江中游城市群在经济、社会、生态以及国际地位方面打下更好的基础，但为了该城市群的城镇化进程能够更好更快地推进，还需将城市群的融合发展与城镇化的质量发展进一步协同，因此，本书继续从新发展理念的角度提出相关协同策略。

4.6　长江中游城市群高质量城镇化发展协同推进的策略

本书对新发展理念——协同、绿色、开放、共享、创新分别进行了现状和 SWOT 分析后，发现长江中游城市群城镇化质量水平呈现出三点独高的现象，三省会城市在无论是在人口、经济、资源以及生态环境等方面的城镇化发展都明显优于区域内部的次级城市，要确保长江中游城市群能够实现其战略高度，就需将长江中游城市群高质量城镇化发展与新发展理念融合，为实现其高度协同效应，本书从新发展理念出发，提出了协同推进策略。

4.6.1　实现创新发展与高质量城镇化协同

首先，实施创新驱动战略，提升创新发展能力，有效弥补创新能力不强的“短板”，突破前沿技术，掌握关键技术。推动高校、企业、科研院所互相合作建设国家级创新平台、组建创新联合体、打造区域科创中心，促进产学研用深度融合。同时，要最大程度发挥三省会城市的带头作用，以此更加进一步推进长江中游城市群城市创新水平与高质量城镇化发展水平协同发展。其次，制定相关政策，通过政府引导企业进一步加大科技投入，形成一批用于自主知识产权的技术和产品，提高金融对技术创新的支持度，探索配套的金融支持模式。出台相关激励政策激发研发人员的研发热情，大力培养创新型人才，增加科研资金投入。再次，长江中游城市群各大城市要形成创新协作，打破地域障碍实现区域创新一体化。湘鄂赣三省合力打造中部科学城，在基础研究与应用创新方面，发挥各自所辖高新区及其主导产业优势，向周边区域扩展，此外，简化政府服务手续、优化引智环境，培育壮大创新主体，以提升区域科技创新生命力。

4.6.2　实现大中小城市协调发展与高质量城镇化协同

大中小城市的协调发展最重要的是明确不同规模城市的成长方向。注重城市群的中心城市综合水平培育，武汉、长沙、南昌三市要有功能性分工，武汉要依托科技优势，打造长江中游金融中心、现代物流中心和科技中心。南昌要着力打造集空港、陆港、高铁、九望、现代职教五大功能于一体的新城。长沙要重点强化强省会战略，实施城市超级大脑赋能、精细治理能力提高等八大行动，将城市打造为新型智慧城市示范城市。三市要利用自身优势互补发展，从而吸引更多的央企总部或者第二总部落户长江中游城市群。其他中小城市要明确自身核心竞争力，如湖北荆州要建设国家级产业转移示范区，咸宁要集中发展大健康产业；江西要致力将九江打造为万亿临港产业带，在抚州建设产业转移示范区和先进制造业协作区，将鹰潭打造为世界铜都和国家智慧城市。环长株潭城市群要强调都市错位成长，要找准定位、发展特色。各省要设立省级专项资金用于提升城镇化发展质量，找寻自身优势，挖掘独特的农业、旅游、教育等优势，推动大中小城市高质量协调发展。同时，从整体上看，三省要在产业、人才、环境等方面设立协调发展的领导小组，以联合办公的形式形成内部交流合作的平台，统筹协调大中小城市发展。

此外，优化大中小城市产业空间布局，加强分工实现产业协同，形成错位竞争提升整体产业竞争力。按照长江中游城市群高质量协同发展要求，整合区域内产业资源，充分发挥要素禀赋优势，促进三大城市圈的产业融合和分工协作，逐步形成优势互补、特色突出、分工协作、互利共赢的新格局。

4.6.3 实现绿色发展与高质量城镇化协同

长江中游城市群应从生产、生态、生活三方面成就良好生态环境。绿色生产方面，在工业生产环节，要发挥主导产业优势，协调城市群内资源配置，推动要素有效聚集，联合打造现代产业集群，实现产业协同互补与均衡发展。还要加大对节能环保、新能源等绿色产业企业特别是中小企业的扶持力度，加速形成具有特色的优势产业。还要开发绿色产品，运用绿色技术，打造绿色产业链推动传统模式的转型升级。同时，在农业生产环节主要着手解决土壤污染、水污染、大气污染等问题，倡导绿色发展，提高资源利用效率，采取化肥农药减量、控制有毒有害污染物排放量、设立工农业用水总量限额、禁止在洞庭湖、鄱阳湖等水域附近发展有污染的工业和项目等一系列措施，开展绿色生产，协同带动长江中游城市群绿色环保产业发展。绿色生态方面，强化长江中游生态补偿财政协同机制，鼓励流域下游与上游通过资金补偿、对口协作等方式，对发展绿色生态的区域给予一些激励，同时，促进这些地区生态产品价值实现。绿色生活方面，三省要形成污染联防联控的协调机制，除了改善农村人居环境，进行农村“厕所革命”外，还提倡居民绿色生活，如生活垃圾分类、减少餐桌浪费、使用节能汽车或公共交通。此外，政府可以制定和完善相关法律监管措施，构建绿色环境治理体系。为进一步提升长江中游城市群的绿色发展水平，各城市在未来的发展中，要普及绿色化知识；要推进绿色与创新协同发展，营造绿色创新氛围；要扬长避短，针对各城市绿色发展所制定相应的战略规划，实现资源、环境和经济的协调发展。高举可持续发展大旗，走绿色发展道路。

4.6.4　实现开放型经济发展与高质量城镇化协同

首先，要加强国际合作，实施国际化战略，整合国际资源，实现优势互补和资源共享，快速提高区域国际知名度和影响力，充分发挥三个中心省会城市的作用，不断加强与国内外城市之间的联系，区域内部之间走差异化发展道路，通过各方协同形成团结协作，参与到国际竞争中，加强区域内外之间的合作，加强交通网络建设，合力衔接各城市，有效进行资源配置，构建多元化、多层次、全方位的交通信息网络。

其次，利用交通网络实现区域协调，利用区域优势和交通优势，使得长江中游城市群地区与周边城市主动参与国家层面的经贸合作关系，开展经济贸易合作，实现资源互补，从而提高区域产业整体的国际竞争力，坚持对外开放与对内开放并重，做到商品和要素流动相对均衡，打造国际友好城市形象，实现本区域国际竞争优势不断累积、经济繁荣、可持续发展的目标。

再次，构建双循环发展新格局。一是深化对内开放。长江中游城市群内通过武汉和鄂州、长沙和岳阳、南昌和九江交通双枢纽建设，汇集整个长江中游城市群的人流、物流、信息流，分别带动武汉都市圈、环长株潭城市群、环鄱阳湖城市群进行资源整合。每年可通过召开会商会和协调会，交流合作意见并签署相关合作重点事项。二是深化对外开放。依托长江黄金水道的优势，进一步引领长江中游城市群加强与下游长三角、上游成渝等城市群合作。在国际合作方面，长江中游城市群以湖北自贸区、湖南自贸区、江西内陆开放型经济试验区为主体提升对外开放平台，主动参与国际产业分工等国际合作，打造世界级产业集群，畅通国际国内双循环发展。

4.6.5　实现公共设施共建共享与高质量城镇化协同

长江中游城市群内部要构建互联互通的基础设施网络。一是完善交通网络，综合考虑市内交通的便捷度及市外交通覆盖的广度，三省将加强高铁、高速公路、长江岸线码头及干线机场相关基础设施建设，打造综合运输网络，做到交通互通，实现铁公水空联动。重点推进一批重大交通项目建成投产以及在建项目建成，如大力建设武汉都市圈大通道的“1小时通勤圈”；加强南昌市内轨道交通建设，建设并延长地铁线路，在城区建设快速路，以及大南昌都市圈城际轨道建设、机场项目、高速公路项目同步开工；推动长株潭一体化建设步入发展的快车道。二是强化医疗管理，三大城市群（圈）重点发展“互联网+医疗健康”，支持建设生物医药产业技术联盟，增加医院数量与床位数量，增加医疗设备的配备，配备公共卫生事件医疗队伍，设立急救分中心，均衡布局医疗资源，加快推进医疗资源薄弱地区建设力度。三是要其他共享设施的建设，保障各城市、城乡之间的设施水平基本齐平，促进中心城市与次级城市的对接和融合，打破行政区域隔阂与地区间的交流障碍，加大培育区域次级中心城市的建设，提升区域次级中心城市各方面综合水平，协调各地区之间的关系，实现要素在长江中游城市群高效自由流动与共享，从而推进长江中游城市群高质量城镇化发展。

4.7 本章小结

新发展理念对城市群高质量城镇化发展具有重要的理论指导意义。长江中游城市群经过了多年的发展历程，科学推动其高质量发展亟须新发展理念的深度嵌入。本书分析了长江中游城市群高质量城镇化发展中创新发展、协调发展、绿色发展、开放发展、共享发展等五个方面可能存在的优势、劣势、机遇、威胁，并系统分析了当前长江中游城市群在借力新发展理念推动高质量城镇化发展的战略选择，研究认为长江中游城市群的城镇化在新发展理念下的指标相较于过去均有了不同程度的提升，但在创新、开放以及协调方面仍然存在一些困难和挑战。根据这一现状，本书分别从五个相应的理念方向提出了的协同推进长江中游城市群高质量城镇化发展策略，包括建立区域创新协同合作模式、推进生态管控和绿色发展、促进大中小城市协调发展、推动城乡协调和开放发展、推进公共设施共建共享等策略。以期为推动长江中游城市群高质量城镇化发展提供参考。

第5章

新发展理念下长江中游城市群与国内外城市群发展状况比较

分析长江中游城市群与国内外城市群的现状和发展趋势。通过对长江中游城市群与世界五大城市群及国内六大城市群的研究，探讨其城市群国际竞争力及高质量发展方面的现状和趋势。从影响国际竞争力和高质量发展的各因素对长江中游城市群与国内外城市群的差距进行分析研究。提出促进长江中游城市群的国际竞争力及其高质量发展战略的对策建议。

5.1 长江中游城市群与世界五大城市群发展状况

5.1.1 长江中游城市群发展状况

（1）武汉城市圈发展状况

武汉城市圈（Wuhan Metropolitan Area），又被称为武汉“1+8”城市圈，该城市圈是指以中部最大城市武汉为中心，圆形发散至覆盖黄石、鄂州、仙桃、天门、潜江、黄冈、孝感、咸宁周边8个城市所形成的城市群，其中武汉是中心城市，黄石是副中心城市。

武汉城市经济圈工业的发展呈现稳定快速增长的势态，展现出了作为湖北省工业发展增长核心的优良形势，在其飞速进步的同时，武汉城市圈也奠定了在全省工业经济进程中不可替代的地位。其地位主要体现在以下几个方面：第一，企业分布集中。截至2019年年底，有13596家规模以上工业企业分布在武汉城市圈，占全省规模以上工业企业87.60%。第二，总量占比大。

2019年，武汉城市圈中主要城市的第二产业地区生产总值约为16282.98亿元，占全省第二产业地区生产总值的85.26%。第三，经济贡献突出。2019年，武汉城市圈13市的平均总资产贡献率约为15.43%。城市圈工业在各方面均处于显著地位。

（2）环长株潭城市群发展状况

环长株潭城市群的总面积为9.96万平方公里，人口数量4000多万，GDP占全湖南省79%，是长江中游城市群的重要部分。城市群以长沙、株洲、湘潭三个城市为中心，外围分布着岳阳、衡阳、益阳、常德、娄底5个次级城市圈（带）。其中，长株潭都市区的区域范围除了长沙、株洲、湘潭的主城区外，还包括望城区、长沙县、浏阳市、宁乡县及益阳市赫山区几个区域。

环长株潭城市群是区域性的有色金属、生物医药、新材料、新能源、电子信息等战略性新兴产业的基地，国家资源节约型和环境友好型社会建设的示范区，全国重要的交通枢纽和交通运输设备、工程机械、节能环保装备制造、文化旅游和商业贸易物流等产业根据地。

《湖南省国民经济和社会发展第十四个五年规划和二〇三五年远景目标纲要》指出，要加快推进长株潭城市群一体化，实施长株潭一体化工程，形成1小时通勤圈，将长株潭建成中部地区崛起和长江经济带的核心增长极。

（3）环鄱阳湖城市群发展状况

环鄱阳湖城市群，是由环绕鄱阳湖的各城市组成，其中以中国第一大淡水湖（鄱阳湖）为中心，包括南昌、九江、抚州、鹰潭、景德镇、上饶六个城市。环鄱阳湖城市群是江西省最发达的区域，也是中国经济最有活力、城市化率最高的地区之一，同时也是全国城市群建设的领头羊，它计划成为中部崛起的核心增长极。

该城市群最突出的优势就是区位优势，面向鄱阳湖，依托长江、内陆交通发达，山水优美度也是各城市群之首；城市劳动力数量十分丰富，也是其他城市难以企及的优势之一。此外，环鄱阳湖城市群在交通通信、城市水资源供给等方面的优势也十分突出。该城市群还具有农副产品丰富、商品经济发达、外向型经济发达和工业基础雄厚等特点。

环鄱阳湖城市群的城市分工较为明显，南昌的国际性城市职能随着外资、传统制造业、产业集群等发展机制的演化日益突出；九江和赣州以生产性服务业为代表；上饶、新余、萍乡、宜春等主要发展先进制造业；抚州、景德镇、吉安、鹰潭等以发展传统制造业和地方特色产品加工业为主。

5.1.2　世界五大城市群发展状况

（1）美国东北部大西洋沿岸城市群

美国东北部大西洋沿岸城市群地处美国东北方位大西洋沿岸，简称波士华，是世界上最发达的地区之一。整个城市群区域从波士顿至华盛顿，共包括 200 多座城镇。它的占地面积为 13.8 万平方公里，仅占美国面积的 1.5%，而人口却占 4500 万人，是整个美国人口的 20%。

北美洲城市群的诞生与制造业的发展密不可分，城市群大都分布在制造业蓬勃发展的地区，城市群内包含了纽约、华盛顿、波士顿、费城等美国的主要城市。这一区域是美国最核心的经济带，制造业的产值占了全国的 30%，这里不仅是美国最大的商贸中心，也是世界上最大的国际金融中心。同时，它也是美国最大的生产基地，这是目前世界上最大的城市群。内部各城市都有自己的专业功能，有独具特色的产业部门，城市与城市之间形成了紧密的分工协作关系。

（2）北美五大湖城市群

五大湖城市群分布在美国五大湖流域周边，它横跨美国和加拿大两国。整个城市群比较著名的城市有美国的芝加哥、底特律和加拿大的多伦多、蒙特利尔等。该城市群占地面积约 24.5 万平方公里，人口数约 5000 万人。五大湖城市群是知名的世界工厂，也是美国和加拿大两国最发达的地区之一，这里有世界著名的美国通用、福特和克莱斯勒三大老牌汽车公司，其工业产量和销售额约占美国相应总量的 80%。

北美五大湖城市群和波士华城市群共同涵盖了 20 多个人口达 100 万以上的大都市和美国 70% 以上的制造业，共同构成了特大工业化区域——北美制造业带，这一地带也是美国工业化和城市化程度最高，人口最为稠密的地区。

（3）日本太平洋沿岸城市群

日本太平洋沿岸城市群又被称为东海道城市群，是一个以东京、大阪、名古屋三个城市圈为中心组成的城市群。该城市带总面积 3.5 万平方公里，是日本国土面积的 6%；人口数量达到近 7000 万人，占全国总人口的 61%。日本政治、文化、交通、经济中心都是东海道城市群，这里分布日本 80% 多的金融、教育和研究机构，工业产值占到了全国的 65%。

其中三大都市圈以及其领域内主要城市别具特色，都展现着各自的特色，其中东京作为日本太平洋沿岸城市群的中心城市，具有综合性的城市功能，是日本第一的金融、商业、政治、工业、文化中心，东海道城市群是日本在向美国借鉴波士华城市群发展经验的形势下提出的，曾在日本的全国综合开发计划中被广泛运用，被认为是“纽约、华盛顿、硅谷、底特律”结合型的集合多种功能于一体的世界大城市群。

此外，涵盖了日本全国60%的大型城市是东海道城市群的另一特色，除了东京之外，日本国家认定的大城市还有20座指定城市，这些大城市构成了日本大都市圈的发展核心，而东海道城市群就拥有其中13座大城市。

(4) 英伦城市群

西欧是世界工业化和城市化进程最早的地区，因此它的城市化水平高，城市数量多且布局密度大，以多个城市集聚的形式形成城市群。英伦城市群是其中的典型代表，由英国伦敦—利物浦一线的城市构成的，包含了世界纺织工业之都——曼彻斯特、纺织机械重镇——利兹、伯明翰、谢菲尔德等大城市。同时作为英国产业革命后主要的生产基地，它的占地面积为4.5万平方公里，人口3650万人。英国80%左右的经济集中于此，伦敦既是这一复杂城市群的经济中心又是英国的政治中心——首都。这一城市群起步早、规划认识超前、注重法案规划的制定实施，如1944年《绿带法》、1946年《新城法》、2004年《规划与强制收购法》等，对区域协调发展和城市群发展战略进行管理。

英伦城市群是世界五大城市群中面积最小、发展最早、城市布局密度最大的城市群。这里所聚集的财富超过了英国的其他地区的总和，是欧洲最大、世界第三大金融中心。同时，英伦城市群的交通基建也十分快捷便利，被誉为全球最长的铁路隧道的圣哥达基线隧道就坐落于此，在英伦城市群的发展中起着“大动脉”的作用。

(5) 欧洲西北部城市群

欧洲西北部城市群是一个超级城市带，集中了40座人口超过10万人的城市，它的面积是145万平方公里，总人口4600万人，是整个欧洲最富裕的区域之一。

欧洲西北部城市群是世界上涉及国家最多的城市群，包含了法国巴黎城市圈、莱因—鲁尔一线以及荷兰—比利城市圈在内的多个国际性大都市。由法国、荷兰、比利时、德国四个国家的城市群构成，这四个国家的本国单一中心城市过度聚集导致生态环境退化以及交通拥堵等问题，将人口和产业向周边扩散而演化为城市群。该城市群采用市镇联合一体化协调模式，明确政府不干预规划的具体内容，市镇联合体对科教文卫基础设施建设等一系列问题进行一体化规划。

从近几十年全球化的进程来看，城市群发挥了重大的集聚效应，世界五大城市群的发展成果也为我们展现了良好的前景，城市群的发展已经成为影响世界的重要力量。而城市群的发展更是衡量高质量发展的重要指标，世界级城市群对资源创新以及全球市场都能有效整合，焕发经济活力。如今长江中游城市群以建设世界级城市群为契机，推动区域经济高质量发展，是其发展的必然选择。

5.2　长江中游城市群和世界五大城市群比较

国际竞争力是衡量区域经济的重要指标，而城市群是城镇化发展到一定阶段的产物，代表着区域经济的高速发展。本书采用面积、人口、GDP、人均 GDP、经济密度及人口密度六大因素衡量长江中游城市群与世界最发达的五大城市群的差距（如表 5－1），为其学习世界发达城市群经验，追赶发达城市群脚步，提升在国际上的竞争力寻求方向。

表 5－1　　长江中游城市群和世界五大城市群对比

城市群	面积（万平方公里）	人口（万人）	GDP（亿美元）	人均 GDP（美元/人）	经济密度（万美元/平方公里）	人口密度（万人/平方公里）
长江中游城市群	35	13100	14612	11154	417	374
日本太平洋沿岸城市群	10	7000	33820	48314	3382	700
美国东北部大西洋沿岸城市群	13.8	6500	40320	62031	2922	471
北美五大湖城市群	24.6	5000	33600	67200	1366	203
英伦城市群	4.5	3650	20186	55304	4486	811
欧洲西北部城市群	14.5	4600	21000	45652	1448	317
世界五大城市群平均值	13	5350	29785	55700	2721	501

5.2.1 面积比较

世界五大城市群面积的对比情况，如图 5－1 所示，其中，北美五大湖城市群面积最大，约为 24.6 万平方公里；面积最小的是英伦城市群，面积约为 4.5 万平方公里。而长江中游城市群的面积约为 35 万平方公里，是英伦城市群的约 8 倍，也是北美五大湖城市群的约 1.5 倍，面积庞大，区域辽阔是长江中游城市群独特的优势，在发展长江中游城市群时应利用这一优势，充分发挥其长处。

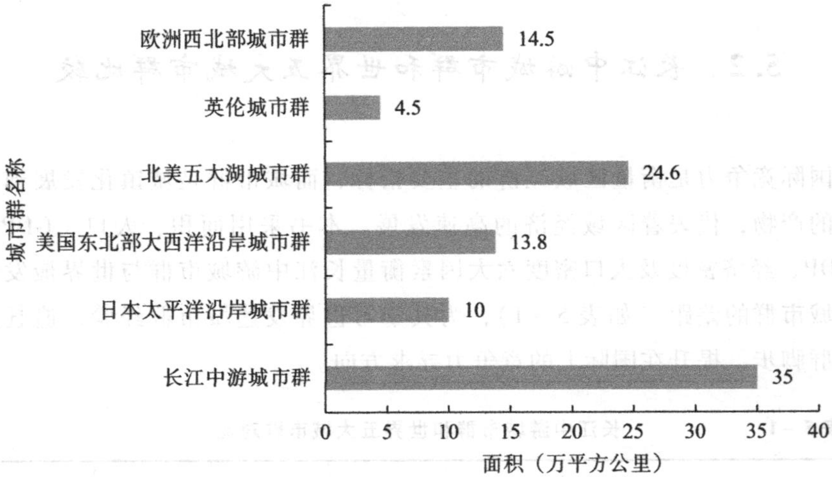

图 5－1　2019 年长江中游城市群与世界五大城市群面积对比

资料来源：长江中游城市群数据根据《长江经济带城市群发展报告（2019—2020）》整理；其余数据根据安树伟、闫程莉的《京津冀与世界级城市群的差距及发展策略》整理。

5.2.2 人口比较

世界五大城市群的人口数量差距不大（如图 5－2），平均有 5350 万人，最少的为英伦城市群，约为 3650 万人，最多的为日本太平洋沿岸城市群，约为 7000 万人。而长江中游城市群人口约为 13100 万人，约是世界五大城市群平均水平的 2.5 倍。人口众多一直是我国的一项国情，面对众多的人口，当扬长避短，利用劳动力充足的优势，积极培养人才，同时也应防范人口过多带来的一些风险。

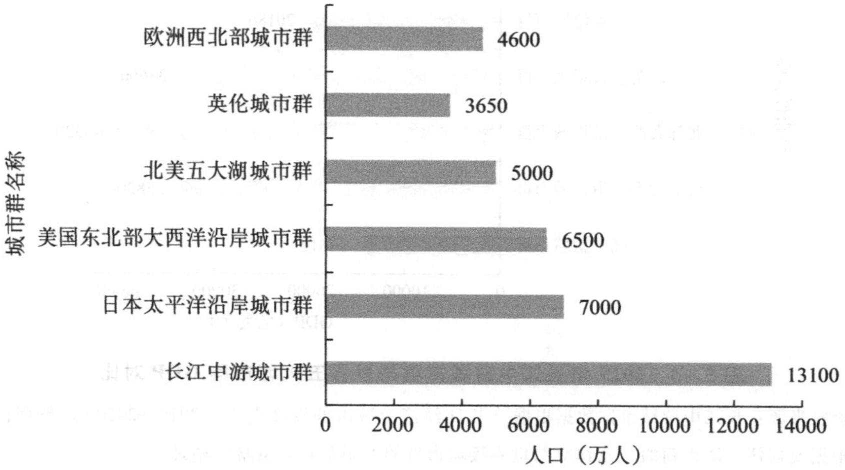

图 5－2　2019 年长江中游城市群与世界五大城市群人口对比

资料来源：长江中游城市群数据根据《长江经济带城市群发展报告（2019—2020）》整理；其余数据根据安树伟、闫程莉的《京津冀与世界级城市群的差距及发展策略》整理。

5.2.3　GDP 比较

尽管长江中游城市群人口、面积都遥遥领先于世界五大城市群，但其 GDP 却落后于世界五大城市群，如图 5－3 所示，世界五大城市群的平均 GDP 为 29785 亿美元，而长江中游城市群约为 14612 亿美元，不到世界五大城市群平均 GDP 的 1/2，这表示其与世界五大城市群的经济水平还存在很大差距，在经济发展方面还需要不断地追赶。

5.2.4　人均 GDP 比较

从人均 GDP 来看（如图 5－4），长江中游城市群与世界五大城市群的差距则更为突出，世界五大城市群的平均人均 GDP 约为 55700 美元/人，而长江中游城市群仅约为 11154 美元/人，不到世界五大城市群平均水平的 1/5。

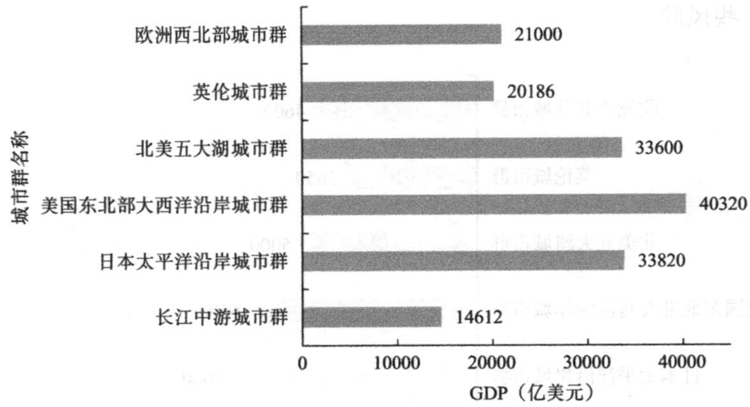

图 5-3　2019 年长江中游城市群与世界五大城市群 GDP 对比

资料来源：长江中游城市群数据根据《长江经济带城市群发展报告（2019—2020）》整理；其余数据根据安树伟、闫程莉的《京津冀与世界级城市群的差距及发展策略》整理。

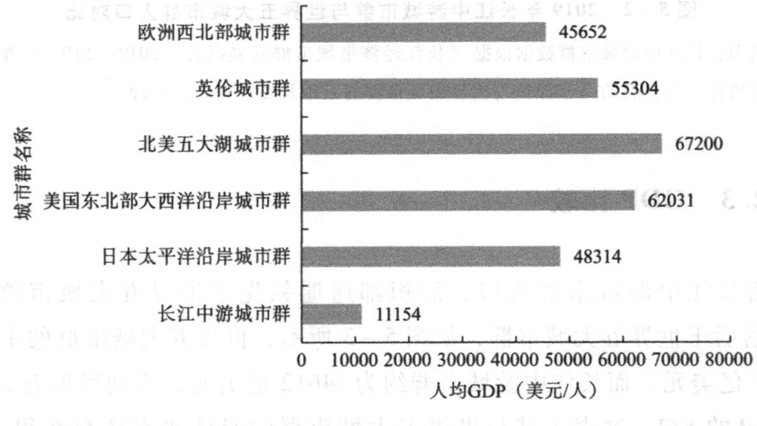

图 5-4　2019 年长江中游城市群与世界五大城市群人均 GDP 对比

资料来源：长江中游城市群数据根据《长江经济带城市群发展报告（2019—2020）》整理；其余数据根据安树伟、闫程莉的《京津冀与世界级城市群的差距及发展策略》整理。

5.2.5　人口密度比较

从人口密度来看（如图 5-5），长江中游城市群与世界五大城市群的差距不大，甚至超过了欧洲西北部城市群和北美五大湖城市群，但与世界五大城市群的平均人口密度 500 人/平方公里相比，仍存在一定差距，但差距不大，证明人口密度较为合理，但还有发展空间。

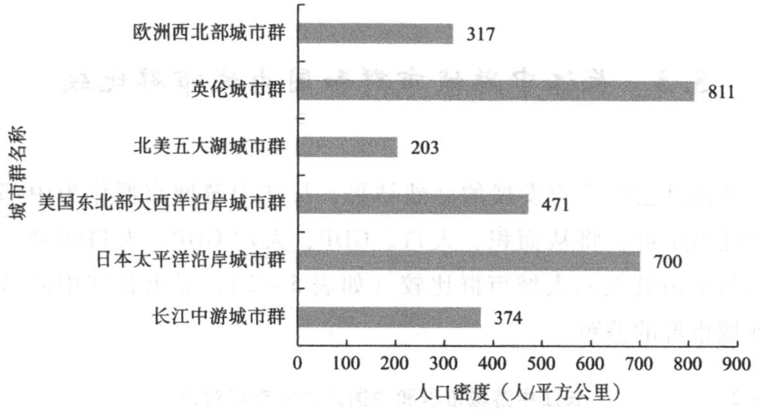

图5-5 2019年长江中游城市群与世界五大城市群人口密度对比

资料来源：长江中游城市群数据根据《长江经济带城市群发展报告（2019—2020）》整理；其余数据根据安树伟、闫程莉的《京津冀与世界级城市群的差距及发展策略》整理。

5.2.6 经济密度比较

从经济密度来看（如图5-6），长江中游城市群与世界五大城市群差距很大，世界五大城市群平均经济密度为2720万美元/平方公里，而长江中游城市群仅有417万美元/平方公里，世界五大城市群的平均经济密度约为长江中游城市群的6.5倍，十分悬殊。

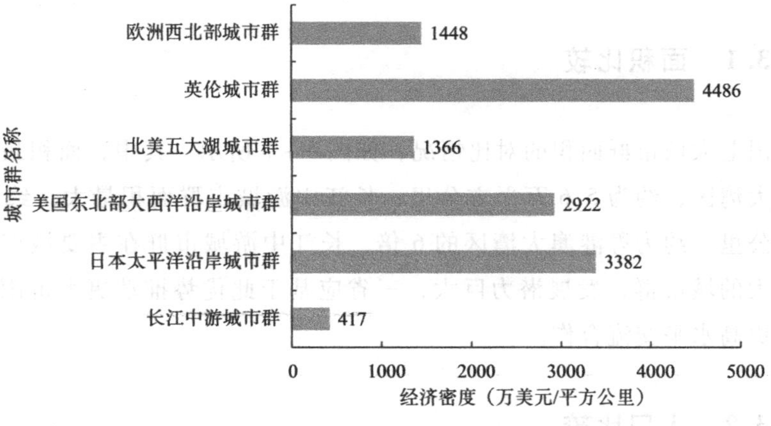

图5-6 2019年长江中游城市群与世界五大城市群经济密度对比

资料来源：长江中游城市群数据根据《长江经济带城市群发展报告（2019—2020）》整理；其余数据根据安树伟、闫程莉的《京津冀与世界级城市群的差距及发展策略》整理。

5.3 长江中游城市群和国内城市群比较

城市群是社会生产力发展的必然结果，长江中游城市群作为中部崛起的一个代表性城市群，将从面积、人口、GDP、人均GDP、人口密度、经济密度六方面与中国其他六大城市群比较（如表5-2），寻求长江中游城市群与国内其他城市群的差距。

表5-2　　长江中游城市群和中国六大城市群对比

城市群	面积（万平方公里）	人口（万人）	GDP（亿元）	人均GDP（万元/人）	人口密度（万人/平方公里）	经济密度（万元/平方公里）
长江中游城市群	32.6	12299	77483.7	6.3	377	2376.8
京津冀城市群	21.6	10933	89650.6	8.2	506	4150.5
长江三角洲城市群	21.2	15033	159349.8	10.6	709	7516.5
粤港澳大湾区	5.6	6833	99761.8	14.6	1220	17814.6
成渝城市群	18.5	9566	50699.8	5.3	517	2740.5
中原城市群	28.7	15033	61635.3	4.1	524	2147.6
关中平原城市群	11	4099	24594.0	6	373	2235.8

资料来源：来源于各大网站公开资料整理。

5.3.1 面积比较

中国七大城市群面积的对比情况，如图5-7所示。其中，面积最小的是粤港澳大湾区，约为5.6万平方公里；长江中游城市群面积最大，约为32.6万平方公里，约为粤港澳大湾区的6倍。长江中游城市群在主要城市群中是面积最大的城市群，发展潜力巨大，三省应基于此优势推动更大范围、更宽领域、更高水平交流合作。

5.3.2 人口比较

中国七大城市群人口的对比情况，如图5-8所示。人口最多的城市群为

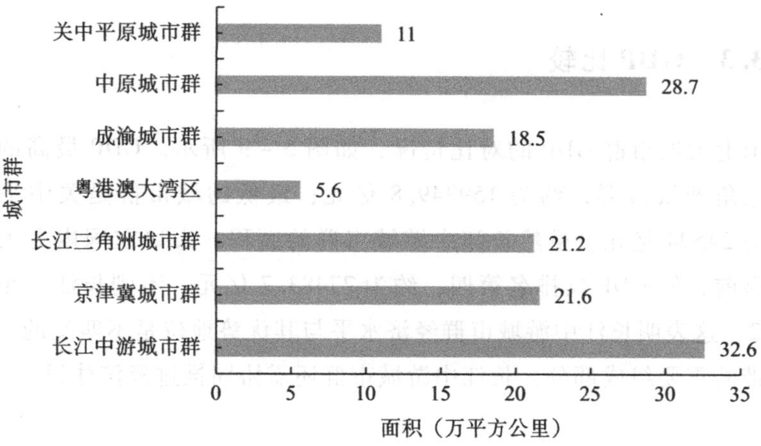

图 5－7　2017 年长江中游城市群与国内城市群面积对比

资料来源：来源于各大网站公开资料整理。

中原城市群和长江三角洲城市群，约为 15033 万人；人口最少的城市群为关中平原城市群，约为 4099 万人。而长江中游城市群人口约为 12299 万人，在七大城市群中排名第三，约是关中平原城市群 3 倍。

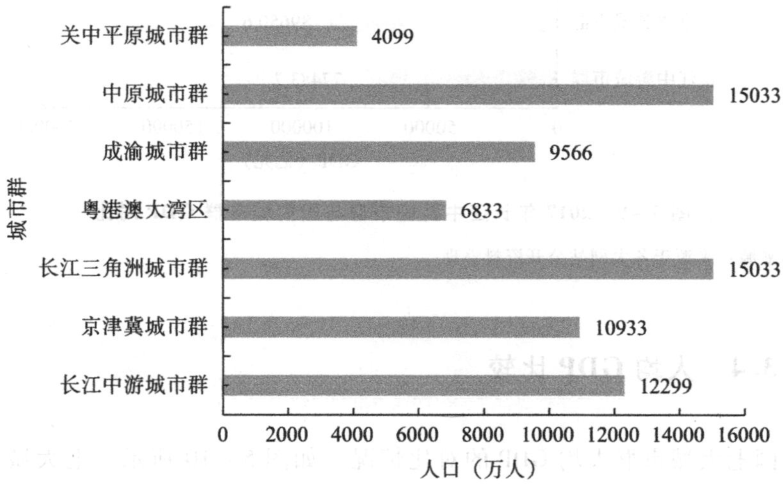

图 5－8　2017 年长江中游城市群与国内城市群人口对比

资料来源：来源于各大网站公开资料整理。

5.3.3 GDP 比较

中国七大城市群 GDP 的对比情况，如图 5－9 所示。GDP 最高的城市群是长江三角洲城市群，约为 159349.8 亿元；最低的城市群是关中平原城市群，约为 24594 亿元。虽然长江中游城市群的面积、人口在国内七大城市群中排名靠前，但 GDP 仅排名第四，约为 77483.7 亿元，不到长江三角洲城市群的 1/2，这表明长江中游城市群经济水平与其优势地位是不匹配的。作为长江经济带的重要组成部分，长江中游城市群还需协同推进经济建设。

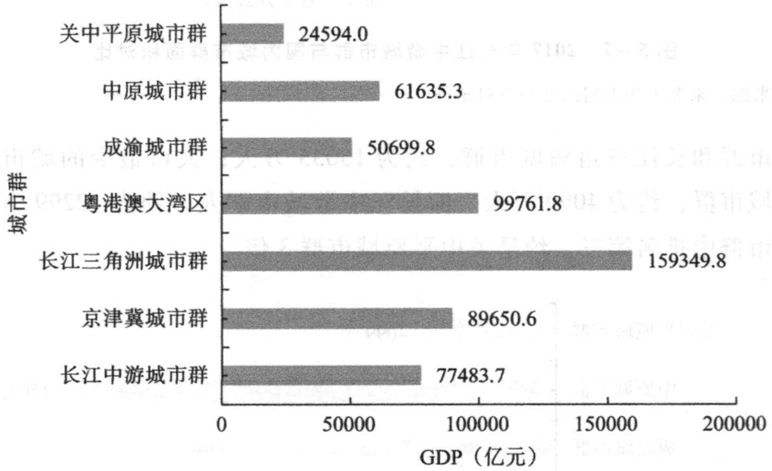

图 5－9　2017 年长江中游城市群与国内城市群 GDP 对比

资料来源：来源于各大网站公开资料整理。

5.3.4 人均 GDP 比较

中国七大城市群人均 GDP 的对比情况，如图 5－10 所示。七大城市群平均人均 GDP 为 7.9 万元/人，人均 GDP 最高的城市群是粤港澳大湾区，约为 14.6 万元/人；最低的是中原城市群，约为 4.1 万元/人。而长江中游城市群的人均 GDP 排名第四，约为 6.3 万元/人，还不到平均人均 GDP 水平。

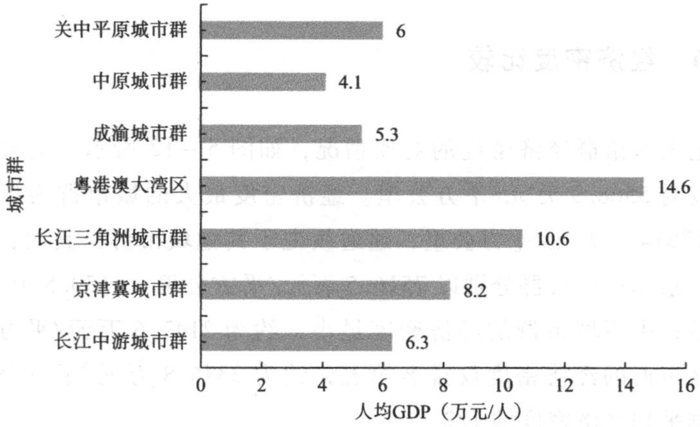

图 5－10　2017 年长江中游城市群与国内城市群人均 GDP 对比

资料来源：来源于各大网站公开资料整理。

5.3.5　人口密度比较

中国七大城市群人口密度的对比情况，如图 5－11 所示。人口密度最大的城市群为粤港澳大湾区，约为 1220 万人/平方公里；人口密度最小的是关中平原城市群，约为 373 万人/平方公里。而长江中游城市群与关中平原城市群的人口密度较为接近，约为 377 万人/平方公里，还有较大发展空间。

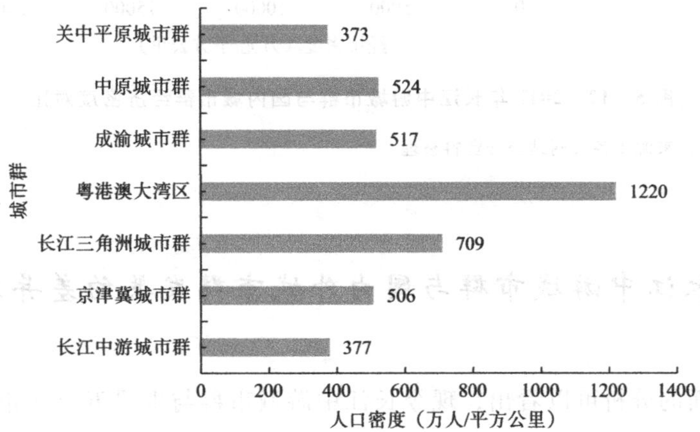

图 5－11　2017 年长江中游城市群与国内城市群人口密度对比

资料来源：来源于各大网站公开资料整理。

5.3.6 经济密度比较

中国七大城市群经济密度的对比情况，如图5－12所示。七大城市群平均经济密度为5568.9万元/平方公里。经济密度最大的城市群为粤港澳大湾区，约为17814.6万元/平方公里，遥遥领先于其他城市群；其次，长江三角洲城市群、京津冀城市群分别以7516.5万元/平方公里、4150.5万元/平方公里紧随其后；中原城市群的经济密度最小，约为2147.6万元/平方公里。而长江中游城市群的经济密度仅排名第五，约为2376.8万元/平方公里，不到七大城市群平均经济密度的1/2。

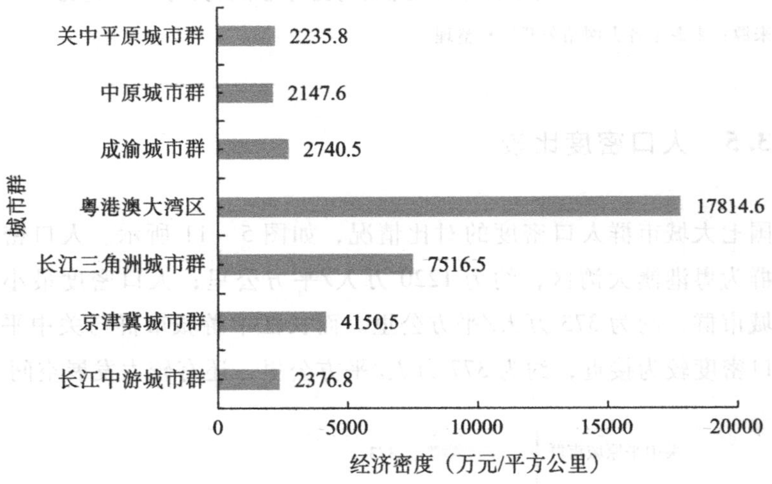

图5－12 2017年长江中游城市群与国内城市群经济密度对比

资料来源：来源于各大网站公开资料整理。

5.4 长江中游城市群与国内外城市群发展的差异及成因

从上面的分析可以看出，现今长江中游城市群与世界五大城市群存在很大差异，与国内城市群也存在着一定的差异，人口及面积虽然远胜于其他城市群，但经济水平却落后于世界五大城市群，结合国内外各大城市群的发展历程及特点，究其原因有：

5.4.1　生态环境方面的差异及成因

从世界五大城市群来看，它们城市之间重视生态隔离，比如英国绿带占了伦敦都会区面积的23%，并且对绿带进行严格的空间管制，运用其发展农业、休憩功能，将原有小城镇的乡野风情保留；而荷兰斯塔德地区运用绿核的形式，将城市环绕在湿地、农地周边，防范城市建成区紧密靠近，首尾相连，为都市绿化休闲提供了足够的空间，也有利于防治产业污染。国内的京津冀城市群为强化其生态功能，构建了互通互联的绿色生态廊道，充分发挥其维持绿色通风和保护生物多样性的作用，也有利于抑制城市群“摊大饼式”发展。

目前国内大多数城市群的发展，主要是由于产业布局还不够合理，城市之间的分工不够明确，难以留下成片生态隔离区域。这是不利于城市群的高质量发展的，势必会引起一系列问题，不利于可持续发展。

5.4.2　城市职能方面的差异及成因

国外城市群依托各自独特的区位优势，依据不同的地理特征，挖掘城市的有利职能，发展优势产业。例如在美国大西洋沿岸城市群中，中心城市纽约是全美的金融和商贸中心，同时商业和生产服务业发展势头最为强劲，也能够带动周边城市发展。华盛顿作为首都，是美国政治中心，国际影响力大，许多全球性机构，特别是金融机构比如国际货币基金组织、世界银行等都集中在华盛顿。波士顿最具优势的产业有高科技产业和教育，同时建筑、医疗、运输等服务业也集中在波士顿，整个区域分工合理、优势突出，同时又协调发展，共同促进。国内的粤港澳大湾区各城市优势明显，如广州着力建设成为国际大都市，深圳打造成为创新创意之都，其他各地区充分发挥自身优势，形成重要节点城市，串联整个城市群。

而长江中游城市群分工并不明确，城市内部之间的产业存在相似或重复的现象。产业内部缺乏合理的分工布局，合理的分工能够让城市群城市之间形成错位发展格局，促进城市群高质量发展。目前长江中游城市群也已经达成了共识，如《武汉共识》中提出了包括整合海关和税务等达到资源共享的目的，奠定了城市群的“一体化”发展基调。三大省会城市发展各自的优势产业，协调分配资源。

5.4.3 经济发展方式方面的差异及成因

国外发达城市群例如美国波士华城市群、日本太平洋沿岸城市群，都专注于新型工业化和城市化道路，处于集约型增长阶段，产业结构转型升级成为技术密集型产业，依靠提高生产要素的劳动率和质量，积极增加产品附加值。

而一般国内部分城市群仍处于经济粗放式增长阶段，一些城市群重工业仍然占有一定比重，长远来看，这不符合可持续发展之路。长江中游城市群应当加快转变经济发展方式，坚持走新型工业化道路，推动循环经济发展，走高质量发展之路。

5.4.4 城市群改革创新力度方面的差异及成因

国外城市群十分重视高新技术和信息产业，在美国大西洋沿岸城市群中，波士顿在20世纪早期出现了产业落后、工厂陈旧老化并衰落等问题。19世纪70年代，波士顿通过高等学府的积极研究和卓越的医疗服务实现产业转型，21世纪初，波士顿已经转型成为大西洋沿岸城市群技术、智力中心，成为了与“硅谷”齐名的高科技聚集地，其自身的发展为城市群的发展提供了深厚的技术创新和高科技产业力量。长江三角洲城市群作为全国创新发展的先行者，经济总量约占全国1/4，“双一流”高校约占全国1/4，年研发经费支出和有效发明专利数均占全国1/3左右。

但长江中游城市群中的很大一部分地区都是创新能力比较低的区域，这是由于城市群内的中小城市，在城市化发展的中期创新能力不足，大城市的虹吸效应很明显，导致区域间差异较大，因此各地政府应当首先完善基础设施建设，促进大中小城市协调发展，并提出相关政策提升各地的创新能力。

5.4.5 城市群结构方面的差异及成因

一个成熟的城市群等级结构应当是十分稳定的，一般由特大中心城市作为中心、再结合大型城市以及大量的中小型城市形成，比如美国大西洋沿岸城市群是以全球金融服务中心纽约作为中心城市，纽约经济力量十分雄厚，足以带动周边城市乃至城市群的发展。经过长期的城市化发展，城市群内部产业逐渐协调完善，总体来说大西洋沿岸城市群基本形成了以纽约为中心城市，其他城市为支撑的较为稳定的城市群架构，而各个城市经过分工也获得了适合自身发展的产业，借助分工合作共同实现其在城市群中的价值。国内的长江三角洲城市群的城市体系较为完备，以上海为一级中心城市，以南京、杭州、合肥为二级核心城市，充分发挥中心城市和核心城市的辐射带动作用，加强上海与苏锡常都市圈联动发展、南京都市圈与合肥都市圈协同发展、杭州都市圈和宁波都市圈的紧密对接，逐步形成了 5 个都市圈一体化发展的良好格局。

而长江中游城市群随着城市化的推进，区域经济加速发展，与此同时各城市间的竞争却也逐渐形成，经济差异逐渐扩大。武汉城市圈、环长株潭城市群、环鄱阳湖城市群几个城市群中武汉城市圈的发展水平较高，环鄱阳湖城市群相对较低，这一现象主要是因为武汉的城市规模是四个中心城市中最大的，同时它地理优势十分显著，是中部地区的交通枢纽。随着城市化的发展，武汉对周边城市的影响力逐渐凸显，然而长沙、南昌两市的综合实力相对于武汉市则略显不足，带动能力稍弱。然而城市等级划分不够明确，中心城市的带动力相对较弱，无法避免城市间的资源竞争。

5.5　启示与建议

走城市群高质量发展之路，就是要坚持以人民为中心的发展思想，坚持创新、协调、绿色、开放、共享发展。长江中游城市群在发展过程中，也应力图符合高质量发展之路，从创新、协调、绿色、开放、共享等新发展理念出发，寻找到更适合自身的高质量发展之路。

5.5.1　坚持绿色发展与加强生态保护

应坚持优先保护生态，将保护生态环境作为发展的首要任务，第一要明确资源底线，坚决防范“先污染后治理”的老路。划定落实环境质量底线、资源消耗上限、生态保护红线。完善“三水共治”，即加强水污染治理、完善水生态修复和保障水资源保护；完善耕地保护、水资源管理和能耗管理；建立严格的产业准入制度，抵制高污染高能耗企业；完善严格的污染排放标准。第二要整体保护修复，秉持“生命共同体”理念，从生态系统整体性和长江流域系统性看待生态环境问题，统筹全流域，岸上岸下共同治理。第三推进制度创新，通过差异化的政策建立差异化发展路径。建立严格的生态环境保护制度，落实“河长制”等，完善终身追责制度。探索多方参与，完善奖惩制度，让城市更绿，生态更美。

5.5.2 坚持协调发展与完善城市职能分配

应最大效率地配置城市群资源，要注重各区域自身的特点，有针对性地协调发展。第一要促进大中小城市的协调发展，在实现大中小城市协调发展的体制机制上实现创新，制定长期规划和发展战略，制定区域联动机制。第二要促进区域间的差异化发展，“正确把握自身发展和协同发展的关系”，要以各地区资源和创新能力为基础，统筹区域差异化发展的思路，实现城市群内产业互补，共建共享，可以城市群为主体，以中心城市为引领构建中心体系，促进城镇协调发展新格局。同时完善城市的职能分工，协调其发挥各自的优势产业，联动发展。

5.5.3 坚持开放发展与转化经济发展方式

应积极开放，融入改革大潮之中。长江中游城市群作为沿线重要区域，第一要完善设施，凭借水路及综合交通运输方式，形成联动开放的运输通道，加快和周边地区联动，促进经济往来。第二要构建交通枢纽，发挥优越的地理位置，构建内外交通运输渠道，形成重要的交通枢纽。第三要创新机制，建设航空港，加强与口岸的通关合作，进一步完善产业合作。同时“引进来走出去相结合”，积极吸引外资来华投资，畅通双循环发展新格局，利用各方面资源来推动经济发展。转变经济发展方式，产业转型升级，走新型工业化道路。

5.5.4 坚持创新发展与加强改革创新力度

应推动城市群发展质量、效率、动力创新。应当积极地解决旧动能，避免资源过度消耗的老路。同时，培育新动能，要认识到时代的变化，依托教育资源加强自主创新，培育本土人才，引进高端人才，促进高端制造业、战略性新兴产业、高端服务业发展，推动产业转型升级，不断向新时代发展交出满意“答卷”。

5.5.5　坚持共享发展与完善城市群结构

应促进区域共享发展，现阶段长江中游城市群发展还存在许多问题，保护与发展的不平衡问题仍然突出，中西部地区、乡村地区、“老少边穷”地区是其中的重中之重。首先要保障民生，任何工作都离不开保障人民的生活，要充分尊重保护人民的各项权益，有尺度更要有温度。高度重视在发展过程中污染企业关停等措施产生的下岗职工再就业问题，将乡村振兴与高质量发展结合起来，寻找有利于美丽乡村建设的绿色富饶之路，让人民群众在绿水青山中得到金山银山，提升和保障民生水平。其次要打破资源壁垒，让机会在城乡之间流动，教育、人口和信息等要素充分流通，从而形成更为合理的城市群结构。

5.6　本章小结

本书通过对长江中游城市群与国内外 11 个城市群即美国波士华城市群、北美五大湖城市群、日本太平洋沿岸城市群、英伦城市群、欧洲西北部城市群、京津冀城市群、长江三角洲城市群、粤港澳大湾区、成渝城市群、中原城市群、关中平原城市群进行比较，探索长江中游城市群的国际竞争力，并结合其发展现状与国内外城市群的发展情况进行对比。通过对比发现其现存问题有：对生态重视不够、城市职能分配不明确、经济发展方式较为落后、城市群改革创新力度不够、城市群结构不完善，并结合高质量发展路径提出相应对策：坚持绿色发展，加强生态保护；坚持协调发展，完善城市职能分配；坚持开放发展，转化经济发展方式；坚持创新发展，加强改革创新力度；坚持共享发展，完善城市群结构。

第二篇
实证分析篇

第6章

创新理念下长江中游城市群高质量城镇化空间差异与协同发展

当前我国经济已由高速增长阶段转向高质量发展阶段，高质量发展必须有高质量的动力，而科技创新则是发展新阶段推动地区高质量发展的关键引擎。国家也将创新摆在五大发展的首位。城市群作为区域经济一体化的重要产物，在引领区域竞争与技术创新上具有重要的现实性，创新则是城市群的灵魂，引导着城市群的高质量发展；同时，城市群作为创新的神经中枢，通过城市群内部城市与城市之间的合作，对城市群创新发展起着巨大的推动作用。长江中游城市群是我国最具发展活力的城市群之一，同时也是我国长江经济带的重点和关键区域。如何更好地利用好长江中游城市群的科技创新资源，发挥好长江中游城市群的科技创新能力，服务好长江中游城市群的创新驱动发展战略，全面提高长江中游城市群的创新水平，对于引领整个城市群乃至全国创新水平提升具有重要的现实意义和示范价值。因而，需要摸清楚长江中游城市群内部各地区创新水平的现实情况，对长江中游城市群创新水平进行科学评价，分析差距，寻找制约长江中游城市群创新发展的关键影响因素。本书既依托资源能力观理论，结合创新发展的资源基础和能力支撑因素，同时又选取创新发展的产出绩效因素，建立一套合理的、科学的城市群创新水平评价指标体系，并采用科学的测度方法，寻找长江中游城市群各地区的创新水平差异，为发展新阶段推动各地区创新发展提供重要依据。

6.1 长江中游城市群创新水平测度指标体系构建与方法

6.1.1 文献回顾与指标体系构建

近年来，从五大发展理念提出，到新发展理念的推进，创新发展作为其中关键的理念之一，受到各级各部门的高度关注，实现发展成果由全体人民创新，也是中国特色社会主义的本质要求。学术界近年来也对地区创新发展给予了高度关注，相关文献也开始增多，通过检索维普网，以“创新”“水平”为关键词，以 CSSCI 来源期刊为检索条件，可以检索到 1055 篇文章（截至 2018 年 9 月 10 日），而进一步增加“区域”为关键词，则仅能检索到 51 篇文章，通过阅读选取了一些与地区创新水平指标构建有关的文献，真正围绕城市群建立创新水平评价体系的文章并不多，因此，选取一些相关性的文献，汇总这些文献在构建区域创新水平评价指标体系中的思想或者观点，如表 6-1 所示。

表 6-1　　区域创新水平评价指标体系的文献回顾与汇总

学者	研究对象	指标体系构建思维或观点
王永锋、高建华、张智先（2007）	中原城市群	从知识创新、技术创新、创新环境、创新绩效 4 个维度共 40 个指标。
闫国庆、孙琪等（2008）	国家高新技术开发区	从创新投入、创新服务、创新环境和创新绩效 4 个维度共 42 个指标。
吴国玺、万年庆（2009）	河南省区域性中心城市	从知识创造能力、自主创新能力、技术引进与吸收能力、技术创新绩效和技术创新支撑能力 5 方面 12 个指标。
袁博、刘凤朝（2014）	我国东部地区	从知识创新、技术创新和创新环境 3 个维度选取 12 个指标。
徐建中、谢晶、李迪（2014）	全国	从区域技术创新投入、产出、经济效益、社会效益和生态环境效益 5 个维度 25 个指标。
朱辉（2015）	全国各省（区、市）	从科技投入、科技产出、高新技术产业集聚 3 个维度选取 12 个指标。

续表

学者	研究对象	指标体系构建思维或观点
周迪、张虎（2015）	全国	用 3 种专利申请受理量来衡量创新水平大小。
赵树宽、孙超（2016）	东北三省	选取非国有经济占全社会固定资产投资比例、个体私营企业所雇用的工人数占总就业人口比率 4 个指标。
刘雷、喻忠磊（2016）	山东省	从知识创新、技术创新、政府服务和创新宏观环境 4 个维度 11 项指标。
冯南平、周元元等（2016）	全国	从人才要素、技术要素和资金要素 3 个维度选取 6 个指标。
仇怡、李亚珂（2017）	长江中游城市群	用专利授权量和高新技术产业总产值 2 个指标。
于世海、叶存军（2017）	全国	以人均专利授权数来衡量。
孙瑜康、李国平（2017）	京津冀	从综合创新水平和协同创新水平 2 个维度选取 20 个指标。
丁志伟、康珈瑜（2018）	中原经济区	从创新基础环境、政府支持和服务能力、知识创新水平、技术创新水平、产业创新水平 5 个维度选取 28 个指标。
顾伟男、申玉铭（2018）	我国 35 个中心城市	从科技创新投入、科技创新产出、科技创新环境 3 个维度选取 9 个指标。

这些文献从投入产出、创新要素或其他角度分析创新水平，通过构建评价区域创新发展水平的指标体系，运用实证方法测度研究对象的创新水平。但有些不足：一方面是创新水平评价的相关研究缺乏一个系统、全面、科学的理论体系指导。另一方面研究对象多为全国或者某个省份，对于一些类似城市群的创新水平的研究相对较少。而恰恰城市群作为当今我国区域经济发展的重要战略区域板块，以创新驱动引领城市群高质量发展正成为各方的共识。有鉴于此，以长江中游城市群为例来说，既要立足长江中游城市群实际，又要突出其在长江经济带共同发展、协同创新等方面的特殊性，借鉴关于资源 - 能力 - 产出的三维学术框架，从创新的资源基础、创新的能力支撑以及创新的产出绩效三个方面建立指标体系。其中，创新的资源基础是城市群各地区创新的基础，为城市群内部各地区创新提供资金、人力和平台；创新的能力支撑是城市群各地区创新的支撑要素，主要包括城市群各地区的研究基础能力等方面的水平；创新的产出绩效是城市群各地区创新的成果表现，包

括以专利、论文、高新技术产业发展为主的知识产出和产业产出。结合前述文献研究成果，考虑到数据收集的客观性和可查性，遴选了19个二级指标，据此构建长江中游城市群创新水平评价指标体系，如表6-2所示。

表6-2　资源能力观视野下长江中游城市群创新水平评价指标体系

目标层	准则层	指标层	符号
资源能力观视野下长江中游城市群创新水平空间差异评价指标体系	创新的资源基础	科学技术支出（万元）	X1
		地区普通高等学校数量（所）	X2
		工业总产值（万元）	X3
		每万人拥有公共图书馆图书藏量数（册）	X4
		普通高等学校在校人数（个）	X5
		公共财政支出（万元）	X6
	创新的能力支撑	有R&D活动的单位数（个）	X7
		R&D人员（个）	X8
		基础研究人员全时当量（人年）	X9
		应用研究人员全时当量（人年）	X10
		R&D经费内部支持的政府资金额（万元）	X11
		R&D经费内部支持的企业资金额（万元）	X12
		R&D经费对境内研究机构支出（万元）	X13
		项目（课题）数（项）	X14
	创新的产出绩效	专利申请数（件）	X15
		有效发明专利数（件）	X16
		发表科技论文（篇）	X17
		技术市场合同成交额（万元）	X18
		高新技术产值占GDP比重（%）	X19

6.1.2 测度方法

运用熵值法确定指标的权重与得分，对长江中游城市群各地区创新水平评价，根据熵的特性通过计算熵值来判断某个指标的离散程度，指标的离散程度越大，该指标对综合评价的影响越大。由于各项指标的计量单位不统一，首先进行标准化处理，以消除量纲的影响，即把指标的绝对值转化为相对值，熵值法运算过程如下。

第一步，进行极差标准化。

正向指标：$r_{ij} = \dfrac{X_{ij} - X_{j\min}}{X_{j\max} - X_{j\min}}$

负向指标：$r_{ij} = \dfrac{X_{j\max} - X_{ij}}{X_{j\max} - X_{j\min}}(i=1, 2, \cdots, m; j=1, 2, \cdots, n)$　(6-1)

其中，r_{ij} 为标准化数值；X_{ij} 为第 i 行第 j 列的原始数据值；$X_{j\min}$ 为第 j 列中最小数值；$X_{j\max}$ 为第 j 列中最大数值。

第二步，计算第 j 项指标第 i 个地区所占的比重 P_{ij}。

$$P_{ij} = r_{ij}/\sum_{i=1}^{m} r_{ij}\ (i=1, 2, \cdots, m; j=1, 2, \cdots, n) \tag{6-2}$$

第三步，计算第 j 项指标的熵值 e_j。

$$e_j = -k\sum_{i=1}^{m} P_{ij} \cdot \ln P_{ij} \quad 其中\ k = 1/\ln m\ (i=1, 2, \cdots, m; j=1, 2, \cdots, n) \tag{6-3}$$

第四步，计算第 j 项指标的熵权 w_j。

$$w_j = (1 - e_j)/\sum_{j=1}^{n}(1 - e_j) \tag{6-4}$$

第五步，计算各地区的综合得分 s_i。

$$s_i = \sum_{j=1}^{n} w_j \cdot P_{ij}\ (i=1, 2, \cdots, m; j=1, 2, \cdots, n) \tag{6-5}$$

通过各项指标数据的计算，获得长江中游城市群各地区创新的资源基础、创新的能力支撑、创新的产出绩效以及创新水平综合得分。

6.2　长江中游城市群创新水平的空间差异实证

6.2.1　数据来源与描述性统计

地级市的数据来源于《中国城市统计年鉴》，天门、仙桃、潜江市的数据来源于这几个地区的统计年鉴或者统计信息网，还有一些数据来源于湖南、湖北、江西各省的统计年鉴，部分欠缺的数据采用线性插值法将缺失值补上，通过汇总这些数据，输入 SPSS 统计软件，限于篇幅，不再摆出原始数据，对原始数据取对数后进行描述性统计分析得到的结果如表 6－3 所示。

表 6－3　长江中游城市群各地创新水平评价数据描述性统计分析

指标	最小值	最大值	均值	标准差
科学技术支出（万元）	9.0673	13.669	11.368	0.673
地区普通高等学校数量（所）	12.045	14.653	13.349	0.804
工业总产值（万元）	16.283	18.678	17.485	0.668
每万人拥有公共图书馆图书藏量数（册）	6.639	9.829	8.234	1.165
普通高等学校在校人数（个）	9.061	13.762	11.411	0.892
公共财政支出（万元）	14.063	16.539	15.301	0.933
有 R&D 活动的单位数（个）	3.688	6.94	5.314	1.021
R&D 人员（个）	6.059	11.505	8.782	0.991
基础研究人员全时当量（人年）	0.123	8.53	4.265	0.748
应用研究人员全时当量（人年）	3.663	9.233	6.448	0.922
R&D 经费内部支持的政府资金额（万元）	7.472	12.719	10.095	0.957
R&D 经费内部支持的企业资金额（万元）	8.576	14.298	11.437	0.622
R&D 经费对境内研究机构支出（万元）	2.079	10.483	6.281	0.764
项目（课题）数（项）	3.912	10.196	7.054	0.961
专利申请数（件）	4.941	9.641	7.291	1.545
有效发明专利数（件）	5.323	9.875	7.599	0.403
发表科技论文（篇）	2.772	10.455	6.613	0.738
技术市场合同成交额（万元）	5.703	24.76	15.231	0.379
高新技术产值占 GDP 比重（%）	0.587	-1.386	-0.399	1.105

6.2.2　计算结果

运用前面所说的计算方法和计算过程，通过对各个指标数据的标准化处理，同时用熵值法计算获得长江中游城市群各地区创新水平综合得分、创新的资源基础得分、创新的能力支撑得分、创新的产出绩效得分，如表 6－4 所示。

表6-4 长江中游城市群创新水平得分情况汇总表

排序	城市	创新水平综合得分	城市	创新的资源基础得分	城市	创新的能力支撑得分	城市	创新的产出绩效得分
1	武汉市	0.1038	武汉市	0.0510	武汉市	0.0616	武汉市	0.0233
2	长沙市	0.0967	长沙市	0.0477	长沙市	0.0329	长沙市	0.0169
3	南昌市	0.0593	南昌市	0.0406	南昌市	0.0305	南昌市	0.0125
4	宜昌市	0.0778	襄阳市	0.0255	湘潭市	0.0148	岳阳市	0.0110
5	岳阳市	0.0451	衡阳市	0.0227	衡阳市	0.0144	襄阳市	0.0079
6	襄阳市	0.0394	宜昌市	0.0209	株洲市	0.0143	株洲市	0.0069
7	常德市	0.0368	潜江市	0.0200	九江市	0.0135	宜昌市	0.0068
8	衡阳市	0.0366	九江市	0.0193	荆州市	0.0134	九江市	0.0067
9	株洲市	0.0338	常德市	0.0183	宜昌市	0.0132	上饶市	0.0062
10	九江市	0.0299	黄冈市	0.0175	襄阳市	0.0116	宜春市	0.0055
11	湘潭市	0.0281	宜春市	0.0174	常德市	0.0096	衡阳市	0.0054
12	潜江市	0.0278	岳阳市	0.0169	岳阳市	0.0095	湘潭市	0.0046
13	宜春市	0.0275	株洲市	0.0164	潜江市	0.0082	常德市	0.0045
14	荆州市	0.0271	荆州市	0.0155	宜春市	0.0081	吉安市	0.0044
15	黄冈市	0.0250	上饶市	0.0150	黄石市	0.0079	潜江市	0.0037
16	孝感市	0.0249	仙桃市	0.0135	咸宁市	0.0078	抚州市	0.0035
17	荆门市	0.0234	抚州市	0.0115	黄冈市	0.0077	黄冈市	0.0034
18	益阳市	0.0213	益阳市	0.0113	仙桃市	0.0071	荆州市	0.0033
19	仙桃市	0.0211	湘潭市	0.0108	吉安市	0.0070	仙桃市	0.0030
20	吉安市	0.0209	娄底市	0.0107	益阳市	0.0066	黄石市	0.0026
21	天门市	0.0209	荆门市	0.0101	景德镇	0.0059	新余市	0.0025
22	抚州市	0.0206	黄石市	0.0094	天门市	0.0047	荆门市	0.0024
23	咸宁市	0.0204	咸宁市	0.0093	上饶市	0.0036	景德镇	0.0023
24	新余市	0.0195	萍乡市	0.0093	娄底市	0.0035	咸宁市	0.0022
25	萍乡市	0.0188	天门市	0.0086	鄂州市	0.0034	天门市	0.0021
26	景德镇	0.0181	新余市	0.0071	荆门市	0.0033	娄底市	0.0020
27	鄂州市	0.0179	鹰潭市	0.0069	萍乡市	0.0032	益阳市	0.0019
28	娄底市	0.0172	鄂州市	0.0066	鹰潭市	0.0030	鄂州市	0.0018
29	上饶市	0.0168	吉安市	0.0063	抚州市	0.0029	鹰潭市	0.0014
30	黄石市	0.0124	孝感市	0.0053	新余市	0.0020	孝感市	0.0012
31	鹰潭市	0.0109	景德镇	0.0038	孝感市	0.0017	萍乡市	0.0008

6.2.3 结果分析

一是创新的综合水平。通过前述计算汇总，对长江中游城市群创新水平综合得分进行排序（如表6－4），可以看出，排名较高的是武汉市、长沙市、南昌市、宜昌市、岳阳市、襄阳市、常德市等，排名较低的是景德镇市、鄂州市、娄底市、上饶市、黄石市、鹰潭市等。创新水平综合得分较高的区域集中在省会城市及经济实力较强的大地级市。这与其注重研发创新和有着强有力的创新力有关。作为长江中游城市群的带动中心——武汉、长沙、南昌，这些省会城市围绕着创新驱动，迎着世界科技新变革潮流，经济发展势头强劲。武汉形成了智能制造、生命健康、信息技术三大战略性新兴产业，智能制造工业总产值比上年增长22.0%，生命健康和信息技术营业收入分别增长18.7%和18.2%。长沙主打产业园区发展，形成5个国家级开发区和9个省级园区，其中工程机械、新材料、食品、电子信息、文化创意和旅游等六大产业集群驰名海内外。南昌主要布局电子信息、航空制造和生物医药等产业，打造重要的先进制造业基地。

二是创新的资源基础。根据计算结果（见表6－4），长江中游城市群的武汉市、长沙市、南昌市、襄阳市、衡阳市、宜昌市的创新资源基础较好，遥遥领先，而鹰潭市、鄂州市、吉安市、孝感市、景德镇市等则处于排名靠后。创新的资源基础主要反映地区在公共财政、科学技术和固定资产投资等方面的投入与潜力，而从这些地区的这些指标来看，基本上也与其评价得分相吻合。长江中游城市群的湖北、湖南、江西省省会城市已积极部署城市科技服务业合作发展的常态化工作平台和合作机制，为其创新资源集聚了能量。而其他地级市则因为各方面原因，在创新的资源积淀方面还不够。

三是创新的能力支撑。在创新的能力支撑上，处于长江中游城市群高水平以上的是武汉市、长沙市、南昌市、湘潭市、衡阳市、株洲市等市，创新的能力支撑较低的地市为荆门市、萍乡市、鹰潭市、抚州市、新余市和孝感市等。从各地区创新的能力支撑数据得分上来看，创新的能力支撑总体水平差异幅度并不大，但在制造业历史悠久的区域，其创新的能力支撑整体也相对较高，如湘潭、衡阳、株洲等工业老城市，其创新能力排名靠前。

四是创新的产出绩效。创新的产出绩效主要反映的是地区创新的产出成果方面的水平，如在专利申请数、有效发明专利数、发表科技论文、技术市场合同成交额以及高新技术产值占 GDP 比重等方面，从表 6－4 汇总的创新的产出绩效得分来看，武汉市、长沙市、南昌市、岳阳市、襄阳市、株洲市、宜昌市等市的整体水平较高，而且在创新的产出绩效方面，整体来看，随着这几年各地区着力于创新驱动战略，积极推动产业转型升级，各地区的创新的产出绩效得分都比较高，而且差异相对来说越来越变得少。

综合上述分析来看，长江中游城市群的创新资源基础和能力方面都取得了一定的成效，在创新驱动战略实施方面取得显著成效。同时，可以概括出长江中游城市群创新水平空间差异的几点规律：一是长江中游城市群创新水平呈一定显著差异，但中心城市之间的差距比较少；二是不同层级城市与其创新水平得分存在差异，有的城市在创新的资源基础方面做得好，而在创新的能力支撑方面做得一般，因而对其整体创新水平产生了延滞影响；三是长江中游城市群创新水平差异呈一定发散趋势，高水平能力城市主要集中于省会城市等少数创新极核，低水平能力的城市则分布在经济实力相对落后的地区；四是不同层级城市处于不同水平阶段的主导要素演化不同，同一层级内差异同样显著。城市科技创新能力与经济发展水平之间呈现高度的匹配性。

6.3　长江中游城市群创新水平的影响因素分析

6.3.1　可能的自变量

根据文献分析与提炼，本书认为城镇化、地区生产总值（万元）、地区普通高等学校数量（所）、外商直接投资（实际使用外资金额）、规模以上工业企业个数等五个指标对创新发展产生影响，并且这也是绝大部分学者共同采用的指标。所以本书以长江中游城市群各地区城镇化、地区生产总值（万元）、地区普通高等学校数量（所）、外商直接投资（实际使用外资金额）、规模以上工业企业个数作为自变量。对此，本书定义和测量如下：

①城镇化。反映的是一个地区城镇化发展的水平，其值越大，表明该地区的城镇化水平越高。

②地区生产总值（万元）。主要体现的是一个地区经济社会发展的水平大小，其值越大，表明该地区的经济发展水平越高。

③地区普通高等学校数量（所）。反映的是一个地区高等教育发达程度，地区普通高等学校数量（所）越多，一般其高等教育水平也相对较高，其科技支撑力度也相对较大。

④外商直接投资（实际使用外资金额）。反映的是一个地区接受外来直接投资的情况，外商直接投资（实际使用外资金额）越大，说明地区的吸引力也越大，环境也越优，随着外商直接投资（实际使用外资金额）越大，其地区发展的外向型和整体国际化发展水平也越高，而且在吸收外商企业发展理念和技术创新等方面也越先进，其值越大，一般说明其地方对资源和要素的创新程度也较优。

⑤规模以上工业企业个数。规模以上工业企业个数是衡量地区实体经济发达程度的重要指标，规模企业在引领地区工业创新和结构调整方面具有重要的作用，一般认为规模以上工业企业个数越多，其地区的创新引领力度就越大。

本书所采用因变量、自变量及其数据来源如表6－5所示。

表6－5　变量定义与数据来源表

	变量	含义	数据来源
因变量	GXZHSP	创新水平综合得分	通过熵权法计算得出
	JHGXSP	创新的资源基础	通过熵权法计算得出
	SSGXSP	创新的能力支撑	通过熵权法计算得出
	CGGXSP	创新的产出绩效	通过熵权法计算得出
自变量	CZH	城镇化	《中国城市统计年鉴》，湖北、湖南、江西三省统计年鉴
	GDP	地区生产总值（万元）	《中国城市统计年鉴》，湖北、湖南、江西三省统计年鉴
	JMCK	地区普通高等学校数量（所）	《中国城市统计年鉴》，湖北、湖南、江西三省统计年鉴
	WSTZ	外商直接投资（实际使用外资金额）	《中国城市统计年鉴》，湖北、湖南、江西三省统计年鉴
	GMQYS	规模以上工业企业个数	《中国城市统计年鉴》，湖北、湖南、江西三省统计年鉴

6.3.2 样本描述性统计及相关系数分析

借助前述研究设计中的数据收集办法，将样本中所有变量数据取对数后进行描述性统计分析，如表6-6所示。

表6-6 各变量描述性统计结果

指标	观测值	均值	标准差	最小值	最大值
城镇化	31	4.041	0.151	3.813	4.379
地区生产总值（万元）	31	10.825	0.417	10.203	11.729
地区普通高等学校数量（所）	31	1.609	0.564	0.000	4.382
外商直接投资（实际使用外资金额）	31	13.770	1.129	12.274	17.351
规模以上工业企业个数	31	4.238	0.456	2.302	7.363
创新水平综合得分	31	-2.363	0.543	-3.835	-1.582
创新的资源基础	31	-3.541	0.685	-4.879	-1.765
创新的能力支撑	31	-4.125	0.821	-6.074	-2.104
创新的产出绩效	31	-5.078	0.288	-6.645	-3.211

通过取对数后，可以看出，31个地区的描述性统计数据分布较为均匀，可以规避直接回归带来的系数较大、数值差距较大的一些问题，同时，通过相关系数分析，可得变量间的相关系数如表6-7所示。

表6-7 各变量相关系数

	创新水平综合得分	创新的资源基础	创新的能力支撑	创新的产出绩效	城镇化	地区生产总值（万元）	地区普通高等学校数量（所）	外商直接投资（实际使用外资金额）	规模以上工业企业个数
创新水平综合得分	1.000								
创新的资源基础	0.874***	1.000							
创新的能力支撑	0.823***	0.974***	1.000						
创新的产出绩效	0.681***	0.655***	0.502***	1.000					
城镇化	0.792***	0.678***	0.539***	0.385**	1.000				
地区生产总值（万元）	0.683***	0.746***	0.612***	0.342**	0.850***	1.000			

续表

	创新水平综合得分	创新的资源基础	创新的能力支撑	创新的产出绩效	城镇化	地区生产总值（万元）	地区普通高等学校数量（所）	外商直接投资（实际使用外资金额）	规模以上工业企业个数
地区普通高等学校数量（所）	0.771***	0.652***	0.548***	0.937***	0.285	0.245	1.000		
外商直接投资（实际使用外资金额）	0.978***	0.737***	0.646***	0.557***	0.554***	0.524***	0.533***	1.000	
规模以上工业企业个数	0.863***	0.975***	0.689***	0.620***	0.633***	0.551***	0.567***	1.000	1.000

注：*** 表示 $P<0.01$；** 表示 $P<0.05$；* 表示 $P<0.1$。

从变量间的相关系数来看，大部分变量之间的相关性较为明显，利用回归分析对其因果关系进行分析也是较为妥当的。

6.3.3　回归分析及因素结果讨论

本书选取了31个长江中游城市群所辖市（含省直管县级市）数据。使用回归分析法对因变量与自变量之间的关系进行计量分析，为了验证数据的稳健性，本书首先对相关数据进行了回归的科学性和合理性分析，一方面，分析了其多重共线性是否存在，得到方差膨胀因子为4.95，远小于10，表明不存在严重的多重共线性问题。另一方面，分析了其是否存在异方差。通过异方差 White 检验，其值为10.756（$P=0.35$），Breusch－Pagan 检验值为4.84（$P=0.47$），接受同方差假设，表明计量回归模型不存在明显的异方差问题。然后分别以长江中游城市群各地区创新水平综合得分、创新的资源基础、创新的能力支撑、创新的产出绩效得分为因变量，分析长江中游城市群各地区城镇化、地区生产总值（万元）、地区普通高等学校数量（所）、外商直接投资（实际使用外资金额）、规模以上工业企业个数等五个自变量对因变量的影响效应，通过回归分析后，得到四个模型，如表6－8所示。

表 6-8　　计量回归结果

变量	模型 1（创新水平综合得分）	模型 2（创新的资源基础）	模型 3（创新的能力支撑）	模型 4（创新的产出绩效）
城镇化	0.601* (0.633)	0.798*** (0.454)	0.771 (0.555)	0.835 (0.454)
地区生产总值（万元）	0.789** (2.821)	0.982*** (1.843)	0.628** (1.571)	0.878* (2.463)
地区普通高等学校数量（所）	0.768** (1.652)	0.669* (2.456)	0.889*** (2.307)	0.870*** (1.669)
外商直接投资（实际使用外资金额）	0.325* (2.425)	0.298 (2.553)	0.253 (1.874)	0.191* (1.854)
规模以上工业企业个数	0.947*** (1.834)	0.898** (1.755)	0.876*** (1.651)	0.921*** (1.952)
截距项	-17.654*** (-6.879)	-19.401*** (-8.499)	-20.554*** (-5.763)	-20.178*** (-6.675)
调整 R^2	0.71	0.71	0.69	0.82
F 值	21.50***	21.50***	12.54***	24.77***
观测值	31	31	31	31

注：*** 表示 $P<0.01$；** 表示 $P<0.05$；* 表示 $P<0.1$。

在模型 1 中，五个因素都对长江中游城市群创新水平综合得分构成影响，其影响程度依次是规模以上工业企业个数（回归系数显著为正，即 0.947，$P<0.01$）、地区生产总值（万元）（回归系数显著为正，即 0.789，$P<0.05$）、地区普通高等学校数量（所）（回归系数显著为正，即 0.768，$P<0.05$）、城镇化（回归系数显著为正，即 0.601，$P<0.1$）、外商直接投资（实际使用外资金额）（回归系数显著为正，即 0.325，$P<0.1$）。从回归分析结论来看，规模以上工业企业个数越多越能够促进地区创新水平综合得分提高，地区生产总值（万元）越高越能够促进地区创新水平综合得分提高，地区普通高等学校数量（所）越多越能够促进地区创新水平综合得分提高，城镇化水平越高越能够促进地区创新水平综合得分提高，外商直接投资（实际使用外资金额）越高越能够促进地区创新水平综合得分提高。而且在这五个影响因素当中，规模以上工业企业个数的作用效果最为显著。

在模型 2 中，影响长江中游城市群创新的资源基础水平的四个主要因素为地区生产总值（万元）（回归系数显著为正，即 0.982，P<0.01）、城镇化（回归系数显著为正，即 0.798，P<0.01）、规模以上工业企业个数（回归系数显著为正，即 0.898，P<0.05）、地区普通高等学校数量（所）（回归系数显著为正，即 0.669，P<0.1）。从回归分析结论来看，城镇化越高越能够促进地区吸引创新的资源，地区生产总值（万元）越多越能够促进地区创新的资源基础集聚，规模以上工业企业个数以及地区普通高等学校数量（所）越多越能够促进地区创新的资源基础水平提高。而且在这四个影响因素当中，地区生产总值的作用效果最为显著。

在模型 3 中，影响长江中游城市群创新的能力支撑的因素主要是三个，即地区普通高等学校数量（所）（回归系数显著为正，即 0.889，P<0.01）、规模以上工业企业个数（回归系数显著为正，即 0.876，P<0.01）、地区生产总值（万元）（回归系数显著为正，即 0.628，P<0.05）。从回归分析结论来看，地区普通高等学校数量（所）越多越能够促进地区创新的能力支撑提高，规模以上工业企业个数越多越能够促进地区创新的能力支撑提高，地区生产总值（万元）越高越能够促进地区创新的能力支撑提高。且地区普通高等学校数量（所）和规模以上工业企业个数这两个影响因素对长江中游城市群创新的能力支撑的作用效果最为显著。

在模型 4 中，影响长江中游城市群创新的产出绩效的因素主要是四个，即规模以上工业企业个数（回归系数显著为正，即 0.921，P<0.01）、地区普通高等学校数量（所）（回归系数显著为正，即 0.870，P<0.01）、地区生产总值（万元）（回归系数显著为正，即 0.878，P<0.1）、外商直接投资（实际使用外资金额）（回归系数显著为正，即 0.191，P<0.1）。从回归分析结论来看，规模以上工业企业个数越多越能够促进地区创新的产出绩效提高，地区普通高等学校数量（所）越多越能够促进地区创新的产出绩效提高，地区生产总值（万元）越高越能够促进地区创新的产出绩效提高，外商直接投资（实际使用外资金额）越多越能够促进地区创新的产出绩效提高。且这四个影响因素中对地区创新的产出绩效的作用效果最显著的是规模以上工业企业个数和地区普通高等学校数量（所）。

诚然，长江中游城市群各地区城镇化、地区生产总值（万元）、地区普通高等学校数量（所）、外商直接投资（实际使用外资金额）、规模以上工业企业个数等对长江中游城市群创新水平及其子系统水平均产生不同程度的影响，只是在作用的效果以及对某个方面的作用有所区别。因此，在提升各地区创新水平过程中要对照差距，分析长江中游城市群各地区在创新的资源基础水平、创新的能力支撑、创新的产出绩效方面的差距，对照差距，开展有差别的提升措施，促进长江中游城市群各地区创新水平全面提高。

6.4　长江中游城市群创新发展水平协同推进的建议

通过前述分析，从中得到一些启示：一是规模以上工业企业是创新水平的直接动力和引擎。以武汉为例，其 2017 年规模以上工业企业 2555 家，其中，千亿企业 1 家，五百亿企业 5 家，百亿企业 21 家，经济效益不断提升。2017 年，规模以上工业企业实现主营业务收入 13743.66 亿元，对创新水平提升有较大的支撑作用，引领了整个经济的发展，形成了巨大的推动力量。二是地区经济实力是创新水平的重要后盾，地区经济实力越多，投入到创新中的能力也就越强，如 2017 年长沙的经济总量达到 10535.51 亿元，仅市科技局在支持工程（技术）研究中心、重点（工程）实验室、企业技术中心等科技研发平台建设上就是数千万元，有力地支撑着研发技术的深入开展。三是城镇化发展是创新水平的天然基础。城镇化基础较好的地区可以为其创新水平提供得天独厚的基础条件。如城镇化发展基础较好的地区，其信息、资源共享、教育设施、科技条件等水平都相对较高，对地区创新水平的作用将会特别明显。四是高等学校是创新水平的能量之源。高等学校是研发的主力军，不仅对地区创新资源的推动有一定的影响，而且通过产学研结合，能够很好地推动创新成果产生，激发区域创新活力。五是区域开放发展的水平是创新水平的重要推动力之一。区域开放发展的水平对创新水平产生间接的影响。经济活跃的地区，一般对外经济也比较活跃，对地区科技创新方面的投入也较多，对地区创新产出绩效产生明显的推动作用。

创新驱动是推动长江中游城市群经济转型升级的重要引擎，长江中游城市群发展对国家战略支撑作用跟科技创新驱动处处紧密相连。推动长江中游城市群创新发展是其高质量发展的重要途径和必然要求。结合前述分析，就如何加快推进长江中游城市群创新水平提升提出以下建议：

一是加快创新主体培育，尤其是加大对规模以上工业企业创新的投入。资金的投入是规模以上工业企业科技创新的基础，加大对这些企业的有效资金支持，是规模以上工业企业开展创新的有效保障。首先，政府可加大财政对规模以上工业企业创新研发的支持力度，将分散投入的财政科技资金集中整合起来，优化投入结构，提高资金使用效益，使有效的财政科研资金带动全社会资金投入到有研发能力的规模以上工业企业中去。其次，政府可帮助企业拓宽科研资金融资新渠道，以促进企业科研与社会金融的结合，对工业企业科技投入长效增长、科研能力不断增强起到积极的促进作用。

二是要以发展各地区经济实力为抓手，推动创新驱动战略对地区经济实力的促进效应发挥，各地区要发挥资源优势，争当新时代区域创新发展、高质量发展排头兵，依托创新驱动战略，大力推进产业结构转型升级，为打造工业优势产业提供技术支撑，助推长江中游城市群加快迈向中国经济增长“第四极”。

三是要以城镇化高质量发展为途径，推动城市群创新水平提升。有研究显示，城市作为创新的神经中枢，城市化水平达到一定的层次，相应的创新就会产生。因此，要以城镇化高质量发展为推动力，提升其对城市群创新水平的引领作用，如在城镇产业布局、科技配套以及条件建设等方面重点考虑，促进城镇化对创新的作用发挥。

四是充分发挥高校在产学研过程中的核心功能。加强企业、科研院所和高等学校之间的合作，促进技术创新，推动研发能力进步。尤其要充分发挥高校科教人才资源优势，加快高校科技成果就地转化，全面提升区域科技创新能力。

6.5 本章小结

创新是新发展理念之首，也是长江中游城市群高质量发展的重要引擎。同时，推进长江中游城市群创新发展对推动长江经济带打造新的区域增长极具有重要作用。正视长江中游城市群各地区在创新发展方面的差距，是推动各地区依托创新驱动走高质量发展之路需要做的一项重要且紧迫的工作。对此，本书依托资源能力观理论视角，从创新的资源基础、创新的能力支撑、创新的产出绩效等三个层面构建长江中游城市群创新水平评价指标体系，并运用熵值法对其空间差异展开了实证，研究认为各地区创新水平存在显著差异，其形成的原因具有异质性，而城镇化、地区生产总值、地区普通高等学校数量、外商直接投资额和规模以上工业企业个数等是对其产生显著影响的因素，对此，新阶段应进一步提升城市群城镇化水平、增强地区经济实力、促进规模实体经济发展、推动开放经济发展、推进地方高校产学研结合，从而提高长江中游城市群的创新水平。

第7章

协调理念下长江中游城市群高质量城镇化空间差异与协同发展

党的十九大报告将城市群和大中小城市的协调发展提升到了新的战略高度，城市群作为区域发展的特殊形态和城镇化的主要载体，再次引起理论界和实践界的高度关注。众所周知，城市群要实现高质量发展，必须是城市群内各城市之间的协调发展达到一个较好的融合发展状态，然而现有研究仅仅是静态地对整个城市群的发展进行研究，关于城市群大中小城市协调发展的相关文献比较少，事实上，改革开放以来，在城市群快速推进过程中，大中小城市发展差距扩大已经成为城市群高质量发展的较大困境，如何弥补大中小城市的协调发展差距，如何防止大城市空间无序扩张、房价畸高、交通拥堵、环境恶化，如何破解中小城市的建设相对滞后、城市功能缺失等局面，如何促进大中小城市之间形成良好的协调发展关系，这些都是亟待深入研究的相关问题。因而，有必要深入研究大中小城市协调发展演化趋势及差距成因，进而为推动城市群大中小城市协调发展提供依据。长江中游城市群是继长三角、珠三角和环渤海三大城市群之外又一个大型的城市群，并将成为我国区域经济发展新的增长板块，也是目前世界上面积最大的城市群之一（是长三角的3倍，珠三角的5倍）。因而，如何推动长江中游城市群大中小城市的协调发展既是现实所需，同时又对于示范其他城市群的大中小城市协调发展具有重要意义。本部分试图借鉴既有研究的一些成果，把城市规模的分布与协调发展的因素综合起来，就长江中游城市群大中小城市协调发展演化趋势及其成因展开深入研究。为推动长江中游城市群的高质量发展提供对策建议与参考。

7.1 长江中游城市群城镇化协调发展水平测度与方法

7.1.1 测度指标

在测度长江中游城市群城镇化协调发展水平之前，回顾一些当前关于城市群发展的研究成果，万庆等（2015）测度了各城市群的城市化效率和城市化全要素生产率，认为必须坚持生态城市化理念，充分考量资源约束和环境消耗，走集约型城市化道路；柴攀峰（2014）基于协同发展的理论，从长三角22个城市之间的经济能级、经济联系以及产业协同发展三个方面对长三角城市群的空间格局进行研究；黄洁等（2014）基于耦合城市异速增长和标准化区位熵分析方法，对京津冀、长江三角洲和珠江三角洲三大城市群20世纪90年代至今的城市化动态特征进行对比研究，探讨城市形态扩张与功能演变的耦合作用过程；方创琳等（2018）从理论上梳理并提出了城市群形成发育遵循的自然规律，包括城市群形成发育的阶段性规律、城市群多尺度空间集约利用传导规律、城市群空间晶体结构组合规律、城市群自然生长的育树成林规律和城市群可持续发展的梯度爬升规律；魏玮等（2015）构建产业多样化、城市职能特征与经济发展的理论框架，从经济增长和经济稳定两方面探讨城市产业结构和职能特征的作用。综合这些测度来看，本书从体现大中小城市协调发展的规模分布角度进行测度。

城市群的城市规模分布是指城市群内各城市人口规模的等级分布，其城市的首位分布则是衡量其城市群城市规模分布特点的重要指标，城市的首位分布指城市人口集中分布在城市群内占据主导地位的首位城市或少数几个大城市的程度。城市的首位分布特点决定了城市群城市分布演化趋势，具体表现为：城市人口首位分布的集中演化趋势（表现为城市人口主要分布在城市群内首位城市或少数几个大城市）和城市人口首位分布的均衡演化趋势（表现为城市人口相对均匀地分散于城市群内各城市之间，城市之间主从关系不严格）。

在测度区域的城市规模分布上，国内外一般使用规模位次法来进行测度。因而，本书也借鉴使用规模位次法来测度城市规模分布，数学表达式如下：

$$\ln N_i = \alpha + \beta \ln P_i \tag{7-1}$$

式中：N_i是城市 i 在城市群所辖的城市中的人口规模位次；P_i是城市 i 的城市人口规模；β 作为拟合的系数代表规模分布指数；α 是常数。β 的绝对值越小，表明城市群的城市规模分布越趋于集中，β 的绝对值越大，表明城市群的城市规模分布越趋于均衡。为了最大程度地消除可能的测量偏差，参考一些权威文献，本书将位次减去1/2。

7.1.2 测度方法

(1) 模型建立

根据城市规模分布的规模分布指数所显示的信息也可以看出，城市规模分布指数是能够反映城市群城市的演化发展状态，进而反映其城市的均衡或集中发展趋势，在某种意义上可以看作是城市群大中小城市协调发展状态的一个风向标。因而，城市规模分布指数越小，城市群的城市分布表现越趋向于集中，大中小城市群的协调程度就相对有一定差距，而城市规模分布指数越大，城市群的城市分布表现越趋向于均衡，大中小城市群的协调程度就越好。因此，在测度城市规模分布的成因上，一些学者展开了深入探讨，如Berry（1961）、Krugman（1991）、Fujita（1999）、Soo（2004）相继结合一个国家或地区的经济发展水平、历史、人口、土地、国际贸易、工业发展、非农业发展、政府支出等变量来解释城市规模的分布。借鉴 Soo（2004）的方法，在实证研究的第二部分，对影响长江中游城市群城市规模分布指数的因素进行多元回归分析，建立了如下分析方程：

2001—2016 年协整回归的估计方程如下：$Y = \alpha_1 POP_{it} + \alpha_2 GDP_{it} + \alpha_3 IND_{it} + \alpha_4 INT_{it} + \alpha_5 CON_{it} + \alpha_6 FC_{it} + \alpha_7 INV_{it} + \alpha_8 TR_{it} + \mu_t$ （7-2）

式（2）中 Y 为城市规模分布指数；POP 为人口规模；GDP 为人均 GDP；IND 为工业总产值；INT 为互联网接入情况；CON 为消费能力；FC 为利用外资水平；INV 为投资情况；TR 为公路密度。

(2) 因素选取依据

选择这些因素，是充分考虑到了这些指标影响城市规模分布指数的可能性：一是 POP（表示一个城市的城市人口数量）。对于一个城市的人口度量，可以有多种数据，包括城市户籍人口，城市的非农业人口，城市的常住人口等等。采用一个城市的常住人口来反映一个城市的人口数量。二是 GDP（表示一个城市的人均 GDP 水平）。人均 GDP 水平可以很好的反映一个城市的经济发展状况，从而也可以间接地映射出城市的发展水平。三是 *IND*（表示一个城市的工业化水平）。在进行计量回归的时候，需要引入一个具体的表示工业化水平的解释变量。在这种情况下，用每个城市的工业总产值来表示城市的工业化水平。工业总产值越高，表明这个城市的工业化水平相对较高。而工业化水平的高低可以促进城市化进程，从而促进我国城市规模的发展。四是 *INT*（表示互联网接入情况）。互联网覆盖率越高会减少城市间信息交流的阻碍从而减少交易的成本。一方面，交易成本的减少会吸引人口和企业向更大的城市转移获得集聚经济的好处。另一方面，这也会通过加强城市联通和经济合作而减少地区差异。五是 *CON*（表示一个城市的消费能力）。这里选用一个城市的社会消费品零售总额来表示，消费能力的大小直接影响城市的可持续发展，消费能力越强表示该城市发展的潜力越大。六是 *INV*（表示一个城市的投资情况）。这里选用城市的固定资产投资数据。城市发展与固定资产投资水平息息相关，投资为城市的各项发展提供内在动力，固定资产投资越高表示城市扩张越快。七是 *FC*（表示利用外资水平）。外商直接投资可以为一个地区的经济发展带来资本和先进的技术要素，因而如果一个地区的外商直接投资水平比较高，该地区的经济也一定相对发达，从而城市的发展也相对迅速，城市规模也相对较大。八是 *TR*（表示一个城市的交通水平）。在这里通过各个城市的交通密度数据来反映一个城市的交通水平。交通密度越高，则表示一个城市的交通越发达，从而城市之间的交通成本相对较低，因而资源和生产要素可以在城市群内自由的流动。同时，考虑到相关误差，建立虚拟变量（μ），需说明的是，为了更好地进行多元回归，在具体的回归中，上述变量采用对数形式。

7.2　长江中游城市群城镇化协调发展水平的空间差异实证

7.2.1　数据来源与描述性统计

地级市的数据来源于《中国城市统计年鉴》《中国工业统计年鉴》《中国科技统计年鉴》、天门、仙桃、潜江市的数据来源于这几个地区的统计年鉴或者统计信息网，还有一些数据来源于湖南、湖北、江西各省的统计年鉴，部分欠缺的数据采用线性插值法将缺失值补上，通过汇总这些数据，输入SPSS统计软件，限于篇幅，不再摆出原始数据，对原始数据取对数后进行描述性统计分析得到的结果如表7－1所示。

表7－1　长江中游城市群协整方程变量2001—2016年的描述性统计

指标（单位）	统计值	2001年	2006年	2011年	2016年
POP（万人）	最大值	758	819	832	851
	最小值	103	106	105	106
	中值	445	467	488	487
	平均值	424	438	452	462
GDP（元）	最大值	17882	29899	79530	124122
	最小值	2957	5376	16813	26996
	中值	6458	12560	33697	51660
	平均值	7141	13453	35053	55148
IND（万元）	最大值	10208352	28185869	87781141	129352100
	最小值	397434	1732149	8139521	11793661
	中值	1371485	4256774	15888286	27038131
	平均值	1763783	5317188	21902587	37152967
INT（万人）	最大值	51	110	249	489
	最小值	1	2	11	24
	中值	5	11	31	71
	平均值	8	19	41	93
CON（万元）	最大值	6858217	12933276	30317885	56105883
	最小值	205773	421833	1032707	1946627
	中值	919968	1439118	3414880	6531856
	平均值	1228545	2237829	5428868	10368197
FC（万元）	最大值	72223	200143	376015	852255
	最小值	648	4131	2308	6998
	中值	4087	12082	25422	40703
	平均值	8490	27306	57117	108782
INV（万元）	最大值	4855027	13252827	42551621	70397912
	最小值	91141	720489	2768623	6041635
	中值	463126	1681483	7207922	18604285
	平均值	750510	2603563	9600175	21970202

续表

指标（单位）	统计值	2001 年	2006 年	2011 年	2016 年
TR（万平方米）	最大值	1783	4328	7726	10154
	最小值	107	172	300	374
	中值	384	629	938	1082
	平均值	482	861	1416	1699

7.2.2　计算结果

利用前面的城市人口数据，结合城市规模分布指数计算方法，通过数据测度分析，得到 2001—2016 年长江中游城市群城市规模分布指数变化如图 7－1 所示。

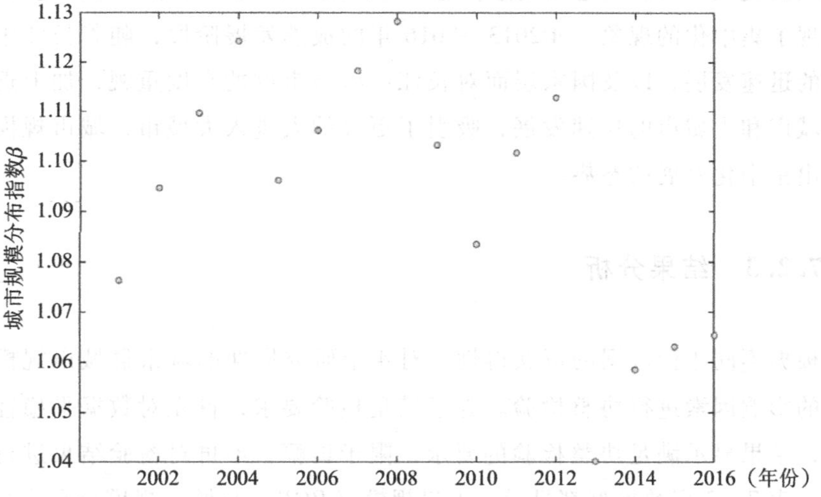

图 7－1　城市规模分布指数变化

从图 7－1 中可以看出，2001—2016 年长江中游城市群城市规模分布指数基本稳定在 1.04—1.13 之间，波动幅度较小，这有可能是与样本选取的是进入 21 世纪以来的数据有关，但总体数据变化趋势来看，城市规模分布相对更加集中。同时，可以看出基本上是呈现出每四个年份一起的状态，说明可以把 2001 年以来长江中游城市群大中小城市协调演化发展的过程分为四个阶段：①2001—2004 年的雏形阶段协调发展演化趋势；②2005—2008 年的快速发育阶段协调发展演化趋势；③2009—2012 年的趋于成熟阶段协调发展演化趋势；④2013—2016 年的成熟发展阶段协调发展演化趋势。

总的来说，长江中游城市群城市规模分布基本稳定，符合齐普夫法则，且更为集中。也就是说，进入 21 世纪以来，长江中游城市群各下辖城市总体上向集中化趋势发展，城市规模分布波动与长江中游城市群致力于大城市人口与就业吸纳力及提供的共享资源和机会更多具有较强的耦合性。长江中游城市群城市规模分布指数的演化趋势，也在很大程度上与长江中游城市群的发展阶段特点相关：①2001—2004 年的雏形阶段，在长江中游城市群核心城市的共同意识下，专注于城市间的合作与发展，区位条件优越的大中城市率先增长，城市规模分布呈现出均衡化的发展趋势。②2005—2008 年的快速发育阶段，随着房地产开发和城镇化的不断推进，大中小城市都吸纳了农村人口进城，城市人口进入到了快速发展新阶段，人口分布也呈现出均衡化的趋势，城市规模分布也呈均衡化发展。③2009—2012 年的趋于成熟阶段，随着城市间的交往密切，交通更发达，通勤距离缩短，人口分布在均衡化的同时，也出现了集中化的现象。④2013—2016 年的成熟发展阶段，随着长江中游城市群的迅速发展，以及国家层面对长江中游城市群的高度重视，加上近年来核心城市和大城市的快速发展，吸引了更多的人进入大城市，城市规模分布呈现出集中化发展的态势。

7.2.3 结果分析

根据不同年份数据的可获得性，对 4 个研究周期的城市群城市规模分布演化的影响因素进行协整检验。为了满足检验要求，首先对数据平稳性进行检验，结果显示满足协整检验的要求，限于篇幅，不再对检验结果进行充分说明。表 7－2 多数模型都显示，人口规模（*POP*）与城市规模分布指数存在显著的正相关。

表 7－2 城市规模分布的影响因素：协整回归结果

变量	2001—2004 年		2005—2008 年		2009—2012 年		2013—2016 年	
	GDP 一次	GDP 一二次	GDP 一次	GDP 一二次	GDP 一次	GDP 一二次	GDP 一次	GDP 一二次
POP	0.318*** (0.007)	0.318*** (0.007)	0.203*** (0.003)	0.203*** (0.003)	0.311*** (0.005)	0.311*** (0.005)	0.27*** (0.041)	0.269*** (0.032)

续表

变量	2001—2004 年		2005—2008 年		2009—2012 年		2013—2016 年	
	GDP 一次	GDP 一二次	GDP 一次	GDP 一二次	GDP 一次	GDP 一二次	GDP 一次	GDP 一二次
GDP	-1.099 *** (0.004)		-1.06 *** (0.006)	33.56 (0.652)	-0.96 *** (0.006)	-4.479 (0.831)	-0.951 *** (0.002)	67.74 ** (0.064)
GDP2		-0.549 *** (0.006)		-17.31 (0.784)		1.76 (0.867)		-34.35 ** (0.065)
IND	0.205 *** (0.003)	0.205 *** (0.003)	0.211 *** (0.003)	0.211 *** (0.002)	0.169 *** (0.000)	0.169 *** (0.000)	0.252 *** (0.003)	0.279 *** (0.011)
INT			0.251 *** (0.005)	0.243 *** (0.002)	-0.089 * (0.082)	-0.089 * (0.082)	0.132 *** (0.042)	0.127 * (0.042)
CON	0.607 *** (0.008)	0.607 *** (0.001)	0.255 *** (0.000)	0.252 *** (0.005)	0.643 *** (0.002)	0.644 *** (0.002)	0.154 ** (0.025)	0.151 ** (0.025)
FC			0.038 * (0.042)	0.047 (0.054)	0.04 (0.065)	0.041 * (0.064)		
INV	0.142 *** (0.008)	0.142 *** (0.007)	0.143 * (0.036)	0.148 * (0.032)	0.121 * (0.084)	0.12 * (0.082)	0.404 *** (0.009)	0.379 *** (0.001)
TR							0.067 (0.119)	0.068 (0.103)
C	2.47 *** (0.001)	2.47 *** (0.000)	6.051 *** (0.000)	6.007 *** (0.000)	1.298 * (0.000)	1.314 * (0.000)	1.72 * (0.000)	1.92 * (0.000)
样本量	112	112	112	112	112	112	112	112
R^2	0.95	0.95	0.94	0.94	0.94	0.94	0.92	0.92

注：***、**、* 分别表示可以在 1%、5% 和 10% 的水平下通过显著性检验；括号内数值为稳健标准误。

通过分析长江中游城市群 2001—2016 年的城市规模分布演化特征与影响因素，研究结果显示：长江中游城市群自进入 21 世纪以来发生了巨大的变化。在 2001—2004 年这一阶段中，人均 *GDP* 负显著；而加入二次项后变得不显著，故此周期经济发展同样是推动城市规模分布均衡化发展。在 2005—2008 年这一阶段中，人均 *GDP* 负显著，而加入二次项后变得不显著，人均 *GDP* 同样促进了城市规模分布的均衡化。2009—2012 年这一阶段中，人均 *GDP* 负显著，加入二次项后变得不显著，故此周期经济发展同样是推动城市规模分布均衡化发展。2013—2016 年这一阶段中，人均 *GDP* 负显著；加入二次项后，人均 *GDP* 与城市规模分布显著，因此可认为在此周期，人均 *GDP* 同样促进了城市规模分布的集中化。因此可以认为，长江中游城市群在 2001—2016 年间，人均 *GDP* 与城市规模分布存在长期稳定的均衡关系，在这一时间段中，总体上是促进了城市规模分布的集中化发展。

从其他变量来看，工业化水平（*IND*）、消费能力（*CON*）、投资情况（*INV*）和利用外资水平（*FC*）显著为正，即促进了城市规模分布的集中化。城市的交通水平（*TR*）并不显著，可能与研究的时间周期太短有关。互联网接入情况（*INT*）在最近的周期中呈正显著，表明促进了近期的集中化发展。

7.3 长江中游城市群城镇化协调发展水平推进建议

通过对城市规模分布的分析与影响大中小城市协调发展的因素进行协整回归可以得出：长江中游城市群大中小城市总体上呈现出集中化发展演化趋势，城市规模分布波动与长江中游城市群的各项经济社会发展的指标密切关联。其中，长江中游城市群各城市的城市人口规模、经济发展水平、工业总产值、利用外资水平、互联网接入情况、消费能力、投资情况以及公路密度等因素存在长期的均衡关系。且城市人口规模越大，城市群大中小城市越趋于集中化。本书结论带来的建议是：

首先，大中小城市协调均衡发展应该是长江中游城市群高质量城镇化的基本方向，要坚定地推进其协调均衡发展。作为中国重要的战略性区域板块，长江中游城市群在支撑长江经济带发展的侧重点方面需要更加均衡的大中小城市协调发展格局支撑。这不仅是辐射与服务长江经济带地域空间、发挥更完整的区域有利优势的需要，也是国家赋予长江中游城市群发展的客观要求与目标。

其次，积极利用各种有利的因素推动长江中游城市群大中小城市协调均衡发展，应该是长江中游城市群高质量城镇化的根本所在。要在继续深化城市群城镇化发展速度与质量均衡的基础上，妥善利用好有利的因素，规避不利因素，进一步推动大中小城市的协调发展。

最后，促进长江中游城市群内大中小城市在职能功能方面协调分工，优势互补，应该成为长江中游城市群高质量城镇化的主要特征。破除城市群内各地区之间的行政区分割，积极完善基础设施共享、信息共享、市场共享、机会共享等是根本解决之道，在过渡阶段，构造多方共赢的互利机制是可行的策略。

当然，受制于数据可得性，用于城市规模分布测度的基础数据和影响因素的研究只取了进入 21 世纪的这些可查询年度，对更长时期的长江中游城市群城市规模分布演变还没有能够获得更多的资料和数据。关于影响因素的分析，主要基于时间序列的协整回归检验，虽然能够显示长期稳定的因素间相关关系，但对其相关关系的深入研究与探讨还有一定的空间，今后在相关研究中会加强研究，提高研究的科学性和合理性。

7.4　本章小结

大中小城市协调发展是发展新阶段城市群发展的重要路径，对 2001—2016 年长江中游城市群城市规模分布指数进行演化趋势分析，并探索了其影响因素。结果表明，进入 21 世纪以来，长江中游城市群城市规模分布总体上呈现出集中化发展趋势，但波动幅度并不大，而城市的工业化水平、消费能力、投资情况、利用外资水平、城市的交通水平、互联网接入情况等对促进城市规模分布的集中化产生了显著影响。未来应将大中小城市协调均衡发展作为长江中游城市群高质量城镇化的基本方向，同时，要积极利用各种有利的因素推动长江中游城市群大中小城市协调均衡发展，尤其是要注重长江中游城市群内大中小城市在职能功能方面协调分工，优势互补。

第8章

绿色理念下长江中游城市群高质量城镇化空间差异与协同发展

20世纪90年代以来，全球经济在大发展的同时，也带来了局部地区的环境污染加剧且资源能源供需矛盾开始凸显，近十年来，低碳发展、绿色发展、循环经济等理念开始备受关注，许多国家纷纷制定绿色发展战略和政策，推动国家和地区走绿色、低碳、可持续发展之路。中国政府也一直高度重视发展绿色经济，从建设两型社会到将绿色发展作为新发展理念之一，足见对地区绿色发展的高度重视。各地区也将绿色发展作为贯彻落实新发展理念与走可持续发展之路的重中之重，并将其作为“十三五”时期乃至今后的一项重要发展理念。而城市群作为中国发展的关键区域，在推动绿色发展中必然发挥至关重要的作用。做好城市群的绿色发展对于引领整个地区乃至全国绿色发展水平提升具有重要的现实意义和示范价值。

长江中游城市群是当前中国最炙手可热的城市群之一，国家对长江中游的战略是在保护中有序开发，保护在开发之前，如何将“生态优先、绿色发展”理念贯穿城市群高质量发展的全过程，探索出长江中游城市群绿色化发展的新路子，是摆在长江中游城市群每一个地区面前的热点问题和关键问题。当务之急，就是要摸清楚各地区绿色发展的现实情况，对长江中游城市群绿色化发展水平进行科学评价，分析差距，寻找制约长江中游城市群绿色化发展的关键影响因素。因此，迫切需要建立一套合理的、可操作的区域绿色化发展水平评价指标体系，采用科学的测度方法，评估和准确判断各个地区的绿色发展水平，将其作为指导各地区绿色化发展实践的重要前提。而目前我国在相关方面的研究还仍然处在起步阶段，本书结合研究的现实性，试图提出一套评价长江中游城市群绿色化发展水平的指标体系，运用科学的方法对其进行评价。

8.1 长江中游城市群绿色化发展水平测度指标体系构建与方法

8.1.1 文献回顾与指标体系构建

近年来，随着国家生态文明建设的大力推进，评价区域绿色化发展水平的相关文献也开始增多，通过检索维普网，以“绿色”“评价”为关键词，以CSSCI来源期刊为检索条件，共搜集到近100篇论文，通过阅读选取了一些有代表性的文献，将其指标体系和选取思路汇总如表8-1所示。

表8-1 绿色化发展水平测度的指标体系和代表性文献

专家学者	评价对象	指标构建或选取思路
欧阳志云和赵娟娟等（2009）	全国地级市（286个城市）	从环境治理投资、废弃物综合利用、城市绿化、废水处理、生活垃圾处理、高效用水、空气质量等方面选取指标。
戴鹏（2015）	青海省	在学习和参考北京师范大学等部门联合编制的中国绿色发展指数的基础上，建立了包括绿色生产、绿色消费、绿色环境、绿色民生和绿色政策五方面的绿色发展水平评价体系。
郭永杰、米文宝和赵莹（2015）	宁夏回族自治区县域	一级指标由经济增长绿化度、资源环境承载潜力以及政府政策支持度组成；二级指标共包括绿色增长效率、第一产业指标、第二产业指标、第三产业指标、资源与生态保护指标、环境与气候变化指标、绿色投资指标、基础设施指标、环境治理指标9项指标。
张欢、罗畅、成金华和王鸿涛（2016）	湖北省	从绿色美丽家园、绿色生产消费、绿色高端发展三个方面构建了指标体系。
黄跃和李琳（2017）	全国20个城市群	从生态文明、社会进步、经济发展三个方面构建了指标体系。

续表

专家学者	评价对象	指标构建或选取思路
刘明广（2017）	中国各省、自治区、直辖市	从绿色生产、绿色生活、绿色环境和绿色新政四个维度构建指标体系。
刘冰和张磊（2017）	山东省	结合绿色发展指数、生态文明建设考核目标体系，建立了山东绿色发展评价指标体系。
郭兆晖、马玉琪和范超（2017）	“一带一路”沿线区域	构建绿色增长、绿色福利、绿色财富3个一级指标，12个二级指标构建了绿色发展评价指标体系。
孙才志、童艳丽和刘文新（2017）	中国30个省（区、市）	选取森林覆盖率、单位地区生产总值能耗、单位工业增加值水耗、人均电力消耗量、工业固体废物产生量、建成区绿化覆盖率、工业固体废物综合利用率、工业污染治理占地区生产总值比重等25个指标建立绿色化发展系统评价指标体系。
李华旭、孔凡斌和陈胜东（2017）	长江经济带沿江地区	由经济增长绿化度、资源环境承载潜力、政府绿色政策支持度3个一级指标和34个基础性指标组成的评价指标体系。
胡书芳和马宪法（2017）	浙江省各地市	从经济、环境、社会三个层面选取12个指标组成评价指标体系。
刘凯、任建兰、穆学英和陈延斌（2017）	中国地级以上城市	从绿色增长、绿色福利、绿色财富和绿色治理等方面构建评价指标体系。
蔡绍洪、魏媛和刘明显（2017）	西部地区	根据绿色发展水平研究目标，构建出涵盖经济、资源、生态环境以及政府政策等多方面的3个层次，共计25个具体指标的指标测度体系。

这些文献紧扣绿色化发展内涵，即绿色化发展主要是通过降低生产过程中的资源消耗和环境污染，来提高生活过程中垃圾处理效率，同时，以注重区域生态建设与环境保护等方式来促进人和自然以及经济发展的科学协调。并围绕这些内涵选取了一些指标，构建评价区域绿色化发展的指标体系。细细品味这些文章，可以说评价的文章有了一些基础，但存在如下不足：一是缺乏建立在反映区域实际特点基础上的整套评价指标体系；二是绿色发展评价的相关研究主要集中在理论层面，相关实证研究还是偏少；三是静态指标选取较多，对于动态指标关注不足；四是研究区域多为国家或者某个省份，对于一些类似城市群的绿色化研究相对较少，对其内部之间的差异研究也甚少。有鉴于此，本书认为，各区域有自身的特点，因而需要立足区域实际，

同时又凸显绿色化发展的内涵。结合长江中游城市群绿色化发展水平评价来说，既要立足长江中游城市群实际，又要突出其在长江经济带发展、生态环境、区域协同治理等方面的特殊性，以科学性、完整性、可比性、可操作性为构建原则，结合绿色化发展的三大方面，明确从绿色生产、绿色生活以及绿色生态等三个方面选取指标对绿色化发展水平进行评价，同时，考虑到数据收集的客观性和可查性，并结合现有文献的观点，本书遴选了 17 个二级指标，其中，正向指标 11 个，负向指标 6 个，据此构建长江中游城市群绿色化发展水平测度指标体系，如表 8 - 2 所示。

表 8 - 2　　长江中游城市群绿色化发展水平测度指标体系

目标层	准则层	指标层	指标属性
长江中游城市群绿色化发展水平评价	绿色生产	每万元工业产值废水排放量（吨）	-
		一般工业固体废物综合利用率（%）	+
		污水处理厂集中处理率（%）	+
		第三产业占 GDP 的比重（%）	+
		每万元工业产值二氧化硫排放量（吨）	-
	绿色生活	生活垃圾无害化处理率（%）	+
		每万人实有公共汽（电）车营运车辆数（辆）	+
		人均年乘公共汽（电）车次数	+
		居住用地面积与绿地面积比	-
		全社会用电量（万千瓦时）	-
		居民生活用水量（万吨）	-
	绿色生态	人均实有城市道路面积（平方米）	-
		绿地面积（公顷）	+
		公园绿地面积（公顷）	+
		建成区绿化覆盖面积（公顷）	+
		建成区绿化覆盖率（%）	+
		绿地面积占城市建设用地面积比例	+

8.1.2　测度方法

运用熵值法确定指标的权重与得分，对长江中游城市群各地区绿色化发展水平测度，根据熵的特性通过计算熵值来判断某个指标的离散程度，指标的离散程度越大，该指标对综合评价的影响越大。由于各项指标的计量单位不统一，首先进行标准化处理，以消除量纲的影响，即把指标的绝对值转化为相对值。熵值法运算过程如下。

第一步，进行极差标准化。

正向指标：$r_{ij} = \dfrac{X_{ij} - X_{j\min}}{X_{j\max} - X_{j\min}}$

负向指标：$r_{ij} = \dfrac{X_{j\max} - X_{ij}}{X_{j\max} - X_{j\min}}$ $(i=1, 2, \cdots, m; j=1, 2, \cdots, n)$ (8-1)

其中，r_{ij} 为标准化数值，X_{ij} 为第 i 行第 j 列的原始数据值，$X_{j\min}$ 为第 j 列中最小数值，$X_{j\max}$ 为第 j 列中最大数值。

第二步，计算第 j 项指标第 i 个地区所占的比重 P_{ij}。

$$P_{ij} = r_{ij} / \sum_{i=1}^{m} r_{ij} \quad (i=1, 2, \cdots, m; j=1, 2, \cdots, n) \qquad (8-2)$$

第三步，计算第 j 项指标的熵值 e_j。

$$e_j = -k \sum_{i=1}^{m} P_{ij} \cdot \ln P_{ij} \quad \text{其中 } k = 1/\ln m \ (i=1, 2, \cdots, m; j=1, 2, \cdots, n) \qquad (8-3)$$

第四步，计算第 j 项指标的熵权 w_j。

$$w_j = (1 - e_j) / \sum_{j=1}^{n} (1 - e_j) \quad (j=1, 2, \cdots, n) \qquad (8-4)$$

第五步，计算各地区的综合得分 s_i。

$$s_i = \sum_{j=1}^{n} w_j \cdot P_{ij} \quad (i=1, 2, \cdots, m; j=1, 2, \cdots, n) \qquad (8-5)$$

通过各项指标数据的计算，获得长江中游城市群各地绿色生态、绿色生活、绿色生产以及绿色发展综合水平得分。

8.2 长江中游城市群绿色化发展水平的空间差异实证过程

根据 2015 年 4 月国务院批复同意的《长江中游城市群发展规划》，长江中游城市群是长江经济带的重要组成部分，也是推进新型城镇化的重点区域。同时，将打造具有重要影响力的生态型城市群作为其战略定位，凸显了其绿色发展的战略意义。本书探讨的长江中游城市群绿色发展水平的空间差异就是根据国务院批复同意的《长江中游城市群发展规划》所指的区域范围进行测度。

8.2.1　数据来源与描述性统计

地级市的数据来源于《中国城市统计年鉴》，天门、仙桃、潜江市的数据来源于这几个地区的统计年鉴或者统计信息网，部分欠缺的数据采用线性插值法将缺失值补上，通过汇总这些数据，输入 SPSS 统计软件。限于篇幅，不再摆出原始数据，对原始数据进行描述性统计分析后的结果如表 8－3 所示。

表 8－3　长江中游城市群各地绿色化发展水平评价原始数据描述性统计分析

指标	最小值	最大值	均值	标准差
人均实有城市道路面积（平方米）	0.83	12.18	3.8	2.62
每万元工业产值废水排放量（吨）	0.37	3.33	1.42	0.67
一般工业固体废物综合利用率（%）	7.32	99.97	76.13	25.06
污水处理厂集中处理率（%）	67.4	100	92.53	6.48
生活垃圾无害化处理率（%）	65.56	100	97.27	7.21
第三产业占 GDP 的比重（%）	32.02	52.84	38.8	4.78
绿地面积（公顷）	1401	23217	4612.32	4456.07
公园绿地面积（公顷）	350	7333	1265.11	1414.01
建成区绿化覆盖面积（公顷）	1612	20015	4758.54	4214.74
建成区绿化覆盖率（%）	26.62	51.44	40.22	6.02
每万人实有公共汽（电）车营运车辆数（辆）	0.35	10.76	2.65	2.65
人均年乘公共汽（电）车次数	4.87	176.72	37.91	36.17
绿地面积占城市建设用地面积比例（%）	32.1	79.14	42.35	10.01
居住用地面积与绿地面积比	0.44	1.14	0.74	0.17
每万元工业产值二氧化硫排放量（吨）	0.0001	0.0024	0.00082	0.000641
全社会用电量（万千瓦时）	45430	2143890	550328	506184.9
居民生活用水量（万吨）	765	54377	6830.68	11359.21

8.2.2 计算结果

运用前面所说的计算方法和计算过程，通过对各个指标数据的标准化处理，同时用熵值法计算获得长江中游城市群各地绿色化发展水平综合得分、绿色生态得分、绿色生活得分、绿色生产得分，如表8-4所示。

表8-4 长江中游城市群绿色化发展水平得分情况汇总表

省份	城市	绿色化发展水平综合得分	绿色生态得分	绿色生活得分	绿色生产得分
江西省	南昌市	0.085606009	0.060298933	0.01989556	0.005411516
	景德镇市	0.031012639	0.02118167	0.007090452	0.002740517
	萍乡市	0.01579015	0.006202345	0.005532678	0.004055127
	九江市	0.041560747	0.024723355	0.004139083	0.004610108
	新余市	0.033472547	0.026446385	0.010750395	0.004363967
	鹰潭市	0.017237854	0.006330886	0.00737455	0.003532418
	吉安市	0.019654926	0.012755405	0.003308546	0.003590975
	宜春市	0.018371764	0.012074472	0.002361573	0.002476761
	抚州市	0.01955293	0.013096271	0.003689304	0.002767356
	上饶市	0.020682242	0.015073421	0.001154386	0.003745972
湖北省	武汉市	0.158351079	0.112937835	0.037254744	0.008158501
	黄石市	0.006973597	0.006158716	0.001862849	0.003304032
	宜昌市	0.038338728	0.027107448	0.008754518	0.003935718
	襄阳市	0.03670391	0.024220185	0.009665365	0.00281836
	鄂州市	0.028382372	0.01431599	0.011031051	0.003035331
	荆门市	0.017044023	0.006653924	0.006988792	0.003401307
	孝感市	0.013146484	0.002058578	0.004067904	0.002919864
	荆州市	0.016999048	0.00857826	0.005452385	0.002968403
	黄冈市	0.035495812	0.014603455	0.017588325	0.003760633
	咸宁市	0.031889437	0.024528002	0.003712726	0.003648709
	仙桃市	0.009736867	0.00368887	0.003315817	0.00273218
	潜江市	0.011485998	0.005277234	0.00354519	0.002663573
	天门市	0.012633973	0.006399917	0.003732767	0.002501289

续表

省份	城市	绿色化发展水平综合得分	绿色生态得分	绿色生活得分	绿色生产得分
湖南省	长沙市	0.090158643	0.055949068	0.027001121	0.007208454
	株洲市	0.048555937	0.026224433	0.010802696	0.004528807
	湘潭市	0.032026042	0.014677362	0.012691421	0.004657259
	衡阳市	0.027469521	0.017363645	0.006043844	0.004062031
	岳阳市	0.030855657	0.017629977	0.008713733	0.004511947
	常德市	0.024701873	0.014139227	0.004916812	0.005645834
	益阳市	0.021080346	0.010840215	0.005349615	0.004890515
	娄底市	0.012028743	0.006465949	0.002338758	0.003224037

8.2.3　发展水平划分

为发挥绿色化发展水平评价的比对、评估和问题导向功能，为比较长江中游城市群各地区绿色化发展水平之间的差异，本书将 31 个地区的绿色化发展水平综合得分、绿色生态得分、绿色生活得分、绿色生产得分等四项分数按照去除最低与最高的非平均区间，剩余区间平均分段的方法，将以上四个准则指标划分成五个不同的发展阶段。根据各准则指标得分划分的长江中游城市群各地区绿色化发展水平所处的阶段划分依据，如表 8－5 所示。

表 8－5　长江中游城市群绿色化发展水平各准则指标得分与水平阶段划分依据

阶段划分	绿色化发展水平得分	绿色生态得分	绿色生活得分	绿色生产得分
低水平	0—0.016	0—0.011	0—0.005	0—0.0009
较低水平	0.016—0.032	0.011—0.022	0.005—0.010	0.0009—0.0018
中水平	0.032—0.048	0.022—0.033	0.010—0.015	0.0018—0.0027
较高水平	0.048—0.064	0.033—0.044	0.015—0.020	0.0027—0.0036
高水平	0.064 以上	0.044 以上	0.020 以上	0.0036 以上

8.2.4　空间差异分析

（1）绿色化发展综合水平

通过前述计算汇总，对长江中游城市群绿色化发展综合水平进行排序（如表8-6），可以看出，排名较高的是武汉市、长沙市、南昌市、株洲市、九江市、宜昌市等，排名较低的是萍乡市、娄底市、孝感市和黄石市等。绿色化发展综合水平较高的区域集中在省会城市及其周边地区，呈现出以省会城市为中心向周边地市区辐射递减，绿色化发展综合水平较低的区域集中分布在长江中游各省区中西部地区。

表8-6　长江中游城市群绿色化发展水平综合得分及等级

省份	城市	绿色化发展水平综合得分	排序	绿色化发展水平等级	省份	城市	绿色化发展水平综合得分	排序	绿色化发展水平等级
江西省	南昌市	0.085606009	3	高水平	湖北省	孝感市	0.006973597	31	低水平
	景德镇市	0.031012639	12	较低水平		荆州市	0.016999048	24	较低水平
	萍乡市	0.01579015	25	低水平		黄冈市	0.035495812	8	中水平
	九江市	0.041560747	5	中水平		咸宁市	0.031889437	11	较低水平
	新余市	0.033472547	9	中水平		仙桃市	0.009736867	30	低水平
	鹰潭市	0.017237854	22	较低水平		潜江市	0.011485998	29	低水平
	吉安市	0.019654926	19	较低水平		天门市	0.012633973	27	低水平
	宜春市	0.018371764	21	较低水平	湖南省	长沙市	0.090158643	2	高水平
	抚州市	0.01955293	20	较低水平		株洲市	0.048555937	4	较高水平
	上饶市	0.020682242	18	较低水平		湘潭市	0.032026042	10	中水平
湖北省	武汉市	0.158351079	1	高水平		衡阳市	0.027469521	15	较低水平
	黄石市	0.013146484	26	低水平		岳阳市	0.030855657	13	较低水平
	宜昌市	0.038338728	6	中水平		常德市	0.024701873	16	较低水平
	襄阳市	0.03670391	7	中水平		益阳市	0.021080346	17	低水平
	鄂州市	0.028382372	14	较低水平		娄底市	0.012028743	28	低水平
	荆门市	0.017044023	23	较低水平					

（2）绿色生态

根据计算结果（见表8-7），长江中游城市群的武汉市、长沙市、南昌市、宜昌市的绿色生态处于高水平，遥遥领先，而萍乡市、鹰潭市、孝感市、黄石市等则处于低水平状态。绿色生态主要反映地区在森林覆盖率、公园绿地面积等生态环境建设方面的投入与现状，而从这些地区的这些指标来看，基本上也与其评价得分相吻合。

表 8-7 长江中游城市群绿色生态得分及等级

省份	城市	绿色生态得分	排序	绿色生态等级	省份	城市	绿色生态得分	排序	绿色生态等级
江西省	南昌市	0.060298933	2	高水平	湖北省	孝感市	0.006158716	28	低水平
	景德镇市	0.02118167	10	较低水平		荆州市	0.00857826	22	低水平
	萍乡市	0.006202345	27	低水平		黄冈市	0.014603455	15	较低水平
	九江市	0.024723355	7	中水平		咸宁市	0.024528002	8	中水平
	新余市	0.026446385	5	中水平		仙桃市	0.00368887	30	低水平
	鹰潭市	0.006330886	26	低水平		潜江市	0.005277234	29	低水平
	吉安市	0.012755405	19	较低水平		天门市	0.006399917	25	低水平
	宜春市	0.012074472	20	较低水平	湖南省	长沙市	0.055949068	3	高水平
	抚州市	0.013096271	18	较低水平		株洲市	0.026224433	6	中水平
	上饶市	0.015073421	13	较低水平		湘潭市	0.014677362	14	较低水平
湖北省	武汉市	0.112937835	1	高水平		衡阳市	0.017363645	12	较低水平
	黄石市	0.002058578	31	低水平		岳阳市	0.017629977	11	较低水平
	宜昌市	0.027107448	4	中水平		常德市	0.014139227	17	较低水平
	襄阳市	0.024220185	9	中水平		益阳市	0.010840215	21	低水平
	鄂州市	0.01431599	16	较低水平		娄底市	0.006465949	24	低水平
	荆门市	0.006653924	23	低水平					

(3) 绿色生活

在绿色生活上处于长江中游城市群较高水平以上的是武汉市、长沙市、南昌市以及黄冈市，绿色生活较低的地市为娄底市、上饶市和黄石市等。从各地区绿色生活数据得分上来看，绿色生活总体水平差异并不大，而在经济越发达的区域，其绿色生活水平整体也相对较高，如表 8-8 所示。

(4) 绿色生产

绿色生产主要反映的是地区的污染物排放以及工业节能等方面的水平，从表 8-9 汇总的绿色生产得分来看，武汉、长沙、常德、南昌等市的整体水平较高，而且在绿色生产方面，随着这几年国家大力推进产能过剩治理、推动产业转型升级，推进节能减排等工作，整体来看，各地区的绿色生产水平得分都比较高，而且差异越来越小。

表 8-8　　长江中游城市群绿色生活得分及等级

省份	城市	绿色生活得分	排序	绿色生活等级	省份	城市	绿色生活得分	排序	绿色生活等级
江西省	南昌市	0.01989556	3	高水平	湖北省	孝感市	0.004067904	21	低水平
	景德镇市	0.007090452	13	较低水平		荆州市	0.005452385	17	较低水平
	萍乡市	0.005532678	16	较低水平		黄冈市	0.017588325	4	较高水平
	九江市	0.004139083	20	低水平		咸宁市	0.003712726	23	低水平
	新余市	0.010750395	8	中水平		仙桃市	0.003315817	26	低水平
	鹰潭市	0.00737455	12	较低水平		潜江市	0.00354519	25	低水平
	吉安市	0.003308546	27	低水平		天门市	0.003732767	22	低水平
	宜春市	0.002361573	28	低水平	湖南省	长沙市	0.027001121	2	高水平
	抚州市	0.003689304	24	低水平		株洲市	0.010802696	7	中水平
	上饶市	0.001154386	31	低水平		湘潭市	0.012691421	5	中水平
湖北省	武汉市	0.037254744	1	高水平		衡阳市	0.006043844	15	较低水平
	黄石市	0.001862849	30	低水平		岳阳市	0.008713733	11	较低水平
	宜昌市	0.008754518	10	较低水平		常德市	0.005016812	19	较低水平
	襄阳市	0.009665365	9	较低水平		益阳市	0.005349615	18	较低水平
	鄂州市	0.011031051	6	中水平		娄底市	0.002338758	29	低水平
	荆门市	0.006988792	14	较低水平					

表 8-9　　长江中游城市群绿色生产得分与等级

省份	城市	绿色生产得分	排序	绿色生产等级	省份	城市	绿色生产得分	排序	绿色生产等级
江西省	南昌市	0.005411516	4	高水平	湖北省	孝感市	0.002919864	24	较高水平
	景德镇市	0.002740517	27	较高水平		荆州市	0.002968403	23	较高水平
	萍乡市	0.004055127	12	高水平		黄冈市	0.003760633	14	高水平
	九江市	0.004610108	7	高水平		咸宁市	0.003648709	16	高水平
	新余市	0.004363967	10	高水平		仙桃市	0.00273218	28	较高水平
	鹰潭市	0.003532418	18	较高水平		潜江市	0.002663573	29	中水平
	吉安市	0.003590975	17	较高水平		天门市	0.002501289	30	中水平
	宜春市	0.002476761	31	中水平	湖南省	长沙市	0.007208454	2	高水平
	抚州市	0.002767356	26	较高水平		株洲市	0.004528807	8	高水平
	上饶市	0.003745972	15	高水平		湘潭市	0.004657259	6	高水平
湖北省	武汉市	0.008158501	1	高水平		衡阳市	0.004062031	11	高水平
	黄石市	0.003304032	20	较高水平		岳阳市	0.004511947	9	高水平
	宜昌市	0.003935718	13	高水平		常德市	0.005645834	3	高水平
	襄阳市	0.00281836	25	较高水平		益阳市	0.004890515	5	高水平
	鄂州市	0.003035331	22	较高水平		娄底市	0.003224037	21	较高水平
	荆门市	0.003401307	19	较高水平					

综合上述分析，可以概括出长江中游城市群绿色化发展水平空间差异的几点规律：一是长江中游城市群绿色化发展水平呈一定的层级格局，各地区绿色化发展水平差异显著；二是不同层级城市与其绿色化发展水平等级匹配存在异质性，即有的城市在绿色生态方面做得好，而在绿色生活方面做得一般，因而对其整体绿色化发展水平产生了延滞影响；三是长江中游城市群绿色化发展水平差异呈一定发散趋势，层级间差异成为绿色化发展水平差异的重要表现，中心城市对周边城市的绿色化发展影响力逐步增大；四是不同层级城市处于不同水平阶段的主导要素演化不同，同一层级内差异同样显著。

8.3 长江中游城市群绿色化发展水平的空间差异成因分析

8.3.1 可能的影响因素分析

随着经济社会的快速发展，一些地区开始出现环境污染、生态破坏和资源瓶颈，进而影响到了地区经济社会的可持续和跨越式发展。对此，各级各部门高度重视，并将绿色发展作为新常态下经济发展的重要理念。绿色化发展是实现地区经济、社会、环境三者可持续发展的重要途径，提高地区绿色化发展水平正成为生态文明建设与地区高质量发展的关键内容。同时，绿色化发展是绿色经济、循环经济以及低碳经济的高度升华，是新发展理念之一的绿色理念引导下实现地区绿色生态环境培育、绿色生活水平提升、绿色生产能力增长的系统耦合与协同发展的过程。而城市群作为中国发展的关键区域，在推动绿色发展中必然发挥至关重要的作用。

长江中游城市群是以环长株潭城市群、武汉城市圈、环鄱阳湖城市群为主体形成的特大型城市群，也是长江经济带极具发展活力和潜力的区域，还是当前中国最炙手可热的城市群之一，它承东启西、连南接北，是江河湖的集聚区，对整个长江“水清、地绿、天蓝”的生态廊道建设具有重要意义。其发展过程中必须以生态文明建设为引领，提升区域的可持续发展能力，促进该城市群绿色发展。从当前局势看，长江中游城市群正在开展一系列绿色行动，也取得了一定的成效。进入发展新阶段，长江中游城市群如何将“生态优先、绿色发展”的理念贯穿其高质量发展的全过程，探索出其绿色化发展的新路子，亟须探讨影响其绿色化发展的重要因素。本书拟选取可能影响长江中游城市群绿色化发展水平的因素，在评价长江中游城市群各地区绿色化发展水平基础上，利用数据实证分析影响长江中游城市群绿色化发展水平的关键因素，为促进长江中游城市群可持续和跨越式发展提供科学依据。

本书拟研究影响长江中游城市群绿色化发展水平的因素。关于绿色化发展的影响因素，不同的学者针对不同区域进行了研究，在研究过程中选取了一些不同的因素，或进行定性分析，或进行实证研究。提取学者们比较一致的一些因素看法。本书结合这些因素，就影响长江中游城市群绿色化发展水平的因素提出研究假设。

（1）城镇化

党的十八大以来，党中央高度重视生态文明建设，加快推进新型城镇化与绿色发展，走城镇化与绿色化融合发展的新型城镇化之路，并以此作为新时代我国新型城镇化建设的重要目标和核心要义。学者们的相关研究也印证了城镇化对绿色化发展的影响。如吴旭晓（2014）对河南、广东和湖北等地绿色经济效率影响因素进行的实证研究，得出城市化等是影响这些地区绿色化发展水平的重要因素。李华旭、孔凡斌和陈胜东（2017）研究也得出城镇化率等因素对长江经济带沿江地区绿色发展产生正向且显著的影响。当然，也有学者就城镇化对地区绿色生活产生影响，进而影响地区绿色化发展这一观点进行研究，如赵东方、武春友和商华（2018）基于利益相关者理论，梳理了影响国家级新区绿色增长能力建设的主要因素，研究结果得出由于城镇化过程中人们生产生活方式的变化，当地居民的环境意识往往也会显著增强，因而对地区绿色生活水平提升产生显著影响，也改变了地区绿色化发展的水平和承载能力。还有学者结合城镇化过程对绿色生态发展的要求，研究了城镇化对地区绿色生态的影响，如李爽、周天凯和樊琳梓（2018）研究了长江流域城市绿色发展的关键引擎，认为随着城市规模扩大，对绿色生态的要求越来越高。此外，有学者就城镇化对绿色生产提出了新的要求这一方面进行研究，如黄健柏、贺稳彪和丰超（2017）认为要推动地区绿色发展，需要充分地提高资源利用效率，降低碳排放，因此，就要推行绿色生产。纵观这些研究，本书提出如下假设：

H11：一个地区的城镇化水平越高，对该地区的绿色化发展水平影响越大。

H12：一个地区的城镇化水平越高，对该地区的绿色生态水平影响越大。

H13：一个地区的城镇化水平越高，对该地区的绿色生活水平影响越大。

H14：一个地区的城镇化水平越高，对该地区的绿色生产水平影响越大。

（2）人均 GDP

人均 GDP 主要体现的是一个地区经济社会发展的整体水平，人均 GDP 越高，地区经济水平也越高，对环境保护和治理的投入也越有力，也就越直接地对地区绿色生态环境产生影响，进而推动地区绿色化发展水平提高。如郭永杰、米文宝和赵莹（2015）分析宁夏回族自治区县域绿色发展水平的空间分异，认为地区人均 GDP 水平比较低，在一定程度上制约了环境保护支出以及环境污染治理投入，从而导致了绿色化发展水平的空间分异。同时，一个地区的人均 GDP 越高，居民对生活品味追求以及环境要求也会逐步提高，因此，有学者认为人均 GDP 对地区的绿色生活水平提高有正向作用，朱斌和吴赐联（2016）采用影响度模型对福建省 9 个地市的绿色城市发展因素进行分析，得出地区经济发展水平对绿色社会与生活有显著影响。还有学者认为人均 GDP 对绿色生产水平产生显著影响，如刘凯、任建兰和王成新（2016）研究得出经济发展水平、教育投入、资源利用水平、环境规制强度与环保治理投入对绿色化水平提高具有正向影响。李婉（2017）认为绿色 R&D 投入和人均 GDP 对省域绿色产出具有显著的影响效应。纵观这些研究，本书提出如下假设：

H21：一个地区的人均 GDP 越高，对该地区的绿色化发展水平影响越大。

H22：一个地区的人均 GDP 越高，对该地区的绿色生态水平影响越大。

H23：一个地区的人均 GDP 越高，对该地区的绿色生活水平影响越大。

H24：一个地区的人均 GDP 越高，对该地区的绿色生产水平影响越大。

（3）第三产业占比

第三产业占比一般被当作衡量地区产业高级化程度的一项重要指标，地区产业越高级，其投入与产出的效应也越明显，而且产业越高级，在消耗能源和资源方面也相对较少，对地区污染也较少，有利于保护地区生态环境，有利于促进绿色生产形成，从而有利于促进地区绿色化发展水平提高。张小刚（2011）就长株潭绿色经济发展的制约因素进行分析，认为绿色产业的空间布局差异是进一步制约其绿色化发展水平提升的关键因素。钱争鸣和刘晓晨（2013）认为资源消耗与环境污染程度是影响区域绿色化发展水平的重要因素，而发展第三产业刚好有利于推动绿色化水平提升。曹鹏和白永平（2018）认为经济发展模式、产业结构等因素对我国绿色化发展水平产生显著的影响。吴传清和宋筱筱（2018）分析了长江经济带城市绿色发展影响因素，得出经济发展质量，尤其是产业质量对长江经济带城市绿色发展效率具有积极影响。钱龙（2018）研究得出产业结构调整和升级有利于提升绿色经济效率。纵观这些研究，本书提出如下假设：

H31：一个地区的第三产业占比越高，对该地区的绿色化发展水平影响越大。

H32：一个地区的第三产业占比越高，对该地区的绿色生态水平影响越大。

H33：一个地区的第三产业占比越高，对该地区的绿色生活水平影响越大。

H34：一个地区的第三产业占比越高，对该地区的绿色生产水平影响越大。

（4）外商直接投资

外商直接投资是一个地区外资引进的重要衡量指标，外商直接投资越多，其开放性程度越大，吸收外来文化、生活以及管理思想也就越多。学者们也就外商直接投资与绿色发展的关系开展过相关研究，如吴传清和黄磊（2018）分析得出对外开放等对长江经济带工业绿色发展效率的作用显著。张文博、邓玲和尹传斌（2017）研究得出外资水平对城市绿色经济效率具有显著的正向作用。杨文举（2015）研究得出对外开放和城镇化有助于改善绿色技术效率，而能源投入强度、经济发展水平和环境规制水平与绿色技术效率负相关，科技水平对绿色技术效率的影响不明显。同时，他也指出这些因素对绿色技术产生影响，进而对地区绿色化发展水平产生影响。纵观这些研究，本书提出如下假设：

H41：一个地区外商直接投资占比越高，对该地区绿色化发展水平影响越大。

H42：一个地区外商直接投资占比越高，对该地区的绿色生态水平影响越大。

H43：一个地区外商直接投资占比越高，对该地区的绿色生活水平影响越大。

H44：一个地区外商直接投资占比越高，对该地区的绿色生产水平影响越大。

8.3.2 变量选取与数据收集

（1）样本选取与数据收集

将《长江中游城市群发展规划》所列地区作为样本对象，结合《中国城市统计年鉴》《湖北省统计年鉴》《湖南省统计年鉴》《江西省统计年鉴》收集有关地区的相关数据，对于某个数据实在难以查找的有关省直管县级市，则采取线性插值法进行数据补充。

（2）变量定义与测量

①因变量。因为研究的是影响长江中游城市群绿色化发展水平的因素，因此，因变量就是长江中游城市群各地区的绿色化发展水平，考虑到各地区的实际情况，结合现有文献，长江中游城市群各地区的绿色化发展水平分为综合水平以及绿色生态、绿色生活、绿色生产三个子系统绿色化水平。因此，实际上在计算各个因素对长江中游城市群绿色化发展水平的过程中，有四个回归，即各因素对长江中游城市群各地区的绿色化发展综合水平影响，各因素对长江中游城市群各地区的绿色生态发展水平影响，各因素对长江中游城市群各地区的绿色生活水平影响，各因素对长江中游城市群各地区的绿色生产发展水平影响。因此，因变量，即绿色化发展综合水平、绿色生态水平、绿色生活水平、绿色生产水平，为通过选取相应指标，借助熵权法计算后的得分。过程如下：第一步，选取指标。通过检索维普网，以“绿色”“评价”为关键词，以CSSCI来源期刊为检索条件，共搜集到近100篇论文，通过阅读选取了一些有代表性的文献，将其一致性指标体系提炼出来，以科学性、完整性、可比性、可查找性、客观性为原则，从绿色化发展的三大方面，即绿色生产、绿色生活以及绿色生态等三个方面选取指标对绿色化发展水平进行评价，遴选了17个二级指标，绿色生产指标由每万元工业产值废水排放量（吨）、一般工业固体废物综合利用率（%）、污水处理厂集中处理率（%）、第三产业占GDP的比重（%）、每万元工业产值二氧化硫排放量（吨）5个指标构成；绿色生活指标由生活垃圾无害化处理率（%）、每万人实有公共汽（电）车营运车辆数（辆）、人均年乘公共汽（电）车次数、居住用地面积与绿地面积比、全社会用电量（万千瓦时）、居民生活用水量（万吨）6个指标构成；绿色生态指标由人均实有城市道路面积（平方米）、绿地面积（公顷）、公园绿地面积（公顷）、建成区绿化覆盖面积（公顷）、建成区绿化覆

盖率（%）、绿地面积占城市建设用地面积比例6个指标构成。第二步，运用熵值法确定指标的权重与得分，并对长江中游城市群各地区绿色化发展水平测度，同时，通过各项指标数据的计算，获得长江中游城市群各地区绿色生态、绿色生活、绿色生产水平得分。

②自变量。根据文献提炼，城镇化、人均 GDP、第三产业占比、外商直接投资 4 个指标对绿色化发展产生影响，并且也是绝大部分学者共同采用的指标。所以本书以长江中游城市群各地区城镇化、人均 GDP、第三产业占比、外商直接投资作为自变量。对此，本书定义和测量如下：

城镇化。反映的是一个地区城镇化发展的水平，其值越大，表明该地区的城镇化水平越高。

人均 GDP。主要体现的是一个地区经济社会发展的水平以及惠及人民群众的多少，其值越大，表明该地区的经济发展水平越高，居民的潜在消费能力也越高。

第三产业占比。反映的是一个地区产业高级化的程度，第三产业占比越高，一般其现代化程度也相对越高，其经济发展的质量相对越高，其对地方环境的污染则相对越少，其值越大表明该地区的产业结构越高级，产业对地区污染越少，经济发展质量越高。

外商直接投资。反映的是一个地区接受外来直接投资的情况，外商直接投资越大，说明地区的吸引力也越大，环境也越优，随着外商直接投资的增加，其地区发展的外向型和整体国际化发展水平也提高，而且在吸收外商企业经营管理、发展理念等方面也更先进，其值越大，一般说明其地方经济发展环境也越优。

本书所采用因变量、自变量及其数据来源如表 8－10 所示。

表 8－10　变量定义与数据来源表

	变量	含义	数据来源
因变量	LSZHSP	绿色化综合水平	通过熵权法计算得出
	LSST	绿色生态水平	通过熵权法计算得出
	LSSH	绿色生活水平	通过熵权法计算得出
	LSSC	绿色生产水平	通过熵权法计算得出
自变量	CZH	城镇化	《中国城市统计年鉴》，湖北、湖南、江西三省统计年鉴
	RJGDP	人均 GDP	《中国城市统计年鉴》，湖北、湖南、江西三省统计年鉴
	SCZB	第三产业占比	《中国城市统计年鉴》，湖北、湖南、江西三省统计年鉴
	WSTZ	外商直接投资	《中国城市统计年鉴》，湖北、湖南、江西三省统计年鉴

8.3.3　数据处理与结果讨论

(1) 样本描述性统计及相关系数分析

借助前述研究设计中的数据收集办法，将样本中所有变量数据取对数后进行描述性统计分析，如表 8－11 所示。

表 8－11　　各变量描述性统计结果

变量	观测值	均值	标准差	最小值	最大值
城镇化	31	4.041	0.151	3.813	4.379
人均 GDP	31	10.825	0.417	10.203	11.729
第三产业占比	31	3.631	0.129	3.404	3.967
外商直接投资	31	13.770	1.129	12.274	17.351
绿色化发展水平	31	3.684	0.666	－4.966	－1.843
绿色生态水平	31	－4.282	0.843	－6.186	－2.181
绿色生活水平	31	－5.090	0.780	－6.765	－3.290
绿色生产水平	31	－5.585	0.297	－6.001	－4.809

通过取对数，可以看出，31 个长江中游城市群所辖市（含省直管县级市）的描述性统计数据分布较为均匀，可以规避直接回归带来的系数较大，数值差距较大的一些问题，同时，通过相关系数分析，可得变量间的相关系数如表 8－12 所示。

表 8－12　　各变量相关系数

	绿色化发展水平	绿色生态水平	绿色生活水平	绿色生产水平	城镇化	人均 GDP	第三产业占比	外商直接投资
绿色化发展水平	1.000							
绿色生态水平	0.973***	1.000						
绿色生活水平	0.853***	0.738***	1.000					
绿色生产水平	0.652***	0.585***	0.489***	1.000				
城镇化	0.681***	0.556***	0.845***	0.369**	1.000			
人均 GDP	0.713***	0.607***	0.834***	0.394**	0.846***	1.000		
第三产业占比	0.618***	0.523***	0.395**	0.936***	0.290	0.269	1.000	
外商直接投资	0.750***	0.683***	0.688***	0.584***	0.570***	0.564***	0.509***	1.000

注：*** 表示 $P<0.01$；** 表示 $P<0.05$；* 表示 $P<0.1$。

从变量间的相关系数来看，大部分变量之间的相关性较为明显，利用回归分析对其因果关系进行分析也是较为妥当的。

（2）回归分析及结果讨论

本书选取了31个长江中游城市群所辖市（含省直管县级市）数据，使用回归分析法对因变量与自变量之间的关系进行计量分析。为了验证数据的稳健性，本书首先对相关数据进行了回归的科学性和合理性分析，一方面，分析了其多重共线性是否存在，得到方差膨胀因子为2.65，远小于10，表明不存在严重的多重共线性问题。另一方面，分析了其是否存在异方差。通过异方差White检验，得到其值为13.91（P=0.46），Breusch－Pagan检验值为4.13（P=0.39），接受同方差假设，表明计量回归模型不存在明显的异方差问题。然后分别以长江中游城市群各地区绿色化发展水平、绿色生态、绿色生活、绿色生产水平得分为因变量，分析长江中游城市群各地区城镇化、人均GDP、第三产业占比、外商直接投资4个自变量对因变量的影响效应，通过回归分析后，得到4个模型，如表8－13所示。

表8－13　计量回归结果

变量	模型1（绿色化发展水平）	模型2（绿色生态水平）	模型3（绿色生活水平）	模型4（绿色生产水平）
城镇化	0.428 (0.534)	−0.171 (−0.131)	2.066** (2.448)	−0.192 (−0.836)
人均GDP	0.575* (1.992)	0.721 (1.538)	0.653** (2.149)	0.137 (1.658)
第三产业占比	1.686*** (2.983)	2.127** (2.314)	0.414 (0.695)	1.988*** (12.248)
外商直接投资	0.192** (2.503)	0.249* (1.996)	0.158* (1.959)	0.024 (1.079)
截距项	−20.399*** (−8.538)	−22.553*** (−5.804)	−24.188*** (−9.613)	−13.840*** (−20.173)
调整 R^2	0.73	0.56	0.78	0.89
F值	21.54***	10.48***	28.17***	60.99***
观测值	31	31	31	31

注：*** 表示 $P<0.01$；** 表示 $P<0.05$；* 表示 $P<0.1$。

在模型1中，影响长江中游城市群绿色化发展水平的三个主要因素为第三产业占比（回归系数显著为正，即1.686，$P<0.01$）、外商直接投资（回归系数显著为正，即0.192，$P<0.05$），人均GDP（回归系数显著为正，即0.575，$P<0.1$）。因此，假设H21、H31、H41得到了验证，即第三产业占比越高越能够促进地区绿色化发展水平提高、外商直接投资越多越能够促进地区绿色化发展水平提高、人均GDP越高越能够促进地区绿色化发展水平提高。而且在这三个影响因素当中，第三产业占比的作用效果最为显著。

在模型2中，影响长江中游城市群绿色生态水平的因素主要是两个，即第三产业占比（回归系数显著为正，即2.127，$P<0.05$）、外商直接投资（回归系数显著为正，即0.249，$P<0.1$）。因此，假设H32、H42得到了验证，即第三产业占比越高越能够促进地区绿色生态水平提高、外商直接投资越多越能够促进地区绿色生态水平提高。且在这两个影响因素当中，第三产业占比的作用效果最为显著。

在模型3中，影响长江中游城市群绿色生活水平的因素主要是三个，即城镇化（回归系数显著为正，即2.066，$P<0.05$）、人均GDP（回归系数显著为正，即0.653，$P<0.05$）、外商直接投资（回归系数显著为正，即0.158，$P<0.1$）。因此，假设H13、H23、H43得到了验证，即城镇化率越高越能够促进地区绿色生活水平提高、人均GDP越高越能够促进地区绿色生活水平提高、外商直接投资越多越能够促进地区绿色生活水平提高。且在这三个影响因素当中，城镇化与人均GDP对地区绿色生活水平的作用效果最为显著。

在模型4中，影响长江中游城市群绿色生产水平的因素主要就是第三产业占比（回归系数显著为正，即1.988，$P<0.01$）。因此，假设H34得到了验证，即第三产业占比越高越能够促进地区绿色生产水平提高，且作用效果十分显著。

诚然，长江中游城市群各地区城镇化、人均GDP、第三产业占比、外商直接投资等对长江中游城市群绿色化发展水平及其子系统水平均产生不同程度的影响，只是在作用的效果以及对某个方面的作用方面有所区别。因此，在提升各地区绿色化发展水平过程中要分析长江中游城市群各地区在绿色化发展水平、绿色生态水平、绿色生活水平、绿色生产水平等四个方面的差距，并对照差距，开展有差别的提升措施，促进长江中游城市群各地区绿色化发展水平全面提高。

(3) 启示

通过上述分析，从中也得到一些启示：

一是经济实力是绿色化发展水平的直接动力。区域绿色化发展水平高低直接与该区域经济实力有很大的关联，从前述分析也可以看出，经济实力较强的地区，绿色化发展综合水平得分也相对较高。省会城市经济实力较强，地理位置也较为优越，资源和信息等也比较多，人才、资金和技术的引进也比较便利，对绿色化发展水平提升有较大的支撑作用。

二是城镇化发展是绿色化发展水平的天然基础。城镇化率是反映一个地区城市发展的关键性指标，城镇化基础较好的地区可以为其绿色化发展提供得天独厚的基础条件，如在城市森林覆盖、城镇居民基础设施配备、城乡资源共享等方面提供一些支撑，对地区绿色化发展水平产生较强的影响。另外，城镇化发展基础较好的地区，在其资源环境承载力上也往往具有先天的优势，如城镇化发展基础较好的地区，其公园配备、建成区绿化率都相对较高，单位土地面积上各项环境压力较小，对地区绿色化发展水平的作用将会特别明显，进而影响地区绿色化发展水平的提升。

三是产业结构是绿色化发展水平的重要支撑。产业结构不仅对能源资源的利用有一定的影响，而且对于一个地区经济持续健康发展也产生重要影响。如果一个地区的产业结构较优，其落后产能占比小，各种高新技术产业、节能环保产业以及新能源产业等占一定的比例，则可以提高区域绿色化发展水平。而省会城市作为政治、文化、交通中心，往往是产业结构调整的核心区位，其绿色化发展也一般处于较高的水平。

四是开放发展是绿色化发展水平的间接诱因。区域开放发展的水平对绿色化发展水平产生间接的影响。从前述研究结论来看，经济活跃的地区，一般对外经济也比较活跃，相比其他地区自然在外向型发展力度上具有明显优势，如从绿色化发展水平较高的城市来看，长江中游城市群作为长江的“腰板”，一些地区具有港口优势，是省内重要的商贸物流中心，这些地区财税收入较为充裕，所以基础建设与环境保护等方面资金投入较多，绿色化发展水平也较高。

8.4 长江中游城市群绿色化发展水平协同推进的建议

(1) 调整和优化产业结构

调整和优化产业结构是推进地区绿色化发展的重要途径。对此，一是对农业产业而言，重点在加快三大产业的融合发展。以发展农产品精深加工和乡村旅游产业为契机，加快推进农业现代化进程，尤其是长江中游城市群，土地肥沃，农业发达，下一步就是要大力发展精致农业、设施农业、观光农业、生态农业等现代农业，以提升农业的附加值，实现农村三大产业的融合。二是对工业产业而言，重点在降低工业生产过程中的能耗，提高资源利用效率。长江中游城市群的部分地区重工业仍然占有一定的比例，对资源消耗比较大，产业迫切需要转型升级，因此，要推动传统制造业的转型升级，需尽可能地发挥传统优势，发扬新时代工匠精神，提升制造业的质量，同时，要利用好各地的区位、人才等优势，发展高新技术产业。三是对第三产业而言，重点在发展现代服务业，如商贸流通业、电子商务，大力拓展绿色产业发展的空间，促进区域绿色产业的发展。

(2) 加速经济高质量发展和实力提升

发展新阶段需要推动经济的高质量发展。要按照党中央、国务院对长江经济带发展的重要指示精神，坚持在保护中发展、在发展中保护，积极推动长江中游城市群的高质量发展，积极探索生态效益与经济效益协调发展新路。对此，一方面要立下生态优先的规矩，倒逼产业转型升级，发展适合的产业，实现长江中游城市群的科学发展、有序发展和高质量发展。另一方面切实贯彻落实创新、协调、绿色、开放、共享的发展理念，高度重视长江中游城市群的经济发展质量和效益，着实促进实体经济发展水平提升。

(3) 加快地区开放开发

开放开发是提升区域活力，增强区域发展潜力的重要举措。长江中游城市群要加强开放开发的联盟，要以省会城市为领头城市，利用好开放开发新高地的优势，加大开放力度，积极引进外资、技术，以培育更多的绿色品牌，提高产品的绿色价值，在对外经济中消除贸易壁垒，促进区域绿色贸易的发展。

(4) 提高城镇化发展水平和承载力

长江中游城市群各地绿色化发展水平差异较大且比较明显，各地区的产业结构，地理位置，资源分布，交通条件都存在一定程度的差异。要调整城镇发展空间结构，形成合理的人口、经济、资源环境均衡协调的空间结构，提升地区的资源环境承载力。

通过对长江中游城市群绿色化发展影响因素的实证分析，得出第三产业占比对长江中游城市群绿色化发展总体水平以及绿色生产水平产生强有力的正向影响，对绿色生态也产生较为显著的正向影响，而城镇化仅对长江中游城市群绿色生活水平产生正向显著影响，人均 GDP 对长江中游城市群绿色化发展总体水平及其子系统绿色生活水平产生较为显著的正向影响，外商直接投资对长江中游城市群绿色化发展总体水平及其子系统绿色生态和绿色生活水平产生正向显著影响，而现实中各地区在绿色化发展总体水平方面有一定的差异，在绿色生态、绿色生活、绿色生产水平方面也产生一定的差异。要采取差别化的措施，推进长江中游城市群可持续和跨越式发展。对此：

一是要在认清差异根源的基础上，科学、客观、全面地结合各地区存在的差距，分析其是在绿色化发展总体水平，还是绿色生态、绿色生活、绿色生产水平上存在差距，以在发展中保持清醒头脑，坚持问题导向，对照问题存在的根源，采取有针对性的对策。如果是总体发展水平存在差距，那么就要在地区经济高质量发展和外向型经济发展方面下功夫；如果是绿色生态水平存在差距，那么就要在产业结构调整和吸引外商投资上下功夫等等，总之，要对症下药，持续推进绿色化水平提升。

二是长江中游城市群各地区总体上应坚持“共抓大保护、不搞大开发”的绿色化发展战略，协同推进第三产业、开放型经济和城镇化发展，打好经济转型升级和环境污染治理组合拳，打造天蓝、地绿、水净、气爽样板区。

三是要加大绿色产业的发展，在绿色技术效率提升上下功夫，同时要制定绿色增长政策，有效解决环境污染与经济发展的矛盾问题。

8.5 本章小结

“共抓大保护、不搞大开发”是长江中游城市群应该坚持的发展原则，因而推进其绿色化发展意义重大。发展新阶段长江中游城市群各地区需要认清其绿色化发展的整体水平，比照差距，寻找原因，推动各地区科学、有序和高质量发展。对此，本书从绿色生态、绿色生活、绿色生产等三个层面构建长江中游城市群绿色化发展水平的评价指标体系，并运用熵值法对其空间差异展开了实证，研究认为各地区绿色化发展水平存在显著差异，其形成的原因具有异质性，而经济实力、产业结构以及城镇化发展水平和开放开发程度是对其产生显著影响的因素，对此，新阶段应进一步调整和优化产业结构、提升经济发展的质量、深入推进地区城镇化水平、推动地区开放开发，以推进长江中游城市群的绿色发展。

长江中游城市群的绿色化发展受众多因素的影响，准确分析这些因素及其作用机理对于纵深推进长江中游城市群的高质量发展意义重大。本书结合相关经典文献及其一致观点，选取城镇化、人均 GDP、第三产业占比、外商直接投资等四个因素，实证分析其对长江中游城市群绿色化发展水平的影响，研究得出第三产业占比对长江中游城市群绿色化发展总体水平及其子系统绿色生态和绿色生产的作用呈正向显著影响，城镇化仅对长江中游城市群绿色化发展的绿色生活子系统产生正向显著影响，人均 GDP 对长江中游城市群绿色化发展总体水平及其子系统绿色生活的作用呈正向显著影响，外商直接投资对长江中游城市群绿色化发展总体水平及其子系统绿色生态和绿色生活的作用呈正向显著影响，对此，发展新阶段，提升长江中游城市群各地区绿色化发展水平应采取有差别的措施。

第9章

开放理念下长江中游城市群高质量城镇化空间差异与协同发展

在“一带一路”倡议深入推进的背景下，为进一步扩大对外开放，党的十九大报告提出“发展更高层次的开放型经济”，为全国各地开放发展带来了难得的历史机遇。“发展更高层次的开放型经济”是中国全方位对外开放的重要举措，它的着力点在于推行开放型经济，实现各国互联互通。通过开放型经济的发展促进国民经济增长、社会发展和产业结构转型升级。因此，各地区开放型经济发展水平成为学界研究热点。开放型经济发展水平既是衡量地区经济竞争力的重要指标，也是体现地区经济发展水平的重要表征。随着经济全球化进程逐步加快，开放型经济发展水平更是显得日趋重要。长江经济带的开放和发展是我国完整构建开放型经济体系的重要组成部分，长江中游城市群作为长江经济带的重要板块，近年来，开放型经济得到了快速发展，但与东部沿海发达省份相比仍有很大的差距。为了更好地了解长江中游城市群在开放型经济方面所存在的差距，需要摸清楚长江中游城市群内部各地区开放型经济发展水平的现实情况，对长江中游城市群开放型经济发展水平进行科学评价，分析差距，寻找制约长江中游城市群开放型经济发展的关键影响因素。本书即结合开放型经济发展的外贸—外资—外经等组成要素，选取开放型经济发展的相关指标，建立一套合理的、科学的城市群开放型经济发展水平评价指标体系，并采用科学的测度方法，寻找长江中游城市群各地区的开放型经济发展水平差异，为发展新阶段推动各地区开放型经济发展提供重要依据。

9.1 长江中游城市群开放型经济发展水平测度指标体系构建与方法

9.1.1 文献回顾与指标体系构建

近年来，随着“一带一路”倡议提出，开放型经济发展备受理论界和实践界的关注。学术界关于地区开放型经济发展水平的相关文献也开始增多，通过检索维普网，以“开放”“评价”为关键词，以CSSCI来源期刊为检索条件，可以检索到400多篇文章（截止到2018年7月30日），而进一步增加“经济”为关键词，同时通过阅读选取了一些与开放型经济发展水平指标构建有关的文献，纵观这些文献，主要是从以下几个层面进行研究：一是就某个特定概念区域进行开放型经济发展水平评价。如对自贸区开放型经济发展水平进行评价，如匡海波、刘天寿、刘家国和邓顺江（2018）从经济支撑、对外开放、对内发展、交通运输、科研教育和基础支撑6个维度构建了包含25个指标的自贸区开发水平评价指标体系，运用PCA－TOPSIS模型测算各贸易区（天津市、上海市、福建省和广东省四大自贸区）对外开放水平。另如对沿边地区开放型经济发展水平进行评价，如黄伟新和龚新蜀（2014）从开放基础、开放程度、开放潜力3个维度构建沿边地区开放型经济水平的指标体系，对我国沿边地区开放型经济发展水平进行了评价。马慧强、韩增林、彭飞、杜鹏、刘春涛和刘秀洋（2014）从基础条件、经济结构、科研技术水平以及内流和外流4个维度选取了19个指标，构建了中国首批10个省市区开放城市的开放型经济水平评价指标体系，对中国沿海省市开放型经济发展水平进行了综合评价。二是对某个地理区域板块开放型经济发展水平进行评价。如姚慧琴和孙海华（2006）在静态和动态反应对外开放竞争力的指标中，选取了26个具体的指标，构建具有西部特色的对外开放竞争力指标体系，利用主成分分析法，运用1999—2004年的统计数据对西部各省对外开放竞争力进行比较分析。王晓亮和王英（2013）从开放基础、开放规模、开放结构和开放效益4个方面构建了包含24个指标的区域开放型经济发展水平评价指标体系。运用改进的熵值法对东部沿海开放程度较高的七省市（上海、广东、江苏、北京、浙江、福建和山东）进行了开放型经济发展水平评价。晋盛武、胡雪和庄德林（2018）从开放型经济基础、开放型经济规模、开放型经济质量和开放型经济战略优势 4 个维度构建城市开放型经济发展水平评价体系，利用熵值法根据2015 年长江经济带74 个城市的数据对其开放型经济发展水平进行评价。曹扬（2018）从对外开放、对内开放、金融基础、政府干预、开放潜力 4 个方面构建了由 20 项指标组成的开放型经济评价指标体系，对中部 6 省的开放型经济水平进行分析。三是对全国或某个省开放型经济发展水平进行评价。王洪庆（2015）从开放程度、开放质量和开放效益 3 个层面构建了我国地区开放型经济发展水平评价指标体系，用改进的熵值法对2005—2012 年我国不同省市区开放型经济发展水平进行了评价。陈辉和牛叔文（2010）选取甘肃 2000—2009 年贸易进出口总额、外商直接投资总额、对外承包工程及劳务合作总额、国际旅游外汇收入总额与 GDP 等数据，采用加权平均法计算了甘肃经济开放度。梁静波（2010）利用对外贸易、实际利用外资、对外直接投资、对外承包工程与劳务合作、国际旅游等开放型经济主要构成指标，以广东、江苏和浙江 3 省作为参照系，对河南开放型经济发展进行纵向比较。李豫新和王改丽（2015）以新疆地区为例，从外向经济基础、外向经济规模、外向经济程度和资源环境支持 4 个方面构建了外向型经济评价综合指标体系，采用综合评价模型测算了 2004—2013 年新疆外向型经济发展水平。欧阳琳、洪敏、陈政和陈国生（2017）选取了外商直接投资量、贸易进出口量、对外直接投资与旅游收入 3 类指标构建了湖南开放型经济水平评价指标体系，同时，选取了货物进口量和出口量指标、对外合作完成营业额指标、实际利用外商直接投资额指标、旅游创汇收入指标、接待境外游客指标、内联引资实际到位资金指标、内联引资项目个数指标、新签约合同额与外派劳务人数指标，运用主成分分析法对湖南开放型水平进行了评价。此外，还有学者就世界主要国家的经济开放度水平进行了比较，如吕志鹏、王红云和赵彦云（2015）从经济结果开放度和经济政策开放度两个层面选取了一些指标，包括国际贸易开放度、国际金融开放度、国际贸易政策开放度、国际金融政策开放度等二级指标，比较了世界主要国家的经济开放度水平，同时对中国的经济开放度情况进行了简要分析。

这些文献一般从开放型经济的基础、开放型经济的现状（或质量、或进程）、开放型经济的效益等角度分析地区开放型经济发展水平，通过构建评价区域开放型经济发展水平的指标体系，运用实证方法测度研究对象的开放型经济发展水平。但细细来看，还存在两方面的不足：一方面是开放型经济发展水平评价的相关研究没有一个系统、全面、科学的理论体系指导。因而，选取指标的依据主观性太强，没有真正依托一个学术框架或者说既定的理论框架来选择指标；另一方面研究对象多为某几个区域性的省份，结合城市或者地区来进行评价的研究少之又少，对于一些类似城市群的开放型经济发展水平的研究则更少，对其内部之间的差异研究也甚少。有鉴于此，本书认为，需要立足城市群内部各城市发展的实际，同时又凸显开放型经济发展的内涵，来评价城市群各地区的开放型经济发展水平。以长江中游城市群为例来说，既要立足长江中游城市群实际，又要突出其在长江经济带开放开发等方面的特殊性，以科学性、完整性、可比性、可操作性为构建原则，结合开放型经济的 3 个重要组成部分，搭建从外贸—外资—外经 3 个层面进行评价的三维学术框架，并从外贸水平、外资水平以及外经水平 3 个方面建立指标体系。在此基础上，结合前述文献研究成果，并考虑到数据收集的客观性和可查性，本书遴选了 17 个二级指标，据此构建长江中游城市群开放型经济发展水平评价指标体系，如表 9 - 1 所示。

表 9 - 1　长江中游城市群开放型经济发展水平评价指标体系

目标层	准则层	指标层	符号
长江中游城市群开放型经济发展水平空间差异评价指标体系	外贸水平	进出口总值（万美元）	X1
		出口总值（万美元）	X2
		进口总值（万美元）	X3
		进出口总值增长率（%）	X4
		外贸依存度（%）	X5
		接待境外游客（人次）	X6
		旅游创汇收入（万美元）	X7
	外资水平	外商直接投资项目个数（个）	X8
		外商投资经济（亿元）	X9
		实际利用外资（万美元）	X10
		外资投资比重（%）	X11
		外商投资企业从业人员（万人）	X12
		规模以上外商投资企业个数（个）	X13
	外经水平	新签合同额（万美元）	X14
		完成营业额（万美元）	X15
		外派劳务人数（人）	X16
		月末在外人数（人）	X17

9.1.2 测度方法

运用熵值法确定指标的权重与得分，对长江中游城市群各地区开放型经济发展水平评价，根据熵的特性通过计算熵值来判断某个指标的离散程度，指标的离散程度越大，该指标对综合评价的影响越大。由于各项指标的计量单位不统一，首先进行标准化处理，以消除量纲的影响，即把指标的绝对值转化为相对值。熵值法运算过程如下：

第一步，进行极差标准化。

正向指标：$r_{ij} = \dfrac{X_{ij} - X_{j\min}}{X_{j\max} - X_{j\min}}$

负向指标：$r_{ij} = \dfrac{X_{j\max} - X_{ij}}{X_{j\max} - X_{j\min}}$ $(i=1, 2, \cdots, m; j=1, 2, \cdots, n)$ (9-1)

其中，r_{ij} 为标准化数值，X_{ij} 为第 i 行第 j 列的原始数据值，$X_{j\min}$ 为第 j 列中最小数值，$X_{j\max}$ 为第 j 列中最大数值。

第二步，计算第 j 项指标第 i 个地区所占的比重 P_{ij}。

$$P_{ij} = r_{ij} / \sum_{i=1}^{m} r_{ij} \quad (i=1, 2, \cdots, m; j=1, 2, \cdots, n) \tag{9-2}$$

第三步，计算第 j 项指标的熵值 e_j。

$$e_j = -k \sum_{i=1}^{m} P_{ij} \cdot \ln P_{ij} \quad 其中\ k = 1/\ln m \quad (i=1, 2, \cdots, m; j=1, 2, \cdots, n) \tag{9-3}$$

第四步，计算第 j 项指标的熵权 w_j。

$$w_j = (1 - e_j) / \sum_{j=1}^{n} (1 - e_j) \quad (j=1, 2, \cdots, n) \tag{9-4}$$

第五步，计算各地区的综合得分 s_i。

$$s_i = \sum_{j=1}^{n} w_j \cdot P_{ij} \quad (i=1, 2, \cdots, m; j=1, 2, \cdots, n) \tag{9-5}$$

通过各项指标数据的计算，获得长江中游城市群各地区外贸水平、外资水平、外经水平以及开放型经济发展水平综合得分。

9.2　长江中游城市群开放型经济发展水平的空间差异实证

9.2.1　数据来源与描述性统计

数据来源于《中国城市统计年鉴》，湖南、湖北、江西各省的统计年鉴，天门、仙桃、潜江市的数据来源于这几个地区的统计年鉴或者统计信息网，还有一些数据来源于湖南、湖北、江西各市出台的统计公报。本书尽可能通过多个途径查找数据，并比对数据，部分欠缺的数据采用线性插值法将缺失值补上，通过汇总这些数据，输入 SPSS 统计软件。限于篇幅，不再摆出原始数据，对原始数据取对数后进行描述性统计分析得到的结果如表 9－2 所示。

表 9－2　长江中游城市群各地开放型经济发展水平评价数据描述性统计分析

指标	最小值	最大值	均值	标准差
进出口总值（万美元）	8.761	13.932	13.245	0.861
出口总值（万美元）	8.610	13.535	12.849	0.927
进口总值（万美元）	5.537	12.817	12.125	0.859
进出口总值增长率（%）	3.374	3.777	3.623	1.107
外贸依存度（%）	－1.204	2.667	2.122	0.971
接待境外游客（人次）	8.904	13.272	12.591	0.991
旅游创汇收入（万美元）	5.221	9.863	9.179	1.035
外商直接投资项目个数（个）	1.099	5.176	4.511	1.020
外商投资经济（亿元）	0.215	4.104	3.463	0.899
实际利用外资（万美元）	5.389	13.084	12.392	0.986
外资投资比重（%）	－4.605	1.558	1.218	1.003
外商投资企业从业人员（万人）	－4.605	1.828	1.415	0.836
规模以上外商投资企业个数（个）	0.000	4.290	3.638	0.907
新签合同额（万美元）	7.094	11.189	10.512	1.005
完成营业额（万美元）	7.120	11.414	10.735	1.297
外派劳务人数（人）	6.290	9.813	9.149	0.726
月末在外人数（人）	6.935	10.099	9.448	0.894

9.2.2 计算结果

运用前面所说的计算方法和计算过程，通过对各个指标数据的标准化处理，同时用熵值法计算，获得长江中游城市群各地区开放型经济发展水平综合得分、外贸水平得分、外资水平得分、外经水平得分，如表9-3所示。

表9-3 长江中游城市群开放型经济发展水平得分情况汇总表

排序	城市	开放型经济发展水平综合得分	城市	外贸水平得分	城市	外资水平得分	城市	外经水平得分
1	武汉市	0.1035	武汉市	0.1572	武汉市	0.1826	武汉市	0.1433
2	长沙市	0.0963	长沙市	0.0895	长沙市	0.0975	长沙市	0.1038
3	南昌市	0.0591	南昌市	0.0849	襄阳市	0.0904	南昌市	0.0764
4	九江市	0.0776	衡阳市	0.0483	南昌市	0.0439	九江市	0.0675
5	衡阳市	0.0450	九江市	0.0413	湘潭市	0.0426	株洲市	0.0487
6	宜昌市	0.0393	湘潭市	0.0380	九江市	0.0423	宜春市	0.0423
7	宜春市	0.0367	株洲市	0.0364	黄石市	0.0400	荆门市	0.0416
8	黄石市	0.0365	襄阳市	0.0352	新余市	0.0397	衡阳市	0.0416
9	湘潭市	0.0337	常德市	0.0332	潜江市	0.0390	宜昌市	0.0373
10	萍乡市	0.0299	荆门市	0.0318	宜春市	0.0343	湘潭市	0.0338
11	襄阳市	0.0280	上饶市	0.0317	岳阳市	0.0285	新余市	0.0334
12	新余市	0.0278	孝感市	0.0308	荆门市	0.0282	黄冈市	0.0284
13	株洲市	0.0274	岳阳市	0.0307	衡阳市	0.0245	鄂州市	0.0274
14	岳阳市	0.0270	娄底市	0.0282	宜昌市	0.0238	岳阳市	0.0270
15	上饶市	0.0249	宜春市	0.0273	荆州市	0.0236	黄石市	0.0231
16	荆州市	0.0248	宜昌市	0.0245	株洲市	0.0230	萍乡市	0.0210
17	抚州市	0.0234	新余市	0.0210	孝感市	0.0228	潜江市	0.0210
18	荆门市	0.0213	黄石市	0.0205	咸宁市	0.0212	襄阳市	0.0203
19	益阳市	0.0211	吉安市	0.0195	吉安市	0.0207	常德市	0.0188
20	鄂州市	0.0208	潜江市	0.0195	黄冈市	0.0196	荆州市	0.0156
21	常德市	0.0208	鄂州市	0.0183	萍乡市	0.0176	吉安市	0.0156
22	鹰潭市	0.0205	荆州市	0.0171	鄂州市	0.0140	益阳市	0.0142
23	潜江市	0.0203	益阳市	0.0169	景德镇市	0.0108	鹰潭市	0.0142

续表

排序	城市	开放型经济发展水平综合得分	城市	外贸水平得分	城市	外资水平得分	城市	外经水平得分
24	黄冈市	0.0195	景德镇市	0.0169	天门市	0.0105	上饶市	0.0142
25	娄底市	0.0188	萍乡市	0.0157	常德市	0.0104	孝感市	0.0135
26	孝感市	0.0180	鹰潭市	0.0130	益阳市	0.0102	抚州市	0.0128
27	仙桃市	0.0179	黄冈市	0.0125	鹰潭市	0.0101	娄底市	0.0128
28	吉安市	0.0172	咸宁市	0.0120	娄底市	0.0101	咸宁市	0.0092
29	咸宁市	0.0167	抚州市	0.0114	抚州市	0.0085	仙桃市	0.0089
30	景德镇市	0.0154	天门市	0.0096	上饶市	0.0060	景德镇市	0.0075
31	天门市	0.0109	仙桃市	0.0070	仙桃市	0.0035	天门市	0.0046

9.2.3 结果分析

一是开放型经济发展综合水平。通过前述计算汇总，对长江中游城市群开放型经济发展水平综合得分进行排序（如表9-3），可以看出，排名较高的是武汉市、长沙市、南昌市、九江市、衡阳市、宜昌市等，排名较低的是天门市、景德镇市、咸宁市、吉安市、仙桃市、孝感市等。开放型经济发展水平综合得分较高的区域集中在省会城市及经济实力较强的大地级市。这与其区位优势和强有力的地区经济发展水平有关。作为长江中游城市群的带动中心——武汉、长沙、南昌，围绕着开放崛起战略，以商贸物流、先进制造、工程机械、现代农业、大健康产业等领域为重点，促进与“一带一路”沿线地区和国家的全方位合作，全面提高了其开放型经济发展综合水平。

二是外贸水平。根据计算结果（见表9-3），长江中游城市群的武汉市、长沙市、南昌市、衡阳市、九江市、湘潭市、株洲市的开放型基础水平较高，遥遥领先，而鹰潭市、黄冈市、咸宁市、抚州市、天门市、仙桃市等则处于排名靠后。外贸水平主要反映地区在进出口贸易、外贸依存度、旅游创汇收入等方面的投入与潜力，而从这些地区的这些指标来看，基本上也与其评价得分相吻合。长江中游城市群的湖北、湖南、江西等省省会城市外贸依存度较其他地区都要明显高一些，发展外向型经济的动力较足，潜力较大，为其外贸发展水平集聚了能量。而有些其他地级市则因为各方面原因，在开放型经济发展方面进步较慢。

三是外资水平。在外资水平上，处于长江中游城市群高水平以上的是武汉市、长沙市、襄阳市、南昌市、湘潭市、九江市、黄石市等市，外资水平较低的地市为益阳市、鹰潭市、娄底市、抚州市、上饶市、仙桃市等。从各地区外资水平数据得分上来看，外资水平总体差异并不大，但长江中游城市群地区在吸引外资方面，较之东部地区有一定的差距，省会城市与其他地级市又有一定的差距。

四是外经水平。外经水平主要反映的是地区对外经济合作方面的水平，如在对外承包工程、劳务派遣等方面。从表9-3汇总的外经水平得分来看，武汉市、长沙市、南昌市、九江市、株洲市、宜春市、荆门市等市的整体水平较高，同时，随着这几年各地区走出去发展步伐的不断增快，对外合作越来越密切，整体来看，各地区的外经水平得分都比较高，而且差异相对来说变得越来越小。

从上述分析来看，长江中游城市群在外贸、外资、外经等方面都取得了一定的成效，在支撑开放型经济发展水平方面取得显著成效。同时，可以概括出长江中游城市群开放型经济发展水平空间差异的几点规律：一是长江中游城市群开放型经济发展水平呈一定显著差异，但中心城市之间的差距比较少；二是不同层级城市与其开放型经济发展水平得分存在差异，有的城市在外贸水平方面做得好，而在外资水平方面做得一般，因而对其整体开放型经济发展水平产生了延滞影响；三是长江中游城市群开放型经济发展水平差异呈一定发散趋势，开放型经济发展水平高的城市主要集中于省会城市等少数极核，低水平能力的城市则分布在经济实力相对落后的地区；四是不同层级城市处于不同水平阶段的主导要素演化不同，同一层级内差异同样显著。城市开放型经济发展水平与地区经济社会发展水平之间呈现高度的匹配性。

9.3 长江中游城市群开放型经济发展水平的影响因素分析

9.3.1 可能的自变量

根据文献分析与提炼，本书认为社会消费品零售总额（万元）、地区人均生产总值（万元）、国际友好城市个数、规模以上工业企业个数等四个指标对开放型经济发展产生影响，并且也是绝大部分学者共同采用的指标。所以本书以长江中游城市群各地区社会消费品零售总额（万元）、地区人均生产总值（万元）、国际友好城市个数、规模以上工业企业个数作为自变量。对此，本书定义和测量如下：

（1）社会消费品零售总额（万元）

反映的是一个地区的内贸情况，在当前全国各地大力推动内外贸融合发展的背景下，两者融合发展对现代消费经济增长和开放型经济发展起着重要的驱动作用，因此，一般认为内贸强的地区，对外贸的发展也会起着驱动作用，因此，其值越大，表明该地区的内贸水平越高，对外贸的推动作用也就越明显。

（2）地区人均生产总值（万元）

主要体现的是一个地区经济社会发展的水平高低以及居民的获得感和满足感大小，其值越大，表明该地区的经济发展水平越高，经济社会发展水平和程度越高，对其开放型经济发展体系构建越能起到推动作用。

（3）国际友好城市个数

反映的是一个地区与国外缔结友好城市的情况，国际友好城市个数越多，说明该地区主动走出去发展的动力和信心越足，吸引外资的环境也就越优，随着国际友好城市个数的不断增多，其地区发展的外向型和整体国际化发展水平也越高，而且在走出去发展理念和技术创新等方面也越先进，其值越大，一般说明其地方开放型经济发展的机会也就越多，越能够促进地区开放型经济发展水平提升。

（4）规模以上工业企业个数

规模以上工业企业个数是衡量地区实体经济发达程度的重要指标，规模企业在引领地区工业创新和结构调整方面具有重要的作用，同时，规模以上工业企业也是实力的代表，在对外合作、对外投资方面也占据很大一部分，是走出去发展的主力军，因此，一般认为规模以上工业企业个数越多，其地区企业走出去发展的可能性就越大，对地区开放型经济发展能力和水平都有巨大的推动作用。

本书所采用因变量、自变量及其数据来源如表 9－4 所示。

表 9-4 变量定义与数据来源表

	变量	含义	数据来源
因变量	GXZHSP	开放型经济发展水平综合得分	通过熵权法计算得出
	JHGXSP	外贸水平	通过熵权法计算得出
	SSGXSP	外资水平	通过熵权法计算得出
	CGGXSP	外经水平	通过熵权法计算得出
自变量	CZH	社会消费品零售总额（万元）	《中国城市统计年鉴》，湖北、湖南、江西三省统计年鉴
	GDP	地区人均生产总值（万元）	《中国城市统计年鉴》，湖北、湖南、江西三省统计年鉴
	WSTZ	国际友好城市个数	通过各种网络渠道综合查询，比对，取最新资料数据
	GMQYS	规模以上工业企业个数	《中国城市统计年鉴》，湖北、湖南、江西三省统计年鉴

9.3.2 样本描述性统计及相关系数分析

借助前述研究设计中的数据收集办法，将样本中所有变量数据取对数后进行描述性统计分析，如表 9-5 所示。

表 9-5 各变量描述性统计结果

变量	观测值	均值	标准差	最小值	最大值
社会消费品零售总额（万元）	31	15.245	0.367	14.481	17.842
地区人均生产总值（万元）	31	9.846	0.417	8.203	11.729
国际友好城市个数	31	2.154	1.018	0.693	4.304
规模以上工业企业个数	31	4.238	0.456	2.302	7.363
开放型经济发展水平综合得分	31	-2.363	0.543	-3.807	-1.552
外贸水平	31	-3.289	0.607	-4.853	-1.745
外资水平	31	-4.038	0.783	-6.032	-2.065
外经水平	31	-3.164	0.561	-5.259	-1.825

通过取对数后，可以看出，31 个长江中游城市群所辖市（含省直管县级

市）的描述性统计数据分布较为均匀，可以规避直接回归带来的系数较大，数值差距较大的一些问题，同时，通过相关系数分析，可得变量间的相关系数如表9-6所示。

表9-6 各变量相关系数

	开放型经济发展水平综合得分	外贸水平	外资水平	外经水平	社会消费品零售总额（万元）	地区人均生产总值（万元）	国际友好城市个数	规模以上工业企业个数
开放型经济发展水平综合得分	1.000							
外贸水平	0.901***	1.000						
外资水平	0.914***	0.894***	1.000					
外经水平	0.922***	0.886***	0.853***	1.000				
社会消费品零售总额（万元）	0.783***	0.925***	0.624***	0.586**	1.000			
地区人均生产总值（万元）	0.828***	0.798***	0.709***	0.604**	0.905***	1.000		
国际友好城市个数	0.925***	0.869***	0.883***	0.856***	0.598***	0.528***	1.000	
规模以上工业企业个数	0.937***	0.882***	0.845***	0.638***	0.694***	0.851***	0.604***	1.000

注：*** 表示 $P<0.01$；** 表示 $P<0.05$；* 表示 $P<0.1$。

从变量间的相关系数来看，大部分变量之间的相关性较为明显，利用回归分析对其因果关系进行分析也是较为妥当的。

9.3.3 回归分析及因素结果讨论

本书选取了31个长江中游城市群所辖市（含省直管县级市）数据。使用回归分析法对因变量与自变量之间的关系进行计量分析，为了验证数据的稳健性，本书首先对相关数据进行了回归的科学性和合理性分析，一方面，分析了其多重共线性是否存在，得到方差膨胀因子为6.24，远小于10，表明不存在严重的多重共线性问题。另一方面，分析了其是否存在异方差。通过异方差 White 检验，得到其值为9.645（$P=0.37$），Breusch-Pagan 检验值为

5.01（P=0.43），接受同方差假设，表明计量回归模型不存在明显的异方差问题。然后分别以长江中游城市群各地区开放型经济发展水平综合得分、外贸水平、外资水平、外经水平得分为因变量，分析长江中游城市群各地区社会消费品零售总额（万元）、地区人均生产总值（万元）、国际友好城市个数、规模以上工业企业个数四个自变量对因变量的影响效应，通过回归分析后，得到四个模型，如表9－7所示。

表9－7　　计量回归结果

变量	模型1（开放型经济发展水平综合得分）	模型2（外贸水平）	模型3（外资水平）	模型4（外经水平）
社会消费品零售总额（万元）	0.714 * (0.601)	0.801 *** (0.653)	0.587 (0.555)	0.535 (0.454)
地区人均生产总值（万元）	0.823 ** (1.948)	0.791 *** (1.785)	0.628 * (1.571)	0.678 (2.463)
国际友好城市个数	0.889 *** (2.389)	0.724 * (2.446)	0.758 *** (1.869)	0.892 *** (1.854)
规模以上工业企业个数	0.915 *** (1.798)	0.764 ** (1.699)	0.878 *** (1.856)	0.837 *** (1.948)
截距项	-18.669 *** (-6.382)	-19.562 *** (-8.407)	-20.498 *** (-5.625)	-20.256 *** (-6.734)
调整 R^2	0.66	0.66	0.70	0.79
F值	20.44 ***	20.44 ***	12.62 ***	23.81 ***
观测值	31	31	31	31

注：*** 表示 $P<0.01$；** 表示 $P<0.05$；* 表示 $P<0.1$。

在模型1中，四个因素都对长江中游城市群开放型经济发展水平综合得分构成影响，其影响程度依次是规模以上工业企业个数（回归系数显著为正，即0.915，P<0.01）、国际友好城市个数（回归系数显著为正，即0.889，P<0.01）、地区人均生产总值（万元）（回归系数显著为正，即0.823，P<0.05）、社会消费品零售总额（万元）（回归系数显著为正，即0.714，P<0.1）。从回归分析结论来看，国际友好城市个数越多越能够促进地区开放型经济发展水平综合得分提高、规模以上工业企业个数越多越能够促进地区开放型经济发展水平综合得分提高，地区人均生产总值（万元）越高越能够

促进地区开放型经济发展水平综合得分提高、社会消费品零售总额（万元）水平越高越能够促进地区开放型经济发展水平综合得分提高。而且在这四个影响因素当中，规模以上工业企业个数的作用效果最为显著。

在模型 2 中，影响长江中游城市群外贸水平的四个主要因素为社会消费品零售总额（万元）（回归系数显著为正，即 0.801，$P<0.01$）、地区人均生产总值（万元）（回归系数显著为正，即 0.791，$P<0.01$）、规模以上工业企业个数（回归系数显著为正，即 0.764，$P<0.05$）、国际友好城市个数（回归系数显著为正，即 0.724，$P<0.1$）。从回归分析结论来看，社会消费品零售总额（万元）越高越能够促进地区外贸水平提高、地区人均生产总值（万元）越高越能够促进地区外贸水平提高、规模以上工业企业个数越多越能够促进地区外贸水平提高、国际友好城市个数越多越能够促进地区外贸水平提高。而且在这四个影响因素当中，社会消费品零售总额的作用效果最为显著。

在模型 3 中，影响长江中游城市群外资水平的因素主要是三个，即规模以上工业企业个数（回归系数显著为正，即 0.878，$P<0.01$）、国际友好城市个数（回归系数显著为正，即 0.758，$P<0.01$）、地区人均生产总值（万元）（回归系数显著为正，即 0.628，$P<0.1$）。从回归分析结论来看，规模以上工业企业个数越多越能够促进地区外资水平提高、国际友好城市个数越多越能够促进地区外资水平提高、地区人均生产总值（万元）越高越能够促进地区外资水平提高。且规模以上工业企业个数对长江中游城市群外资水平的作用效果最为显著。

在模型 4 中，影响长江中游城市群外经水平的因素主要是两个，即国际友好城市个数（回归系数显著为正，即 0.892，$P<0.01$）、规模以上工业企业个数（回归系数显著为正，即 0.837，$P<0.1$）。从回归分析结论来看，国际友好城市个数越多越能够促进地区外经水平提高、规模以上工业企业个数越多越能够促进地区外经水平提高。且这两个影响因素对地区外经水平的作用效果都非常显著。

诚然，长江中游城市群各地区社会消费品零售总额（万元）、地区人均生产总值（万元）、国际友好城市个数、规模以上工业企业个数等对长江中游城市群开放型经济发展水平及其子系统水平均产生不同程度的影响，只是在作用的效果以及对某个方面的作用方面有所区别。因此，在提升各地区开放型经济发展水平过程中要分析长江中游城市群各地区在外贸水平、外资水平、外经水平方面的差距，并对照差距，开展有差别的提升措施，促进长江中游城市群各地区开放型经济发展水平全面提高。

9.4 长江中游城市群开放型经济发展水平协同推进的建议

通过前述分析，从中也得到一些启示：一是规模以上工业企业是开放型经济发展水平的重要主体。构建长江中游城市群开放型经济体系，推手是市场，主体是企业，尤其是规模以上工业企业，因为只有它们才具备走出去发展的实力，并且对开放型经济发展水平提升有较大的支撑作用，对引领地区开放型经济的发展起着巨大的推动作用。二是国际友好城市是开放型经济发展的重要目的地。以友好城市交流为基础，就为推进在经贸领域的合作就奠定了基础，也为拓展地区与地区之间的对外交流与合作搭建了良好的平台，有力地支撑着开放型经济发展水平提升。三是社会消费品零售总额（万元）发展是开放型经济发展水平的内在支撑力。社会消费品零售总额（万元）规模大的地区可以为其开放型经济发展水平提供得天独厚的基础条件。如社会消费品零售总额（万元）发展基础较好的地区，其商品消费需求也高，进出口相对也较为繁荣，对地区开放型经济发展水平的作用将会特别明显。四是地区人均生产总值（万元）是开放型经济发展的能量之源。地区人均生产总值（万元）对开放型经济发展水平产生间接的影响。人均生产总值较高的地区，一般对外经济也比较活跃，对地区开放型经济发展方面的投入也较多，对地区开放型经济发展就会产生明显的推动作用。

实施开放带动战略是推动长江中游城市群高质量发展的重要举措，可以在更大范围、更广领域、更高水平上推进长江中游城市群发展开放型经济，不断深化国际经济合作。本书就发展新阶段如何加快推进长江中游城市群开放型经济发展水平提升提出以下建议：

一是要取得贸易的更大突破。长江中游城市群要充分把握“一带一路”带来的重要战略机遇，充分利用长江经济带、亚欧国际铁路货运大通道、东盟国际大通道等国际贸易通道，加快推动产品在国际上拓展销售渠道，着力扩大国际贸易，积极推进出口导向型发展战略。同时，要加强国际贸易的相关便利化设施建设，支持内陆口岸和港口建设与完善，扩展和完善口岸功能。全面推进国际贸易信息化，尤其是推动沿江通关协作，实现区域通关一体化，同时，努力打造城市群共建共享的商务合作平台，实现商务信息互通共享。

此外，要充分利用国际展销机会，做大做强会展品牌，努力开拓国际市场。

二是要大力推进对外经济合作。全面深化与国际友好城市的合作，推动长江中游城市群各地区与国际上相关联的市场区域全面广泛开展贸易、技术和人文交流。着力于加强与中亚、西亚地区国家的经贸往来和资源开发合作。大力开拓大洋洲、非洲市场，积极发展对外工程承包和劳务输出，合作开发能源资源。

三是要推动规模企业引领走出去发展。长江中游城市群要立足于现有开放基础，更大力度推进机遇共享，更高层次地推进对外投资产业合作，更宽领域推进扩大对外直接投资规模。凭借各地区的装备、技术、人才、金融等方面优势，对接“一带一路”沿线国家基础设施建设和产能合作需求，积极稳妥地推动企业高质量“走出去”投资与发展。

9.5　本章小结

实施开放带动战略与完善对外开放格局是长江中游城市群发展的重要举措，也是长江中游城市群打造内陆开放新高地的要求。正视长江中游城市群各地区在开放型经济发展水平方面的差距，对于有序推动各地区开放开发具有重要的现实意义。对此，本书依托开放型经济的内涵与组成，从外贸水平、外资水平、外经水平等三个层面构建长江中游城市群开放型经济发展水平评价指标体系，并运用熵值法对其空间差异展开了实证。研究认为各地区开放型经济发展水平存在显著差异，其形成的原因具有异质性，而社会消费品零售总额、地区人均生产总值、国际友好城市个数、规模以上工业企业个数等是对其产生显著影响的因素，对此，新阶段应进一步推进外贸业务取得大的突破，大力推进对外经济合作，推动规模企业引领走出去发展，从而提高长江中游城市群的开放型经济发展水平。

第10章

共享理念下长江中游城市群高质量城镇化空间差异与协同发展

改革开放以来，乡镇经济的发展促进了小城镇的快速发展，但近年来，随着大城市的快速发展，各要素向大城市集聚，如人才、设施、资源、服务等，导致大城市与小城市发展的不协调和不均衡发展问题凸显，影响了人民群众对优质资源共享的期待，进而形成了各地区人民群众在获得感上的明显差距。进入新时代，城市群作为我国推进新型城镇化的主体形态，其健康、科学、共享发展有助于实现资源在更大范围内的合理配置。但是，城市群内部城市之间的不平衡发展问题依然存在。要提升城市群发展整体质量，在发展过程中实现城乡统筹、资源共享、区域协调的全新格局，就必须在城市群发展中贯彻新发展理念，尤其是共享发展理念。共享发展理念把实现人民幸福作为发展的目的和归宿，注重城市群的共享发展，就是要在城市群发展中不断满足人民日益增长的美好生活需要，抓住发展机会，优化基础设施共享，让社会成果惠及广大人民，突出解决城市群内部各地区之间共享性不够、受益不平衡的问题，激发城市群内各地区共同发展，进而实现发展成果在更大范围内的公平共享。

长江中游城市群区域一体化开放合作正从共识变为行动，如何共建共享成为其高质量发展的重点。当前，做好长江中游城市群的共享发展对于引领整个城市群乃至全国共享发展水平提升具有重要的现实意义和示范价值。因而，需要摸清楚长江中游城市群内部各地区共享发展的现实情况，对长江中游城市群共享发展水平进行科学评价，分析差距，寻找制约长江中游城市群共享发展的关键影响因素。本书即对此试做初探，而目前我国在相关方面的研究还仍然处在起步阶段，本书结合研究的现实性，在建立一套合理的、可操作的区域共享发展水平评价指标体系基础上，采用科学的测度方法，评估和准确判断各个地区的共享发展水平，将其作为指导各地区共享发展实践的重要依据。

10.1　长江中游城市群共享发展水平测度指标体系构建

近年来，从五大发展理念提出，到新发展理念的推进，共享发展作为其中关键的理念之一，受到各级各部门的高度关注，而实现发展成果由全体人民共享，也是中国特色社会主义的本质要求。学术界近年来也对地区共享发展给予了高度关注，相关文献也开始增多，通过检索维普网，以“共享”“评价”为关键词，或者以“共享”“水平”等为关键词，以CSSCI来源期刊为检索条件，共搜集到近161篇论文（截至2018年10月8日），通过阅读选取了一些与地区共享发展有关文献，发现真正建立共享发展评价体系的文章并不多，直接与共享发展评价相关的论文就两篇，如王蕾、李红玉和魏后凯（2012）搭建的城乡共享发展评价指标体系，主要包括城乡公共服务共享、城乡基础设施共享、城乡成果共享和城乡发展机会共享。李晖和李詹（2017）构建的省际共享发展评价的指标体系，从共享发展理念的内涵出发，提出了经济普惠、社会公平、政治清明、生态和谐、文化繁荣5个维度的37项基础指标构成的评价体系。然后通过检索当当网上有关共享发展的书籍，有两本与共享发展评价有关。易昌良（2016）撰写的《2015中国发展指数报告——“创新协调绿色开放共享”新理念、新发展》一书中，专门提出了共享发展指数来评价共享发展水平，即从共享环境、共享绩效和知识共享三个领域，分别选取了一些相应的指标构建了省际和城市共享发展的指标体系。张琦等（2017）撰写的《中国共享发展研究报告（2016）》一书，构建的我国共享发展指标体系是由社会保障公平度、经济发展分享度、减贫脱贫实现度、生态环境共享度和公共服务均等度5个维度构成，同时选取25个和16个基础指标分别对综合层面和城乡层面的省际共享发展指数进行了测算。此外，还有一些学者从共享发展的某个层面来评价共享发展水平，如宋傅天、卫平和姚东旻（2018）从共享经济视角评价共享发展水平，主要包括3个维度，即共享技术准备、业务发展和社会影响等。郑瑞坤和向书坚（2018）选取人均国内生产总值、劳动增长率、折旧率、人均资本存量、技术进步率、农村居民人均消费支出、农村居民消费价格指数、城市居民人均消费支出、城市居民消费价格指数等构建了城乡居民共享改革发展成果水平评价体系。这些文献紧扣共享发展内涵，即以共享发展理念引领地区经济社会公平均衡发展，保障发展为了人民、发展依靠人民、发展成果由人民共享，这既是对各地区经济社会高质量发展和高水平发展的目标要求，也为各地区经济社会发展提出了行动准则，因此，这些文献围绕这些内涵选取了一些指标，构建评价区域共享发展的指标体系。但细细看来，还存在两方面的不足：一方面是共享发展评价的相关研究主要集中在理论层面，多以定性评价，定性分析为主，对于评价地区共享发展水平的系统、全面、科学的实证研究还比较缺乏，尤其是缺乏建立在反映区域实际特点基础上的整套评价指标体系；另一方面是静态指标选取较多，对于动态指标关注不足，且研究对象多为全国或者某个省份，对于一些类似城市群的共享发展研究相对较少，对其内部之间的差异研究也甚少。有鉴于此，本书认为，需要立足城市群发展的实际，同时又凸显共享发展的内涵，因此，结合长江中游城市群共享发展水平评价来说，既要立足长江中游城市群实际，又要突出其在长江经济带共同发展、协同推进等方面的特殊性，以科学性、完整性、可比性、可操作性为构建原则，结合共享发展的四大方面，即发展机会共享、基础设施共享、公共服务共享以及发展成果共享，明确从这四个方面选取指标对共享发展水平进行评价，同时，考虑到数据收集的客观性和可查性，并结合现有文献的观点，本书遴选了22个二级指标，其中，正向指标21个，负向指标1个，据此构建长江中游城市群共享发展水平测度指标体系，如表10-1所示。

表10-1 长江中游城市群共享发展水平测度指标体系

目标层	准则层	指标层	指标属性
长江中游城市群共享发展水平的空间差异评价	发展机会共享	人均公共财政支出（元）	+
		人均教育支出（元）	+
		人均科学技术支出（元）	+
		人均城市维护建设资金支出（元）	+
		人均公共财政收入（元）	+
		固定资产投资（不含农户）	+
	基础设施共享	人均实有城市道路面积（平方米）	+
		建成区绿化覆盖率（%）	+
		绿地面积占城市建设用地面积比例	+
		居住用地面积与绿地面积比	−
		公园绿地面积	+

续表

目标层	准则层	指标层	指标属性
长江中游城市群共享发展水平的空间差异评价	公共服务共享	每万人拥有公共图书馆图书藏量数（册）	+
		每万人拥有医院、卫生院病床数（张）	+
		每万人实有公共汽（电）车营运车辆数（辆）	+
		城镇职工基本养老保险参保人数（人）	+
		失业保险参保人数（人）	+
	发展成果共享	城镇职工基本医疗保险参保人数（人）	+
		居民人均人民币储蓄存款余额（元）	+
		在岗职工平均工资（元）	+
		人均地区生产总值（元）	+
		互联网宽带接入用户数（万户）	+
		电视节目综合人口覆盖率（%）	+

10.2　长江中游城市群共享发展水平的空间差异分析

本书运用熵值法确定长江中游城市群共享发展水平测度的指标权重与得分，对长江中游城市群各地区共享发展水平进行测度，并通过各项指标数据的计算，获得长江中游城市群各地发展机会共享、基础设施共享、发展成果共享以及共享发展综合水平得分。限于篇幅，不再对方法做具体的介绍。下面就实证的过程做具体的分析。

10.2.1　数据来源

地级市的数据来源于《中国城市统计年鉴》，天门、仙桃、潜江市的数据来源于这几个地区的统计年鉴或者统计信息网，部分欠缺的数据本书采用线性插值法将缺失值补上。限于篇幅，不再列出原始数据。

10.2.2　共享发展水平测度

通过对各个指标数据的标准化处理，同时用熵值法计算，获得了长江中游城市群各地共享发展综合水平得分、发展机会共享水平得分、基础设施共享水平得分、公共服务共享水平得分、发展成果共享水平得分，如表10－2所示。

表10－2　长江中游城市群共享发展水平得分情况汇总表

省份	城市	共享发展综合水平得分	发展机会共享水平得分	基础设施共享水平得分	公共服务共享水平得分	发展成果共享水平得分
江西省	南昌市	0.0506	0.0224	0.0142	0.0090	0.0072
	景德镇市	0.0268	0.0022	0.0115	0.0071	0.0036
	萍乡市	0.0309	0.0027	0.0109	0.0080	0.0042
	九江市	0.0381	0.0105	0.0084	0.0060	0.0031
	新余市	0.0514	0.0028	0.0308	0.0062	0.0104
	鹰潭市	0.0261	0.0026	0.0097	0.0059	0.0052
	吉安市	0.0182	0.0056	0.0058	0.0057	0.0019
	宜春市	0.0045	0.0058	0.0045	0.0053	0.0022
	抚州市	0.0227	0.0044	0.0094	0.0051	0.0023
	上饶市	0.0185	0.0057	0.0067	0.0049	0.0014
湖北省	武汉市	0.0955	0.0390	0.0541	0.0140	0.0160
	黄石市	0.0445	0.0048	0.0166	0.0092	0.0044
	宜昌市	0.0501	0.0168	0.0125	0.0109	0.0118
	襄阳市	0.0389	0.0106	0.0106	0.0083	0.0064
	鄂州市	0.0312	0.0023	0.0109	0.0086	0.0065
	荆门市	0.0351	0.0052	0.0106	0.0088	0.0040
	孝感市	0.0205	0.0059	0.0071	0.0069	0.0021
	荆州市	0.0203	0.0048	0.0058	0.0064	0.0026
	黄冈市	0.0201	0.0085	0.0043	0.0055	0.0020
	咸宁市	0.0176	0.0061	0.0039	0.0068	0.0033
	仙桃市	0.0202	0.0066	0.0067	0.0045	0.0017
	潜江市	0.0132	0.0060	0.0033	0.0078	0.0011
	天门市	0.0127	0.0051	0.0054	0.0043	0.0014
湖南省	长沙市	0.0835	0.0241	0.0293	0.0160	0.0221
	株洲市	0.0491	0.0099	0.0131	0.0105	0.0058
	湘潭市	0.0388	0.0063	0.0121	0.0096	0.0063
	衡阳市	0.0326	0.0098	0.0072	0.0076	0.0029
	岳阳市	0.0347	0.0097	0.0063	0.0074	0.0052
	常德市	0.0199	0.0071	0.0044	0.0085	0.0033
	益阳市	0.0174	0.0043	0.0059	0.0066	0.0024
	娄底市	0.0163	0.0041	0.0024	0.0072	0.0025

10.2.3 共享发展水平阶段划分

为发挥共享发展水平评价的比对、评估和问题导向功能，比较长江中游城市群各地区共享发展水平之间的差异，本书将31个地区的共享发展综合水平得分、发展机会共享水平得分、基础设施共享水平得分、公共服务共享水平得分、发展成果共享水平得分等四项分数按照去除最低与最高的非平均区间，剩余区间平均分段的方法，将以上四个准则指标划分成五个不同的发展阶段，根据各准则指标得分划分的长江中游城市群各地区共享发展水平所处的阶段划分依据，如表10-3所示。

表10-3 长江中游城市群共享发展水平各准则指标得分与水平阶段划分依据

阶段划分	共享发展综合水平得分	发展机会共享水平得分	基础设施共享水平得分	公共服务共享水平得分	发展成果共享水平得分
低水平	0—0.013	0—0.004	0—0.005	0—0.002	0—0.003
较低水平	0.013—0.026	0.004—0.008	0.005—0.01	0.002—0.004	0.003—0.006
中水平	0.026—0.039	0.008—0.012	0.01—0.015	0.004—0.006	0.006—0.009
较高水平	0.039—0.052	0.012—0.016	0.015—0.02	0.006—0.008	0.009—0.012
高水平	0.052以上	0.016以上	0.02以上	0.008以上	0.012以上

10.2.4 共享发展水平空间差异及讨论

(1) 共享发展综合水平

根据前述计算汇总，对长江中游城市群共享发展综合水平进行排序（如表10-4），可以看出，排名较高的是武汉市、长沙市、新余市、南昌市、宜昌市、株洲市、黄石市等，排名较低的是娄底市、潜江市、天门市、宜春市等。共享发展综合水平较高的区域集中在省会城市及其周边地区，呈现出以省会城市为中心向周边地市区域辐射递减，且总体来说，共享发展综合水平较低和中等偏上的城市个数基本差不多。整体来说，较低水平以下的城市还占有一定数量，在共建共享的今天，需要加大共享发展的投入。

表 10-4　　长江中游城市群共享发展综合水平得分及等级

城市	共享发展综合水平得分	排序	共享发展综合水平等级	城市	共享发展综合水平得分	排序	共享发展综合水平等级
武汉市	0.0955	1	高水平	鹰潭市	0.0261	17	中水平
长沙市	0.0835	2	高水平	抚州市	0.0227	18	较低水平
新余市	0.0514	3	较高水平	孝感市	0.0205	19	较低水平
南昌市	0.0506	4	较高水平	荆州市	0.0203	20	较低水平
宜昌市	0.0501	5	较高水平	仙桃市	0.0202	21	较低水平
株洲市	0.0491	6	较高水平	黄冈市	0.0201	22	较低水平
黄石市	0.0445	7	较高水平	常德市	0.0199	23	较低水平
襄阳市	0.0389	8	中水平	上饶市	0.0185	24	较低水平
湘潭市	0.0388	9	中水平	吉安市	0.0182	25	较低水平
九江市	0.0381	10	中水平	咸宁市	0.0176	26	较低水平
荆门市	0.0351	11	中水平	益阳市	0.0174	27	较低水平
岳阳市	0.0347	12	中水平	娄底市	0.0163	28	较低水平
衡阳市	0.0326	13	中水平	潜江市	0.0132	29	较低水平
鄂州市	0.0312	14	中水平	天门市	0.0127	30	低水平
萍乡市	0.0309	15	中水平	宜春市	0.0045	31	低水平
景德镇市	0.0268	16	中水平				

(2) 发展机会共享

根据计算结果得出，长江中游城市群的武汉市、长沙市、南昌市、宜昌市的发展机会共享处于高水平，遥遥领先，而萍乡市、新余市、鄂州市、景德镇市、鹰潭市等则处于低水平状态。发展机会共享主要反映地区在公共财政、教育、科学技术、固定资产投资等方面的投入与潜力，而从这些地区的这些指标来看，基本上也与其评价得分相吻合。

(3) 基础设施共享

在基础设施共享上，处于长江中游城市群较高水平以上的是武汉市、新余市、长沙市、黄石市、南昌市，基础设施共享较低的地市为娄底市、潜江市、咸宁市和黄冈市等。从各地区基础设施共享数据得分上来看，基础设施共享总体水平差异并不大，但在经济越发达的区域，其基础设施共享水平整体也相对越高。

(4) 公共服务共享

在公共服务共享上处于长江中游城市群较高水平以上的是长沙市、武汉市、宜昌市以及株洲市、湘潭市、黄石市、南昌市，公共服务共享较低的地市为宜春市、抚州市、上饶市、仙桃市、天门市、黄冈市等。从各地区公共服务共享数据得分上来看，公共服务共享总体水平差异并不大，但在经济越发达的区域，其公共服务共享水平整体也相对越高。

（5）发展成果共享

发展成果共享主要反映的是地区惠及人民群众方面的水平，如在居民收入、居民消费能力等方面。从发展成果共享得分来看，长沙、武汉、宜昌、新余、南昌、鄂州等市的整体水平较高，而且在发展成果共享方面，随着这几年各地区着力于发展好最广大人民的利益，让群众得到看得见、摸得着的实惠，整体来看，各地区的发展成果共享水平得分都比较高，而且差异越来越小。

综合上述分析来看，长江中游城市群的共享深度和广度都有了一定基础，在基础设施互联互通、市场一体化、产业协同发展、生态文明共建、公共服务共建共享、深化开放合作等方面取得了显著成效。同时，可以概括出长江中游城市群共享发展水平空间差异的几点规律：一是长江中游城市群共享发展水平呈一定的层级格局，各地区共享发展水平差异显著；二是不同层级城市与其共享发展水平等级匹配存在异质性，即有的城市在发展机会共享方面做得好，而在基础设施共享方面做得一般，因而对其整体共享发展水平产生了延滞影响；三是长江中游城市群共享发展水平差异呈一定发散趋势，层级间差异成为共享发展水平差异的重要表现，中心城市对周边城市的共享发展影响力逐步增大；四是不同层级城市处于不同水平阶段的主导要素演化不同，同一层级内差异同样显著。

10.3　长江中游城市群共享发展水平的影响因素分析

10.3.1　可能的自变量

根据文献分析与提炼，本书认为城镇化、地区生产总值（万元）、居民人民币储蓄存款余额（万元）、外商直接投资（实际使用外资金额）等四个指标对共享发展产生影响，并且这四个指标也是绝大部分学者共同采用的指标，所以本书以长江中游城市群各地区城镇化、地区生产总值（万元）、居民人民币储蓄存款余额（万元）、外商直接投资（实际使用外资金额）作为自变量。对此，本书定义和测量如下：

①城镇化。反映的是一个地区城镇化发展的水平，其值越大，表明该地区的城镇化水平越高。

②地区生产总值（万元）。主要体现的是一个地区经济社会发展的水平高低，其值越大，表明该地区的经济发展水平越高。

③居民人民币储蓄存款余额（万元）。反映的是一个地区居民经济能力程度，居民人民币储蓄存款余额（万元）越高，一般其获得感以及满足感也相对较高，表明经济社会发展惠及人民群众的影响力越高。

④外商直接投资（实际使用外资金额）。反映的是一个地区接受外来直接投资的情况，外商直接投资（实际使用外资金额）越大，说明地区的吸引力也越大，环境也越优，随着外商直接投资（实际使用外资金额）增加，其地区发展的外向型和整体国际化发展水平也提高，而且在吸收外商企业经营管理、发展理念等方面也越先进，其值越大，一般说明其地方对资源和要素的共享程度也越优。

本书所采用因变量、自变量及其数据来源如表10－5所示。

表10－5　变量定义与数据来源表

	变量	含义	数据来源
因变量	GXZHSP	共享发展综合水平	通过熵权法计算得出
	JHGXSP	发展机会共享水平	通过熵权法计算得出
	SSGXSP	基础设施共享水平	通过熵权法计算得出
	FWGXSP	公共服务共享水平	通过熵权法计算得出
	CGGXSP	发展成果共享水平	通过熵权法计算得出
自变量	CZH	城镇化	《中国城市统计年鉴》，湖北、湖南、江西三省统计年鉴
	GDP	地区生产总值（万元）	《中国城市统计年鉴》，湖北、湖南、江西三省统计年鉴
	JMCK	居民人民币储蓄存款余额（万元）	《中国城市统计年鉴》，湖北、湖南、江西三省统计年鉴
	WSTZ	外商直接投资（实际使用外资金额）	《中国城市统计年鉴》，湖北、湖南、江西三省统计年鉴

需要说明的是，在进行回归分析前，对样本中所有变量数据取对数后进行描述性统计分析，可以使得到的其描述性统计数据分布较为均匀，并且可以规避直接回归带来的系数较大，数值差距较大的一些问题，同时，通过相关系数分析可得，大部分变量之间的相关性较为明显，利用回归分析对其因果关系进行分析是较为妥当的。限于篇幅，对描述性统计分析和相关系数分析过程不再详细说明。

10.3.2 回归分析及因素结果讨论

（1）回归分析

本书选取了31个长江中游城市群所辖市（含省直管县级市）数据，使用回归分析法对因变量与自变量之间的关系进行计量分析。为了验证数据的稳健性，本书首先对相关数据进行了回归的科学性和合理性分析，一方面，分析了其多重共线性是否存在，得到方差膨胀因子为3.86，远小于10，表明不存在严重的多重共线性问题。另一方面，分析了其是否存在异方差。通过异方差White检验，得到其值为12.89（P=0.38），Breusch - Pagan检验值为3.99（P=0.42），接受同方差假设，表明计量回归模型不存在明显的异方差问题。然后分别以长江中游城市群各地区共享发展综合水平、发展机会共享水平、基础设施共享水平、公共服务共享水平、发展成果共享水平得分为因变量，分析长江中游城市群各地区城镇化、地区生产总值（万元）、居民人民币储蓄存款余额（万元）、外商直接投资（实际使用外资金额）等四个自变量对因变量的影响效应，通过回归分析后，得到五个模型，如表10-6所示。

表10-6　　计量回归结果

变量	模型1（共享发展综合水平）	模型2（发展机会共享水平）	模型3（基础设施共享水平）	模型4（公共服务共享水平）	模型5（发展成果共享水平）
城镇化	0.746** (0.633)	0.827*** (0.565)	0.574*** (0.145)	0.829*** (0.554)	0.189*** (-0.828)
地区生产总值（万元）	1.723*** (2.821)	0.973** (1.987)	0.628*** (1.567)	0.891 (2.452)	0.141*** (1.716)
居民人民币储蓄存款余额（万元）	0.585* (1.652)	0.674 (2.864)	1.089 (2.309)	0.863** (0.678)	1.988*** (1.263)

续表

变量	模型 1（共享发展综合水平）	模型 2（发展机会共享水平）	模型 3（基础设施共享水平）	模型 4（公共服务共享水平）	模型 5（发展成果共享水平）
外商直接投资（实际使用外资金额）	0.201 (2.425)	0.189* (2.548)	0.251 (1.877)	0.191* (1.854)	0.025 (1.081)
截距项	-18.342*** (-7.968)	-19.401*** (-8.499)	-20.554*** (-5.763)	-20.178*** (-6.675)	-17.659*** (-10.214)
调整 R^2	0.69	0.69	0.71	0.80	0.64
F 值	20.49***	20.49***	10.51***	25.76***	50.66***
观测值	31	31	31	31	31

注：*** 表示 $P<0.01$；** 表示 $P<0.05$；* 表示 $P<0.1$。

在模型 1 中，影响长江中游城市群共享发展综合水平的三个主要因素为地区生产总值（万元）（回归系数显著为正，即 1.723，$P<0.01$）、城镇化（回归系数显著为正，即 0.746，$P<0.05$）、居民人民币储蓄存款余额（万元）（回归系数显著为正，即 0.585，$P<0.1$）。从回归分析结论来看，地区生产总值（万元）越高越能够促进地区共享发展综合水平提高、城镇化水平越高越能够促进地区共享发展综合水平提高、居民人民币储蓄存款余额（万元）越高越能够促进地区共享发展综合水平提高。而且在这三个影响因素当中，地区生产总值（万元）的作用效果最为显著。

在模型 2 中，影响长江中游城市群发展机会共享水平的三个主要因素为城镇化（回归系数显著为正，即 0.827，$P<0.01$）、地区生产总值（万元）（回归系数显著为正，即 0.973，$P<0.05$）、外商直接投资（实际使用外资金额）（回归系数显著为正，即 0.189，$P<0.1$）。从回归分析结论来看，城镇化水平越高越能够促进地区发展机会共享水平提高、地区生产总值（万元）越多越能够促进地区发展机会共享水平提高、外商直接投资（实际使用外资金额）越多越能够促进地区发展机会共享水平提高。而且在这三个影响因素当中，城镇化的作用效果最为显著。

在模型 3 中，影响长江中游城市群基础设施共享水平的因素主要是两个，即城镇化（回归系数显著为正，即 0.574，$P<0.01$）、地区生产总值（万元）（回归系数显著为正，即 0.628，$P<0.01$）。从回归分析结论来看，城镇化水平越高越能够促进地区基础设施共享水平提高、地区生产总值（万元）越多

越能够促进地区基础设施共享水平提高。且这两个影响因素对长江中游城市群基础设施共享水平的作用效果都很显著。

在模型4中，影响长江中游城市群公共服务共享水平的因素主要是三个，即城镇化（回归系数显著为正，即0.829，$P<0.01$）、居民人民币储蓄存款余额（万元）（回归系数显著为正，即0.863，$P<0.05$）、外商直接投资（实际使用外资金额）（回归系数显著为正，即0.191，$P<0.1$）。从回归分析结论来看，城镇化水平越高越能够促进地区公共服务共享水平提高、居民人民币储蓄存款余额（万元）越高越能够促进地区公共服务共享水平提高、外商直接投资（实际使用外资金额）越多越能够促进地区公共服务共享水平提高。且在这三个影响因素当中，城镇化与居民人民币储蓄存款余额（万元）对地区公共服务共享水平的作用效果最为显著。

在模型5中，影响长江中游城市群发展成果共享水平的因素主要是三个，即城镇化（回归系数显著为正，即0.189，$P<0.01$）、地区生产总值（万元）（回归系数显著为正，即0.141，$P<0.01$）、居民人民币储蓄存款余额（万元）（回归系数显著为正，即1.988，$P<0.01$）。从回归分析结论来看，城镇化水平越高越能够促进地区发展成果共享水平提高、地区生产总值（万元）越高越能够促进地区发展成果共享水平提高、居民人民币储蓄存款余额（万元）越高越能够促进地区发展成果共享水平提高。且这三个影响因素对地区发展成果共享水平的作用效果都十分显著。

(2) 结果讨论

长江中游城市群各地区城镇化、地区生产总值（万元）、居民人民币储蓄存款余额（万元）、外商直接投资（实际使用外资金额）等对长江中游城市群发展机会共享水平及其子系统水平均产生不同程度的影响，只是在作用的效果以及对某个方面的作用方面有所区别。

一是地区经济发展水平和财力是共享发展水平的直接动力。省会城市经济实力较强，地理位置也较为优越，资源和信息等也比较多，人才、资金和技术的引进也比较便利，对共享发展水平提升有较大的支撑作用。

二是城镇化发展是共享发展水平的天然基础。城镇化基础较好的地区可以为其共享发展提供得天独厚的基础条件。如城镇化发展基础较好的地区，其教育设施、科技条件等水平都相对较高，对地区共享发展水平的作用将会特别明显。

三是居民的消费能力是共享发展水平的重要支撑。消费能力对地区共享资源的推动有一定的影响，而且越是居民可支配收入越多的地方对共享的需求越多，如优质教育资源共享、优质城市环境共享等，其共享发展也一般处于较高的水平。

四是开放发展是共享发展水平的间接诱因。区域开放发展的水平对共享发展水平产生间接的影响。经济活跃的地区，一般对外经济也比较活跃，对地区基础建设与各方面投入需求也较高，无形中对地区共享发展产生了推动作用。

因此，在提升各地区共享发展综合水平过程中要分析长江中游城市群各地区在发展机会共享水平、基础设施共享水平、公共服务共享水平、发展成果共享水平等四个方面的差距，并对照差距，开展有差别的提升措施，促进长江中游城市群各地区共享发展水平全面提高。

10.4 长江中游城市群共享发展水平协同推进的建议

结合前述分析，本书就如何加快推进长江中游城市群共享发展水平提升提出以下建议：

一是要下好城市群共享发展“一盘棋”，要以《长江中游城市群战略合作协议》《长沙宣言》《武汉共识》《南昌行动》等作为协调推动长江中游城市群共享发展的指导纲领。一方面，共商推动区域资源共享，尤其是推进重点城市医疗卫生、社会保障、住房等公共服务领域资源共享。另一方面，共同搭建信息交流平台，制订统一的行动纲领和计划，一起研究确定重大合作事项，并进行任务分解，推进城市群规划实施和解决跨区域合作的问题。

二是要以发展城市群内各地区经济实力为抓手，发挥各地区资源优势，要紧扣长江中游城市群的先进制造基地、综合交通枢纽和现代服务中心等的总体经济发展定位，助推长江中游城市群加快迈向中国经济增长“第四极”。

三是要以城市群城镇化高质量发展为途径，要策划一批具有标志性的重点工程、重点项目、重点举措，推动城市群内部的协调均衡发展，让城市能够吸引人、留住人，促进区域内大中小城市协调发展。还要提高城市生活品质，巩固城镇化发展的水平。

四是要提升居民的获得感和幸福感。以共抓长江大保护为典范，坚决打赢污染防治攻坚战，为居民提供优质的居住环境，共同提升群众获得感幸福感安全感，并加快文化、旅游等资源的开发，让居民更多地共享经济社会发展的成果，为推动长江中游城市群向更宽领域、更高层次发展提供保障。

10.5　本章小结

共享发展是城市群高质量发展的重要目标之一。本书从发展机会共享、基础设施共享、公共服务共享、发展成果共享等四个层面构建长江中游城市群共享发展水平的评价指标体系，并运用熵值法对其空间差异展开了实证。研究认为各地区共享发展水平存在显著差异，其形成的原因具有异质性，而城镇化水平、地区经济实力、居民获得感及满足度和地区开放发展程度是对其产生显著影响的因素。对此，新阶段应进一步提升城市群城镇化质量、优化经济发展的质量、深入推进开放型经济发展，促进居民获得感提升，以推进长江中游城市群的共享发展水平提升。

第 11 章

长江中游城市群城镇化高质量协同发展的时空差异及因素分析

长江发源于唐古拉山脉，干流流经青海省、四川省、湖北省、湖南省、江西省、江苏省、上海市等共 11 个省级行政区，其中长江中游为湖北省宜昌市至江西省湖口县段。长江经济带是中央重点实施的“三大战略”之一，2016 年 9 月《长江经济带发展规划纲要》确定了“一轴、两翼、三极、多点”的发展新格局，长江中游城市群即为“三极”中的一极，其在长江流域高质量发展中承担并发挥着重要支撑作用。

在新的历史时期，中央城镇化工作会议、党的十九大报告连续提出着力提高新型城镇化质量，走绿色、集约、高效、低碳、智能的新型城镇化高质量发展道路。本书在新时期经济新常态、新形势、新环境背景下，把握城镇化高质量的内涵本质，抓住提升经济高质量发展与人的全面发展两条主线，构建城市群城镇化高质量发展评价指标体系，对长江流域 3 大城市群，共 31 个市区的城镇化高质量发展水平进行评估，旨在以此为依据深刻认识长江中游城市群高质量发展的现实状况与实际水平，进一步为推动长江中游城市群以及带动整个长江中游地区甚至长江经济带高质量、可持续发展提供参考与建议。

11.1 长江中游城市群城镇化高质量协同发展水平测度指标体系构建

11.1.1 文献回顾与指标体系构建

国内学界对城镇化高质量发展水平的测度研究主要集中在经济增长质量、

经济结构、福利分配、环境可持续性等指标体系上。王少平利用城乡居民收入构建泰尔指数，研究收入分配与经济增长阈值以及经济高质量发展之间的动态关系。钞小静和任保平从经济增长的结构、经济增长的稳定性、福利分配以及资源环境成本等 4 个维度对中国在 1978—2007 年间经济增长质量进行研究。近年来，国家确定了创新、协调、绿色、开放、共享的新发展理念，国内有越来越多的学者以新发展理念为主体作为城镇化高质量评价的原则与方向。

本书将长江中游城市群城镇化高质量发展评价指标体系划分为综合、创新、协调、绿色、开放和共享 6 大维度，共 23 个指标。创新是根本动力，本书选取了科技经费投入力度、每万人拥有专利申请授权数、高技术产业增加值占 GDP 比重、教育投入力度、每万人高等学校在校生数 5 个指标，衡量创新投入、创新产出水平与创新潜力情况。协调是内生要求，本书选取了第二和第三产业占 GDP 比重、城镇登记失业率、城镇化率、城乡可支配收入比 4 个指标，衡量产业结构特点、就业波动情况和城乡协调水平。绿色是必然选择，在长江经济带“共抓大保护，不搞大开发”的战略背景下，本书选取了空气质量优良率、森林覆盖率、单位 GDP 能耗 3 个指标，衡量区域经济发展与生态环境保护的协调关系。开放是必由之路，本书选取了对外贸易依存度、实际利用外资占 GDP 比重 2 个指标，衡量引进来与走出去水平以及区域与国外市场、国际资本的联系程度。共享是根本目标，本书选取了税收收入占 GDP 比重、每万人拥有医院病床数和人口死亡率，衡量财富分配情况与居民福利状况。具体如表 11 - 1 所示。

表 11 - 1　　长江中游城市群城镇化高质量发展评价指标体系

层次	指标	单位	指标
综合	地区生产总值	亿元	x1
	地区生产总值增长率	%	x2
	固定资产投资总额	亿元	x3
	社会消费品零售总额	亿元	x4
	居民消费价格指数	%	x5
	全要素生产率	%	x6
创新	科技经费投入力度	%	x7
	每万人拥有专利申请授权数	个/万人	x8
	高技术产业增加值占 GDP 比重	%	x9
	教育投入力度	元/人	x10
	每万人高等学校在校生数	人/万人	x11

续表

层次	指标	单位	指标
协调	第二、第三产业占 GDP 比重	%	x12
	城镇登记失业率	%	x13
	城镇化率	%	x14
	城乡可支配收入比		x15
绿色	空气质量优良率	%	x16
	森林覆盖率	%	x17
	单位 GDP 能耗	吨标准煤/万元	x18
开放	对外贸易依存度	%	x19
	实际利用外资总额占 GDP 比重	%	x20
共享	税收收入占 GDP 比重	%	x21
	每万人拥有医院病床数	张/万人	x22
	人口死亡率	%	x23

其中，科技经费投入力度由 R&D 内部经费支出占 GDP 比重测量，教育投入力度由每人教育财政支出额测量，外贸依存度由进出口贸易额占 GDP 比重测量。另外，居民消费价格指数、城镇登记失业率、城乡可支配收入比、单位 GDP 能耗、税收收入占 GDP 比重和人口死亡率为负向指标，其余均为正向指标。

11.1.2 测度方法

近年来，经典传统统计方法由于忽视了空间因素在其中的作用，很难更好地解释地区经济的演化趋势。兼顾空间效应的探索性空间数据分析（ESDA）、地理加权回归（GWR）模型等方法逐渐运用于区域经济空间格局演化分析中。基于此，本书以长江中游城市群为研究对象，在度量出长江中游城市群城镇化高质量发展水平的基础上引入 ESDA - GWR，从时空双重维度探讨 2013—2019 年长江中游城市群城镇化高质量发展的空间格局演变机理，深入揭示其动态演变过程，为进一步研究长江中游城市群经济一体化发展提供有益借鉴和参考。

（1）城镇化高质量发展水平

在对数据进行标准化处理后，首要工作是根据指标体系结构和指标特点选择指标权重确定方法。权重是评价客体重要性的标准，本书采用熵值法来确定指标权重。长江中游城市群城镇化高质量发展水平由综合、创新、协调、绿色、开放和共享 6 大维度来共同测量，且这 6 大维度同等重要，因此城镇化高质量发展评价公式为：

$$f(x) = \sum_{i=1}^{m} w_i X_i \tag{11-1}$$

式中，w_i为城镇化高质量发展评价指标体系第 i 个指标权重，m 为城镇化高质量发展评价指标体系的指标数量，$f(x) \in [0,1]$。

（2）探索性空间数据分析方法（ESDA）

探索性空间数据分析方法的核心内容是通过全局空间自相关分析和局部空间自相关分析对空间关联模式（趋同或异质）进行度量和检验，进而揭示对象的空间分布，其中，全局指标反映的是某种属性值在整个研究区域的空间关联模式，而局部指标可用于反映一个区域单元上的某种属性值与邻近区域单元上同一属性值的相关程度。

空间自相关性指某一变量与同一个空间单元的观测数据之间存在的相互依赖关系，同时考虑区域间的相互影响，验证变量在整个研究区域内是否存在空间上集聚。研究采用全局 Moran's I 探测区域城镇化协调度水平的空间集聚程度。其公式为：

$$I = \frac{n\sum_{i=1}^{n}\sum_{j=1}^{n} w_{ij}(x_i - \bar{x})(x_j - \bar{x})}{\sum_{i=1}^{n}\sum_{j=1}^{n} w_{ij}\sum_{i=1}^{n}(x_i - \bar{x})^2} \tag{11-2}$$

式中，n 为研究区域空间单元数量，$n=31$，x_i为区域 i 的观测值，w_{ij}为空间权重矩阵，x 为平均数。若空间单元 i 和空间单元 j 相邻，$w_{ij}=1$，否则$w_{ij}=0$。全局 Moran's I 指数取值介于 -1.0—1.0 之间，当 Moran's I >0 表示空间正相关性，其值越大，空间相关性越明显，Moran's I < 0 表示空间负相关性，其值越小，空间离散程度越大，Moran's I =0，空间呈随机分布。

（3）地理加权回归模型

地理加权回归模型（Geographical Weighted Regression，GWR）是由地理学家 Fotheringham、Charlton 等提出的用于研究空间数据复杂性、自相关性和变异性的新方法。GWR 模型可以在空间上对每个观测对象的参数进行估计，此时的参数是指利用邻近观测对象的子样本数据信息进行局域回归估计得到的，随空间上局部地理位置变化而变化的变数，它能较好地揭示经济变量之间的空间依赖性。模型的表达式参见已有文献。

相对于传统的OLS回归模型，地理加权回归（GWR）利用空间关系，来反映参数在不同空间位置的非平稳特性，使研究变量间的关系随空间位置的变化而变化。其模型结构为：

$$y_i = \beta_0(u_i, v_i) + \sum_k \beta_k(u_i, v_i)x_{ik} + \varepsilon_i \tag{11-3}$$

式中，y_i是在地理位置（u_i，v_i）处的因变量值，（u_i，v_i）是样本空间单元的地理中心坐标，β_0（u_i，v_i）是地理位置（u_i，v_i）处的常数值，β_k（u_i，v_i）是函数β_k（u，v）在i样本空间位置的取值，ε_i表示空间随机残差。

11.2 长江中游城市群城镇化高质量协同发展水平空间差异分析

11.2.1 数据来源

本书以长江中游城市群为研究对象，并以这31个市的2013—2019年的数据为依据评价其城镇化高质量发展水平，所选取数据主要来源于《湖北统计年鉴》《湖南统计年鉴》《江西统计年鉴》《中国统计年鉴》《中国城市统计年鉴》及各省、市相关年份的统计年鉴与国民经济和社会发展统计公报等。

在收取数据的基础上，考虑到在多指标体系中，各评价指标的性质和统计口径不同，本书选择了Min－Max标准化法对数据进行无量纲化处理。其中x_i表示城镇化综合水平评价中的第i个指标样本值，y_k表示生态环境综合水平评价中的第k个指标样本值，具体处理形式如下：

对城镇化水平指标进行标准化处理，首先，正向指标的处理：

$$X_i = \frac{x_i - \min(x_i)}{\max(x_i) - \min(x_i)} \tag{11-4}$$

负向指标的处理：

$$X_i = \frac{\max(x_i) - x_i}{\max(x_i) - \min(x_i)} \tag{11-5}$$

式中：X_i代表城镇化高质量发展评价指标体系中第i个指标的标准化值，max（x_i）代表城镇化高质量发展评价指标体系中的最大指标值，min（x_i）

代表城镇化高质量发展评价指标中的最小指标值，且 $X_i \in [0,1]$。

11.2.2 计算结果

运用城市群高质量发展评价指标体系和评估方法，对 2013—2019 年长江中游 3 个城市群及其 31 个市的高质量发展水平进行综合评估，如表 11-2 所示。

表 11-2　2013—2019 年长江中游城市群城镇化高质量发展水平时序变化

地区	2019 年	2018 年	2017 年	2016 年	2015 年	2014 年	2013 年
武汉市	0.779109	0.778577	0.741806	0.750875	0.779911	0.770544	0.755159
黄石市	0.332745	0.321622	0.311515	0.269553	0.304647	0.327959	0.359472
鄂州市	0.327769	0.257967	0.297529	0.249992	0.248562	0.295178	0.298362
黄冈市	0.204894	0.227769	0.229067	0.204402	0.219756	0.217076	0.210758
孝感市	0.242637	0.235244	0.227722	0.249969	0.23802	0.268967	0.254115
咸宁市	0.287402	0.253275	0.213944	0.253386	0.260337	0.264081	0.285419
襄阳市	0.350406	0.337801	0.339742	0.34121	0.348413	0.341721	0.377551
宜昌市	0.359819	0.328942	0.33894	0.355723	0.377966	0.343412	0.352119
荆州市	0.255652	0.236026	0.199577	0.225568	0.20548	0.244125	0.212447
天门市	0.211064	0.169203	0.224557	0.153801	0.188445	0.193541	0.191319
仙桃市	0.236323	0.254014	0.213646	0.236521	0.262692	0.230084	0.249964
潜江市	0.265108	0.243276	0.233457	0.207953	0.204431	0.203965	0.201157
荆门市	0.256133	0.252889	0.264234	0.246229	0.266794	0.25448	0.21072
长沙市	0.740128	0.730926	0.738673	0.721383	0.741455	0.728782	0.672061
株洲市	0.394369	0.397481	0.377591	0.361147	0.379204	0.388301	0.378757
湘潭市	0.433473	0.407847	0.410774	0.386732	0.360024	0.427865	0.407352
岳阳市	0.328083	0.290756	0.324747	0.285973	0.317635	0.282106	0.308926
益阳市	0.252443	0.278843	0.256958	0.227172	0.207621	0.262354	0.215283
常德市	0.322572	0.272069	0.31275	0.239347	0.258431	0.273867	0.279215
衡阳市	0.335781	0.334313	0.318713	0.303831	0.307076	0.308156	0.322556
娄底市	0.261889	0.233574	0.27849	0.185484	0.22577	0.229815	0.235728
南昌市	0.608109	0.565742	0.584447	0.543456	0.562203	0.550809	0.551042
九江市	0.394125	0.402246	0.356865	0.349108	0.348431	0.337733	0.31903

续表

地区	2019年	2018年	2017年	2016年	2015年	2014年	2013年
景德镇市	0.330645	0.310284	0.298395	0.310328	0.298294	0.285241	0.300291
鹰潭市	0.401956	0.410549	0.33646	0.383104	0.375071	0.317326	0.308934
新余市	0.307413	0.368146	0.37845	0.360096	0.361851	0.316081	0.300879
宜春市	0.294915	0.322542	0.26062	0.269209	0.286579	0.262505	0.245619
萍乡市	0.316397	0.327945	0.328044	0.285035	0.289159	0.25297	0.2947
上饶市	0.294207	0.336572	0.280648	0.298383	0.297242	0.272344	0.311325
抚州市	0.263173	0.289891	0.302333	0.26376	0.243576	0.258699	0.210889
吉安市	0.326578	0.363076	0.320517	0.321957	0.328337	0.317464	0.304757

11.2.3 结果分析

(1) 稳定中持续向好

从表11-2中可以得出，在2013—2019年间，长江中游城市群整体的城镇化高质量发展略有波动，但演化趋势较为平稳，整体水平有所提升。一方面，水平波动较小，将2013年与2019年相比，31个城市的城镇化高质量发展水平的波动程度均控制在0.1以内。另一方面，城镇化高质量发展水平在较小波动中整体实现了持续向好。首先，武汉市、长沙市、南昌市等26个市的城镇化高质量发展水平有所提升，其中增长速度加快的有潜江市、长沙市、九江市和鹰潭市，分别从2013年的0.201、0.672、0.319和0.309上升到2019年的0.265、0.740、0.394和0.402。这4个城市在2013—2019年创新能力不断增强、创新潜力持续激发，绿色底色也愈加浓厚。潜江市对科技创新的支持力度明显增强，高技术产业增加值占GDP比重从不到5（%）增加到17（%），科技经费投入力度和教育投入力度也实现翻番。长沙市每万人拥有专利申请授权数从14（个/万人）增长到26（个/万人），高技术产业增加值占GDP比重持续攀升突破30（%），鹰潭市与九江市同样在创新维度取得了实质性突破。在深刻把握创新驱动这一核心要义的同时，这四市亦能推动生态环境持续向好，潜江市的森林覆盖率从15.91（%）上升到40.07（%），长沙市与鹰潭市的空气质量优良率分别从58.1（%）、60（%）的较低水平稳步向好，增加至75.3（%）、86.8（%）。另外，黄石市、黄冈市、孝感市、襄阳市、仙桃市与上饶市6市在2019年的城镇化高质量发展水平较

2013年有所下降，下降幅度较大的有襄阳市和上饶市。襄阳市与上饶市在科技经费投入力度上均有所减弱，且幅度较大，但税收收入占GDP比重却较稳定地维持在不低的水平，2019年分别为4.2（%）和11.8（%），同时襄阳市的空气质量优良率从86.7（%）衰退至62.7（%）。

（2）城镇化高质量发展水平由核心区域向外围递减

武汉城市圈的核心城市武汉市、环长株潭城市群的核心城市长沙市与环鄱阳湖城市群的核心城市南昌市在地理位置上围成一个呈三角形的核心区域，三个核心城市为三角形的三个角。长江中游城市群的城镇化高质量发展水平以三角形区域为核心，向西南与东南延伸、递减，而西北部除宜昌市与襄阳市外，其他城市城镇化高质量发展相对滞后。武汉市与长沙市的地区生产总值分别在2014年和2017年突破1万亿元大关，南昌市在2017年突破5000亿元，武汉市更是在2019年达到16223.21亿元，远远领先长江中游城市群内的其他城市，在经济、社会等多方面均实现了又好又快发展。在西南地区，始终以长沙市为牵引，湘潭市和株洲市为支撑，带动衡阳市、萍乡市、吉安市、娄底市与益阳市的城镇化高质量发展水平持续向好转变，领跑长江中游城市群其他地区。区域整体科创氛围好、能力强，表现突出。在2019年，长沙市与湘潭市的高新技术产业增加值占GDP比重均超过30（%），科技经费投入力度均超过2（%），株洲市、衡阳市等市也处于31个城市的中上水平。同时西南地区的社会保障与居民福利发展优势亮眼，长沙市、株洲市与湘潭市的医疗卫生水平领先优势大，每万人拥有医院病床数（床/万人）分别位于31个城市的第1、第3与第5位；在东南地区，南昌市城镇化高质量发展强势，九江市与鹰潭市稳中求进，抚州市、上饶市、景德镇市与宜春市并未在波动中实现显著提升。东南地区的城市自然环境优良，在2019年，除南昌市以外，其余城市的森林覆盖率均高于50（%），抚州市、上饶市、景德镇市的空气优良率超过90（%），在长江中游城市群内绿色底色最为浓厚；在北部地区，武汉市城镇化高质量发展稳定维持在高水平，在长江中游城市群内是绝对的领头羊，宜昌市与襄阳市较为良好，但黄冈市、孝感市、潜江市等城市的城镇化高质量发展相对滞后。

（3）单个城市群优劣势互存

长江中游城市群城镇化高质量发展水平在分维度水平测度中呈现不同的空间格局，高质量发展水平高的城市群亦存在弱项，高质量发展水平低的城市群也会有强项，强弱项分析可为城市群提升高质量发展水平提供参考。从

表11－3中可知，就2019年城镇化高质量具体情况而言，在综合、创新、协调、绿色、开放与共享六大维度上，武汉城市圈、环长株潭城市群和环鄱阳湖城市群各具优劣。首先，武汉市在综合、创新和协调三大维度上均占据领先地位。在各维度排名前十的城市中，武汉城市圈在创新与协调维度中分别占据四席，充分激发了创新驱动动力源，较好实现了产业协调、城乡协调与经济稳定。但在绿色与开放维度中仅占一席，表明武汉城市圈要在加强推动城镇化与工业化的进程中提升对生态环境的保护力度并进一步加快对外开放步伐，实现绿色低碳、活力迸发的又好又快发展。其次，衡阳市在共享维度中处于领先地位，在各维度排名前十的城市中，环长株潭城市群在综合与共享维度上均占据五席，在创新、协调、绿色和开放维度上均占三席，环长株潭城市群经济实力整体突出，民生保障水平较高，维度之间相对协调，整体水平相对较好。再次，景德镇市与鹰潭市分别在绿色与开放维度上处于领先地位，且环鄱阳湖城市群在这两个维度排名前十的城市中均占据六席，表明其在对资源能源的集约利用、生态保护与优化环境上取得显著的成绩，另外以鹰潭市为代表的城市与国际市场联系紧密，进出口贸易与外资引进是当地经济社会发展不可忽视的中坚力量。但环鄱阳湖城市群在共享与综合维度上水平相对落后，经济综合实力不强，全民共享体制机制有待完善。

表11－3　2019年环长株潭城市群城镇化高质量发展分维度测度水平

维度	武汉市	黄石市	鄂州市	黄冈市	孝感市	咸宁市	襄阳市	宜昌市
综合	0.2630	0.0615	0.0789	0.0617	0.0732	0.0814	0.1490	0.1213
创新	0.2665	0.0975	0.0972	0.0196	0.0391	0.0532	0.0565	0.0871
协调	0.0942	0.0445	0.0707	0.0306	0.0345	0.0439	0.0457	0.0479
绿色	0.0337	0.0351	0.0270	0.0536	0.0290	0.0465	0.032	0.0427
开放	0.0630	0.0346	0.0073	0.0046	0.0139	0.0063	0.0162	0.0104
共享	0.0356	0.0399	0.0254	0.0335	0.0328	0.0356	0.0295	0.0291
维度	荆州市	天门市	仙桃市	潜江市	荆门市	长沙市	株洲市	湘潭市
综合	0.0897	0.0618	0.0524	0.0712	0.0432	0.2523	0.0951	0.0892
创新	0.0485	0.0380	0.0364	0.0456	0.0524	0.2322	0.0922	0.1367
协调	0.0312	0.0406	0.0627	0.0504	0.0440	0.0894	0.0656	0.0526
绿色	0.0369	0.0248	0.0364	0.0378	0.0455	0.0576	0.0600	0.0456
开放	0.0075	0.0011	0.0142	0.0168	0.0121	0.0577	0.0349	0.0507
共享	0.0297	0.0211	0.0120	0.0196	0.0381	0.0333	0.0266	0.0366

续表

维度	岳阳市	常德市	衡阳市	娄底市	益阳市	南昌市	九江市	景德镇市
综合	0.1026	0.1160	0.0993	0.0420	0.0420	0.1616	0.1010	0.0707
创新	0.0466	0.0413	0.0462	0.0531	0.0500	0.209	0.0848	0.0804
协调	0.0491	0.0419	0.0270	0.0277	0.0390	0.0779	0.0344	0.0503
绿色	0.0499	0.0523	0.0610	0.0506	0.0492	0.0461	0.0544	0.0719
开放	0.0227	0.0231	0.0411	0.0303	0.0230	0.0668	0.0723	0.0232
共享	0.0336	0.0259	0.0389	0.0358	0.0263	0.0300	0.0257	0.0263
维度	萍乡市	上饶市	抚州市	吉安市	新余市	宜春市	鹰潭市	
综合	0.0639	0.0756	0.0545	0.0749	0.0415	0.0820	0.0715	
创新	0.0702	0.0406	0.0561	0.0628	0.0778	0.0592	0.1073	
协调	0.0546	0.0446	0.0337	0.0426	0.0578	0.0299	0.0498	
绿色	0.0530	0.0599	0.0590	0.0512	0.0449	0.0609	0.0618	
开放	0.0441	0.0401	0.0303	0.0727	0.0526	0.0287	0.0774	
共享	0.0300	0.0155	0.0118	0.0158	0.0310	0.0298	0.0301	

（4）群内水平差距明显

长江中游城市群内三大城市群的城镇化高质量发展水平各有优劣，分维度水平存在一定的空间分布特点，三大城市群群际之间差距明显。同时，各城市群群内城镇化高质量发展水平差异较大，均呈现“中心—外围”特征，即高得分核心城市周边城市多为低得分城市。武汉城市圈、环长株潭城市群与环鄱阳湖城市群的城镇化高质量发展水平分别以武汉市、长沙市与南昌市为核心向周围递减。首先，武汉城市圈“中心—外围”特征最为显著，武汉市在 2013—2019 年间城镇化高质量发展水平是 31 个城市中的“龙头”，但其周边的孝感市、黄冈市、天门市、仙桃市等市的城镇化高质量发展水平整体在较低水平波动变化，始终与武汉市存在着较大的差距，其中又以 2017 年与 2018 年最为显著。其次，长沙市在 31 个城市中仅次于武汉市，是环长株潭城市群的核心城市，同时，位于环长株潭城市群的东南部株洲市与湘潭市的整体水平也较高。位于长株潭三市北部的岳阳市与南部的衡阳市相较于西部的娄底市与益阳市发展更为成熟，故环长株潭城市群城镇化高质量空间格局表现为以长株潭三市为核心向西部递减，此特征又以 2015 年、2016 年与 2019 年最为显著。再次，南昌市是长江中游城市群内第三大核心城市，位于南昌市北部、与武汉城市圈接壤的九江市与位于南昌市东南部的鹰潭市在环鄱阳湖城市群中较为领先，环鄱阳湖城市群城镇化高质量发展呈现由北向南、由东向西递减的特征。

(5) 城镇化高质量发展空间集聚性——Moran's I 指数

进行探索性空间数据分析是 GRW 模型构建的重要前提保证。根据各地市之间的邻接关系，测算研究区域 2015 年、2016 年和 2018 年城镇化高质量发展 Moran's I 指数。全局 Moran's I 指数取值介于 -1.0—1.0 之间，当 Moran's I > 0 表示空间正相关性，其值越大，空间相关性越明显；Moran's I < 0 表示空间负相关性，其值越小，空间离散程度越大；Moran's I = 0，空间呈随机分布。结果如表 11 - 4 所示。

表 11 - 4　2015 年、2016 年和 2018 年城镇化高质量发展 Moran's I 指数

	2015 年	2016 年	2018 年
Moran's I	-0.1841	-0.1847	-0.1775
Z 得分	-1.7384	-1.7344	-1.6573
P 值	0.0821	0.0828	0.0974

2015 年、2016 年与 2018 年长江中游城市群的城镇化高质量发展水平显著存在负的空间自相关。3 年均通过了在 0.10 的显著性水平下的检验，Moran's I 指数分别为 -0.1841、-0.1847 与 -0.1775，均为负数。长江中游城市群在所选取年份中城镇化高质量发展在空间上并非随机分布，呈现无序排列现象，而是表现为空间上较强的负相关性，异质性明显，空间差异较大、集聚效益较明显。这是由武汉市、长沙市与南昌市在长江中游城市群经济发展水平绝对的优势地位所导致的，这与武汉城市圈、环长株潭城市群和环鄱阳湖城市群群内水平差距明显的特征以及“中心—外围”的空间格局特征相符。可以看出核心城市在城市群中的地位和作用非常重要，是一个城市群高质量发展的“龙头”。但另一个方面也表明长江中游城市群的核心城市对周边城市的辐射带动作用还有很大发展空间和潜力，努力缩小城市群内部高质量发展水平差异，是提升长江中游城市群高质量发展整体水平的重要途径。

11.3 长江中游城市群城镇化高质量发展协同影响因素的 GWR 分析

在通过了空间自相关分析后，确定了 2015 年、2016 年与 2018 年的长江中游城市群城镇化高质量发展在空间上具有较强的负相关性。在此基础上，本书进一步探索长江中游城市群城镇化高质量发展的影响因素。本书通过梳理已有文献寻找学者们的共识点，结合本书城镇化高质量发展评价指标体系的六大维度，确定哪些因素对城镇化高质量发展具有显著作用。赵剑波认为高质量发展就是要走出一条创新之路，即以提升要素质量为基础、以科技创新为主要动力、以质量技术基础为工具。刘秉镰在探索实现中国城市高质量发展的理论体系中首先提出了要动能转换，实现人口城镇化和产业分类有序发展的“双轮驱动”的观点，同时，他还提出城市就业机会和城乡收入差距是农村人口向城市转移的关键因素，在推动就业导向的产业形成有效的产业支撑的同时要适宜性地推进创新导向型产业发展。刘鸿渊认为在新发展理念的指导下，城镇化高质量发展要紧紧抓住两条主线，即坚持“以人为本”和追求资源配置效率高、资源环境成本低、经济社会效益好的可持续发展。方创琳把新型城镇化高质量发展概括为六大统一，即高质量的城市建设、高质量的基础设施、高质量的公共服务、高质量的人居环境、高质量的城市管理和高质量的市民化的有机统一。任保平认为，城镇化高质量发展要兼顾经济发展高质量、改革开放高质量、城乡建设高质量、生态环境高质量、人民生活高质量，要充分考虑产业、行业、地区等各方面的结构协调性对城镇化高质量的影响，应更加重视民生事业发展和资源环境改善情况，并将就业、收入、消费、生态环境等指标的重要性不断提升。在利用熵权法对 2013—2019 年各个指标确定权重时，每万人高等学校在校生数、社会消费品零售总额、地区生产总值、每万人拥有专利申请授权数、全社会固定资产投资额、高技术产业增加值占 GDP 比重、对外贸易依存度的指标权重稳定地排在 23 项指标中的前 7 位。在此研究基础上，结合相关学者的研究成果，本书选取每万人高等学校在校生数、社会消费品零售总额、地区生产总值、每万人拥有专利申请授权数、全社会固定资产投资额、高技术产业增加值占 GDP 比重、对外贸易依存度、单位 GDP 能耗、城镇登记失业率与每万人拥有医院病床数等十个因子。

本书对 2018 年的长江中游城市群城镇化高质量发展进行地理加权回归分析。在进行地理加权回归前，首先对自变量与因变量进行 OLS 线性回归分析，检查全局多重共线性，从模型中移除冗余变量，最后确定了每万人高等学校在校生数、社会消费品零售总额、每万人拥有专利申请授权数、对外贸易依存度和城镇化率五个影响因子作为自变量，探讨这些因子对长江中游城市群经济空间格局影响演化特征。在此基础上，设长江中游城市群2018年某城市经济综合发展水平为y，第i点的坐标为（u_i，v_i），构建GWR模型为：

$$y=\beta_0(u_i,v_i)+\beta_1(u_i,v_i)(T_{1i})+\beta_2(u_i,v_i)(T_{2i})+\beta_3(u_i,v_i)(T_{3i})+\beta_4(u_i,v_i)(T_{4i})+\beta_5(u_i,v_i)(T_{5i})+\varepsilon_i \quad (11-6)$$

式中：β_1（u_i，v_i）为每万人高等学校在校生数回归系数；β_2（u_i，v_i）为社会消费品零售总额回归系数；β_3（u_i，v_i）为每万人拥有专利申请授权数回归系数；β_4（u_i，v_i）为对外贸易依存度回归系数；β_5（u_i，v_i）为城镇化率回归系数；T_{k_i}（$k=1$，2，3，4，5）是解释变量矩阵；ε_i为常数项，且服从方差为常数的正态分布。得到2018年、2016年与2015年影响长江中游城市群城镇化高质量发展的时空格局演变各变量GWR模型结果（见表11-5），由此可知，2018年、2016年与2015年调整后的模型拟合优度均超过95%，整个GWR估计模型能较好地模拟各变量对区域经济发展水平的影响。运用GWR模型计算各空间单元的影响因子系数，进而揭示各动力因子与因变量的局部特征，反映自变量对城镇化高质量发展影响的空间异质性。

表11-5　2015年、2016年、2018年GWR模型结果

	Residual Squares	Effective Number	Sigma	AICc	R^2	Adjusted R^2
2018年	0.011786	8.6887	0.022983	-131.652663	0.963864	0.951411
2016年	0.005206	16.559277	0.018987	-125.821802	0.98149	0.961545
2015年	0.00672	15.161633	0.020599	-126.019736	0.980486	0.963038

11.3.1 每万人高等学校在校生数因子分析

每万人高等学校在校生数与城镇化高质量发展表现为正相关关系。从回归系数绝对值空间分布来看，由环鄱阳湖城市群向环长株潭城市群和武汉城市圈扩散，总体呈从东南向西北阶梯状递增趋势。从回归系数空间变化上看，2015—2018年，每万人高等学校在校生数对城镇化高质量发展水平影响最低的区域始终集中在环鄱阳湖城市群，且低值区逐渐向西部偏移。同时高值区稳定集中在武汉城市圈西部与环长株潭城市群北部，且有向中部移动的趋势。总体来说，每万人高等学校在校生数回归系数在持续上升，说明近年来，高等教育发展在稳定不断进步下，强化了长江中游城市群科教和人才资源的培养力度，提升社会人力资本，间接推动了区域经济发展。

11.3.2　社会消费品零售总额因子分析

社会消费品零售总额与城镇化高质量发展表现为正相关关系。从回归系数绝对值空间分布来看，社会消费品零售总额回归系数绝对值呈环长株潭城市群较高，环鄱阳湖城市群和武汉城市圈较低的特征。从空间变化来看，社会消费品零售总额对城镇化高质量发展水平影响大的地区由环长株潭城市群南部与环鄱阳湖城市群西南部向西不断扩大、转移，2018 年高值区转变为武汉城市圈西南部与环长株潭城市群。同时低值区由西北向东转移且范围变小。城乡居民在日常的衣食住行等方面的消费对城镇化高质量发展的影响逐渐增大，可以反映出人民物质文化生活水平的提高以及扩大内需、拉动消费等政策的效应不断显著。

11.3.3　每万人拥有专利申请授权数因子分析

每万人拥有专利申请授权数与城镇化高质量发展总体上表现为正相关关系，2018 年武汉城市圈西北部个别城市的回归系数为负值。从空间分布来看，每万人拥有专利申请授权数回归系数大小由长江中游城市群西北部向东南部、南部逐渐扩散，呈现环鄱阳湖城市群和环长株潭城市群较高，武汉城市圈较低的格局。低值区相对稳定，高值区发生了由向东转到向西移的变化。江西近年来不断加大财政科技投入，集中支持科技创新平台建设、产品应用研究和科技成果转移转化，同时在 2017 年正式印发了《江西省创新驱动发展纲要》，激励各类创新主体加大创新研发投入。使得环鄱阳湖城市群的高技术产业增加值占 GDP 比重提升速度显著，其中南昌市由 2016 年的 11.47% 提升到 2018 年的 20.6%。反映了环鄱阳湖城市群与环长株潭城市群近年来对科技投入不断加大间接推动了区域经济发展，推动了城镇化高质量发展进程。

11.3.4　城镇化率因子分析

城镇化率回归系数在 2016 年的环长株潭城市群的娄底市、衡阳市等城市出现了负值，在其余年份与地区城镇化率均与城镇化高质量发展呈现正相关关系。从空间分布来看，空间格局变化较大，在 2015 年与 2016 年城镇化率回归系数总体自北向南递减，而在 2018 年东部地区成为高值区，西北地区与南部地区成为低值区。江西省是传统的农业省份，非农产业相对落后，工业化与城镇化水平较低，城镇化率带来的影响不明显。武汉城市圈城镇化起步较早，武汉市钢铁、汽车等重型制造业与黄石市、鄂州市冶金、能源等资源型产业发展比较成熟。在确定了“1 +8”产业分工后推行优化结构、节能减排、自主创新的新政、实政，武汉市成为先进制造业基地、高技术产业的研究基地与现代服务业基地，宜昌市、襄阳市属于鄂西生态文化旅游圈，以旅游文化资源依托为主，其他城镇重点发展现代轻工业与现代农业。武汉城市圈在城镇化率推动过程中逐步实现高效益、高质量。在娄底市、衡阳市等市城镇化率回归系数出现负数，其原因可能是该地区多为资源密集型城市，经济发展过度关注短期效益，并未较好地将创新驱动、优化产业结构与实现绿色低碳等方面落实在城镇化过程中。

11.3.5 对外贸易依存度因子分析

在 2015 年、2016 年，对外贸易依存度回归系数高值区相对重合，呈现出由南向北递减特征，在 2018 年，空间特征转变为西北高、东南低。2015 年与 2016 年的高值区包括了环鄱阳湖城市群和环长株潭城市群的大部分城市，表明对外贸易依存度与城镇化高质量发展水平具有较明显的正相关作用，鹰潭市、南昌市、吉安市、长沙市与株洲市等城市与国际市场联系较为紧密，对外贸易依存度高，但对外贸易依存度回归系数出现了下降趋势，说明正向影响是有所减弱的。2016 年，湖北省按下对外开放加速键，印发《武汉城市圈构建开放型经济新体制综合试点试验实施方案》，探索对外经贸合作新模式、新路径、新体制，旨在建设武汉城市圈内陆对外开放新高地。同时，环鄱阳湖城市群与环长株潭城市群的进出口总额占 GDP 比重增长率相对放缓，由此出现了在 2018 年对外贸易依存度高值区向武汉城市圈转移的变化。

11.4　长江中游城市群城镇化高质量协同发展的启示与建议

11.4.1　启示

一是长江中游城市群的城镇化高质量发展水平在较小波动中保持了相对稳定的水平，在空间格局上核心城市优势突出，整体呈南强于北的特征，但在分维度水平上存在不同的空间格局演化。

二是长江中游城市群城镇化高质量发展水平空间格局并不是完全随机的，在部分年份表现为地区之间较强的负相关性，城镇化高质量异质性较强，差异性显著。

三是每万人高等学校在校生数、社会消费品零售总额与城镇化率对城镇化高质量具有正相关性；每万人拥有专利申请授权数、对外贸易依存度对城镇化高质量具有微弱的负相关性。

四是多数变量演化过程大致相似，但不同的时段在不同的局部各有差异。每万人高等学校在校生数的发展对长江中游城市群城镇化高质量发展产生的影响范围逐渐由武汉城市圈向外围延伸，社会消费品零售总额对南部地区的影响范围逐渐扩大并向北移动，每万人拥有专利申请授权数对城镇化高质量的影响由环鄱阳湖城市群—环长株潭城市群—武汉城市圈逐渐减弱，对外贸易依存度的变化相对较大，影响程度递减顺序由环鄱阳湖城市群、环长株潭城市群、武汉城市圈向武汉城市圈、环长株潭城市群、环鄱阳湖城市群转变。

11.4.2　对策建议

长江中游城市群城镇化高质量发展总体来说具有一定水平，但是内部差异较大。武汉城市圈要在“1+8”产业分工格局下，打造具有自身特色的现代制造业行业群、基础行业群和高新技术行业群，积极推动省内融合、省际融合，充分利用自身优势带动区域联动发展，成为引领长江中游城市群崛起的重要增长极。环长株潭城市群作为中部地区典型的多中心网络化城市群，应该紧紧把握“三高四新”战略，推动长株潭区域一体化进程，加快建设成为长江中游城市群高质量协调发展的战略支点。环鄱阳湖城市群经济发展水平相对较低，在生态文明良好的背景下应该继续寻求生态保护与经济的协调发展，提高区域经济生态化水平和资源综合利用能力。总之，要在创新、协调、绿色、开放、共享五大维度上相互合作，形成各城市群优势互补、产业错位、合理分工、联动发展的区域协同发展新格局，使得长江中游城市群在激活创新驱动、增强科技与教育投入、加大对外开放程度、刺激国内大循环等方面实现跨越式发展。

11.5 本章小结

本书通过 ESDA - GWR 对长江中游城市群 2013—2019 年城镇化高质量发展水平从时空特征、各因素空间关联特征、相关因素影响等方面进行了分析研究，得出以下结论：一是在 2013—2019 年，城镇化高质量发展在较小波动中保持了相对稳定的水平，核心城市优势突出，整体呈南强于北的特征，但在分维度水平存在不同的空间格局演化。二是空间格局并不是完全随机的，城镇化高质量异质性较强，差异性显著。三是每万人高等学校在校生数、社会消费品零售总额与城镇化率对城镇化高质量发展水平具有正相关性，每万人拥有专利申请授权数、对外贸易依存度对城镇化高质量具有微弱的负相关性。四是多数变量演化过程大致相似但存在局部差异。本书认为应努力推进三大城市群在创新、协调、绿色、开放、共享五大维度上相互合作，推动长江中游城市群城镇化高质量发展。

第三篇
专题探讨篇

第 12 章

引入环境变量的长江中游城市群高质量城镇化发展动态变化分析

城市群作为我国经济发展格局中最活跃的单元，其高质量发展离不开高效的城镇化效率支撑，然而，城市群在大规模开发的同时，不注重城市质量和内涵的粗放式发展，导致城镇化质量和效率水平不高，为此，站在高质量发展的新阶段，需要认真考虑城镇化过程中各种投入产出要素配置状况，优化改善城镇化空间要素的配置效率，提高城镇化效率，进而推进城镇化高质量发展。长江中游城市群是长江经济带三大国家级城市群之一，在长江流域经济发展中占有重要地位，将长江中游城市群作为研究对象，对其城市群城镇化效率进行测度，分析其效率的空间差异和动态演进规律，可以看出其城镇化高质量的发展动态变化过程，对于深化实施区域协调发展战略，促进长江中游城市群发展具有重要的促进作用，对支撑我国区域发展战略的宏伟目标实现具有举足轻重的地位。本书试图在分析现有研究基础上，提出测度长江中游城市群城镇化效率的时空分异的方法，剖析其成因，有针对性地提出相关对策，为促进长江中游城市群城镇化效率提升提供科学依据。

12.1 引入环境变量的长江中游城市群高质量城镇化发展动态变化指标选取

12.1.1 指标选取

(1) 投入指标选取

对于构建测度城镇化效率时空分异的指标体系，学者使用包含多投入和多产出的指标体系，如吴旭晓（2013）使用土地、资金和劳动力三个方面作为投入指标内容，土地投入用建成区面积表示，资金投入用城镇固定资产投资表示，劳动力用非农就业人口数量表示；产出指标内容使用经济、社会和生态三个方面，经济产出用非农产值表示，社会产出用城镇化率表示，而生态产出则用建成区绿化覆盖率表示。张明斗（2013）使用建成区面积、非农从业人员、固定资产投资总额及市场化指数作为投入指标；转移人口数、城市非农产值、人均社会消费品零售总额、人均拥有道路面积及人均拥有绿地面积作为产出指标。牟玲玲等（2014）构建的投入指标包括土地、资金和劳动力，土地投入用建成区面积表示，资金投入用城镇固定资产投资表示，劳动力用非农就业人口数量表示；产出包括经济、人口、生态、生活、社会城镇化五个方面，其中经济产出用非农产值表示，人口产出用城镇化率表示，生态产出则用建成区绿化覆盖面积表示，生活产出主要用城镇人口文化娱乐费用支出，社会产出则用每万人拥有的医生数表示。近年来，随着环境问题的突出，学者开始考虑环境污染问题，在指标体系加入环境的负产出指标，如尹鹏等（2017）从劳动力、土地和资本三个方面分析效率投入，其中非农业人口和从业人员期末人口表示劳动力投入，城市建成区面积表示土地投入，固定资产投资、地方财政一般预算内支出和实际利用外商直接投资表示资本投入；从经济、社会和生态效益三个方面分析效率产出，其中 GDP 表示经济效益，城镇化率和社会消费品零售额表示社会效益，建成区绿化覆盖面积、工业废水排放量、工业 SO_2 排放量和工业烟尘排放量表示生态效益。王春枝等（2017）在投入指标方面，选择非农从业人员数、建成区面积、永续盘存法得到资本存量分别代表人力投入、土地投入和资本投入；产出方面，以非农人口比重作为人口城镇化的度量变量，非农生产总值作为经济城镇化的度量变量，市区人均社会消费品零售总额近似度量作为社会生活城镇化的度量变量，以建成区绿化覆盖面积作为空间城镇化的度量变量，“工业三废”作为环境污染的度量变量。张荣天和李传武（2017）同样使用城市工业废水排放量、废气排放量、固体废弃物产生量作为环境负产出。Ren 等（2018）选取了资本、劳动力、土地、水、能源作为投入指标，经济增量、城市建成区面积、城市生活水平、建成区绿化面积等作为期望产出指标，温室气体排放和水污染作为非期望产出指标。本书基于科学性、系统性、可行性、代表性四个指标选取原则，在参考现有研究城镇化效率的评价指标体系基础上构建了长江中游城市群新型城镇化效率的指标体系（见表12－1）。

表12－1　长江中游城市群城镇化效率的时空分异投入产出指标体系

指标类型	一级指标	二级指标	单位
投入指标	土地投入量	城市建成区面积	平方公里
	资本投入量	全社会固定资产投资额	万元
	劳动力投入量	年末单位从业人员数	万人
	能源投入	全社会用电量	万千瓦时
期望产出指标	生态效益	建成区绿化覆盖率	公顷
	社会效益	社会消费品零售总额	万元
	经济效益	当年 GDP	万元
非期望产出指标	环境产出	二氧化硫排放量	吨
环境变量	地区经济水平	人均 GDP	元
	市场环境	工业企业个数	个
	政府政策	财政支出	万元
	产业结构	第三产业增加值占 GDP 的比重	%
		第二产业增加值占 GDP 的比重	%

需要说明的是，土地投入采用城市建成区面积衡量，这是因为城市建成区面积是直接与土地挂钩的指标，是城镇化发展的关键投入要素。资本投入采用全社会固定资产投资额衡量，是因为固定资产投资是城镇化资本投资的主要来源。另外，城镇化是农业人口非农化的过程，所以采用年末单位从业人员数来衡量劳动力投入。考虑到新型城镇化强调人口、经济、资源和环境相协调发展，本书选取了全社会用电量作为能源投入指标，并将产出指标分为期望产出指标和非期望产出指标。新型城镇化注重生态环境，采用建成区

绿化覆盖率表示生态效益；城镇化会促进经济增长和居民消费，采用当年GDP表示经济效益，社会消费品零售总额表示社会效益。对于非期望指标的环境负产出，考虑到近年雾霾污染严重，选取具有代表性的二氧化硫排放量表示环境负产出。

(2) 环境变量选取

环境变量是指对城镇化效率产生影响，但决策单元不可控制的因素。戴永安（2010）使用随机前沿模型，使用空间集聚水平、人口因素、产业结构、政府作用、城市基础设施水平、区位条件、初始条件作为影响因素进行研究。谢永琴和曹怡品（2018）选取经济基础（人均GDP）、城市规模（市辖区总人口）、产业结构（第三产业增加值占GDP的比重）、政府作用（财政支出占GDP的比重）、空间集聚水平（建成区占市区面积的比例）作为城镇化效率影响因素，并采用面板Tobit模型进行回归分析。张泽义（2018）选取政府因素、产业结构因素、市场因素、公众的环保意识，使用Tobit模型进行城镇化效率影响因素研究。罗颖等（2019）采用区域宏观环境、政府支持力度、企业研发规模和市场结构等作为区域创新效率的环境变量。借鉴已有文献研究成果，本书从四个方面考虑影响城镇化效率的环境变量（见表12-1）。

12.1.2 数据来源说明

2015年，国务院正式批复《长江中游城市群发展规划》，考虑到数据的可获得性，本书选取其中的27个城市作为研究对象，可进一步划分为武汉城市圈、环长株潭城市群、环鄱阳湖城市群，包括环鄱阳湖城市群的南昌市、景德镇市、萍乡市、九江市、新余市、鹰潭市、吉安市、宜春市、抚州市、上饶市，武汉城市圈的武汉市、黄石市、宜昌市、鄂州市、荆门市、孝感市、荆州市、黄冈市、咸宁市，环长株潭城市群的长沙市、株洲市、湘潭市、衡阳市、岳阳市、常德市、益阳市、娄底市。因考虑到指标口径的统一性和前后连贯性，所有评价指标体系中的指标数据均来自于2010—2019年的《中国城市统计年鉴》。

12.2　引入环境变量的长江中游城市群高质量城镇化发展动态变化研究方法

在选择研究方法之前，先回顾相关的研究成果，一方面，有学者就城镇化效率做了一定的定性研究，认为城镇化是当今推动国民经济发展的重要载体，城镇化的本质是农业土地非农化和农业人口非农化的过程，在推进城镇化的过程中，要解决就业问题、“三农”问题，因而与其构成“五化”的工业化、信息化、农业现代化、绿色化密切关联，在一定程度上作为“五化”的重要抓手，带动城乡发展和地区的可持续发展，实现人口、经济、资源和环境相协调，实现包容性、和谐式的城镇（张占斌，2013；丁生喜等，2015；王彦霞和王培安，2019），因而，城镇化效率更多地体现在城镇化的带动效应上。另一方面，有学者对城镇化效率做了大量的定量研究，从研究方法上来看，有直接使用 DEA 模型进行评价的研究成果，如吴旭晓（2013）、牟玲玲等（2014）运用超效率 DEA 模型分别对河南省和河北省新型城镇化效率发展演化趋势进行了研究；张荣天和焦华富（2015）运用 DEA 模型测度 1990—2011 年长江三角洲地区城镇化效率；方永丽（2017）运用 DEA 模型对 2010—2014 年 30 个省的生态城镇化效率水平和各种要素的集约化程度进行静态分析，也有采用改进的 DEA 模型进行评价的研究成果，如范建双等（2015）采用基于 Färe - Primont 指数的 DEA 评价模型，对中国 1999—2012 年 31 个省份的城镇化综合效率进行动态的测算和分解。如罗腾飞和邓宏兵（2016）采用 Malmquist 效率指数和 DEA - BCC 模型，分析长江经济带城镇化效率。魏后凯等（2017）采用单投入多产出 DEA - BCC 模型对中国地级及以上城市市域层面的城镇化效率进行综合评价研究。尹鹏等（2017）运用 DEA - Malmquist 模型和障碍度模型分析 20 世纪 90 年代以来中国沿海城市群城镇化效率特征及其障碍因子。岳立和钱佩佩（2018）基于 Global Malmquist - Luenberger（GML）指数分析方法，对 2008—2015 年间 50 个全国典型城市包含非期望产出的投入产出的面板数据从区域差异、不同行政级别差异、时间变化特征三个方面进行分析。

从上述分析看，探讨长江中游城市群城镇化效率是一项十分有意义的工作，而现有研究就长江中游城市群城镇化效率开展的直接研究缺乏，在研究方法上基本是沿用 DEA 方法或者稍作改进，对指标数值的科学化处理比较缺乏，本书引入三阶段 DEA，对长江中游城市群高质量城镇化发展的效率进行评价。

12.2.1 三阶段 DEA

Fried（1999、2002）指出传统 DEA 模型没有考虑环境因素和随机干扰对决策单元效率评价的影响，因此需要对第一阶段的投入进行环境因素以及随机干扰的调整，使得调整后的决策单元面临相同的运气和外部环境。

（1）第一阶段：SBM - Undesirable 模型

在 DEA 径向模型中对于无效率的单元采取比例缩减投入、增加产出的方式，松弛改进的部分在效率值的测量中并未得到体现，本书采用 SBM - Undesirable 模型，该模型在 SBM 模型解决了径向模型对无效率的测量没有包含松弛变量的问题上，可以进一步识别期望产出和非期望产出。

（2）第二阶段：运用回归模型分解第一阶段松弛值

第一阶段的松弛变量包含管理无效率项、环境因素和随机干扰。第二阶段的目标是将第一阶段的松弛变量分解成以上三种效应。回归的目的是剔除环境因素和随机干扰的影响。本书假设管理无效率是随决策单元时间线性变化和因所在城市群各个时点而异的，所以可以通过加入个体与时间趋势交乘项和城市群与时间虚拟变量交乘项来识别管理无效率，基本的模型设定如下：

$$S_{it} = X'_{it}\beta + City_i \times trend + 城市群_i \times \sum_{l=2009}^{2018} D_t^l \times \delta_l + \nu_{it} \tag{12-1}$$

其中，S_{it} 是投入的松弛值；X'_{it} 是环境变量，ν_{it} 表示随机干扰。

记每个个体的截距估计结果为 $\hat{\beta}_{oi}$，管理无效率项为 u_i，并计算截距的最大值 $\hat{\beta}_o \equiv \max_i \{\hat{\beta}_{oi}\}$，并通过下式来对管理无效率和随机干扰重新调整：

$$\hat{u}_i = \hat{\beta}_{oi} - \hat{\beta}_o \tag{12-2}$$

$$\nu_{it} = S_{it} - \hat{X}'_{it}\beta - \hat{u}_i \tag{12-3}$$

最后采用在模型中加入使得调整后的决策单元面临相同的运气和外部环境。调整公式如下：

$$\mathrm{Input}_{it}^{A} = \mathrm{Input}_{it} + [\max(\hat{X}'_{it}\beta) - \hat{X}'_{it}\beta] + [\max(\nu_{it}) - \nu_{it}] \tag{12-4}$$

其中，Input_{it}^{A} 是调整后的投入；Input_{it} 是调整前的投入；$[\max(\hat{X}'_{it}\beta) - \hat{X}'_{it}\beta]$

是对外部环境因素进行调整；$[\max(\nu_{ni}) - \nu_{ni}]$ 是将所有决策单元置于相同运气水平下。

（3）第三阶段

使用 SBM - Undesirable 模型重新对调整后的变量测算城镇化效率。

12.2.2　DEA - Global Malmquist 模型

SBM - Undesirable 模型是针对某一时间的效率而言的，但城镇化是一个长期连续的过程，为了对城镇化效率的变动情况进行分析，本书进一步使用包含非期望产出的全局参比 Malmquist 模型对调整后的变量测算全要素生产率的动态变化（TFPCH）。全要素生产率的动态变化（TFPCH）又可以分解为技术效率的变化（TECH）和生产前沿的变化（BPC）。

12.3　引入环境变量的长江中游城市群高质量城镇化发展动态实证

12.3.1　第一阶段：SBM - Undesirable 模型

本书采用 stata 16 软件，得出长江中游城市群 27 个城市 2009—2018 年的城镇化效率调整前空间分异情况，如表 12 - 2 所示。

表 12 - 2　调整前 2009—2018 年长江中游城市群城镇化效率

城市	2009 年	2010 年	2011 年	2012 年	2013 年	2014 年	2015 年	2016 年	2017 年	2018 年
吉安市	1.000	1.000	1.000	1.000	1.000	0.805	1.000	1.000	0.655	1.000
宜春市	1.000	0.800	0.748	0.788	0.756	0.772	0.723	0.736	0.552	0.598
抚州市	1.000	1.000	1.000	1.000	1.000	1.000	1.000	1.000	0.785	0.777
新余市	1.000	1.000	1.000	1.000	1.000	1.000	1.000	1.000	1.000	1.000
上饶市	1.000	1.000	1.000	1.000	1.000	1.000	1.000	0.763	0.712	0.710
鹰潭市	1.000	1.000	1.000	1.000	1.000	1.000	1.000	1.000	1.000	1.000
景德镇市	1.000	1.000	1.000	1.000	1.000	1.000	1.000	1.000	1.000	1.000
南昌市	1.000	1.000	1.000	0.728	1.000	1.000	1.000	1.000	1.000	1.000

续表

城市	2009 年	2010 年	2011 年	2012 年	2013 年	2014 年	2015 年	2016 年	2017 年	2018 年
九江市	0.671	1.000	1.000	0.628	1.000	0.752	1.000	1.000	0.578	0.655
萍乡市	0.671	1.000	1.000	1.000	0.626	0.638	1.000	1.000	1.000	1.000
宜昌市	1.000	0.642	0.629	0.649	0.697	1.000	0.672	0.735	0.552	0.595
荆门市	1.000	0.742	0.653	0.643	0.692	0.713	0.684	0.700	0.840	0.908
武汉市	1.000	1.000	1.000	1.000	1.000	1.000	1.000	1.000	1.000	1.000
孝感市	1.000	1.000	1.000	1.000	1.000	1.000	0.711	0.665	0.594	0.645
咸宁市	1.000	1.000	1.000	0.834	0.859	1.000	1.000	1.000	1.000	1.000
黄冈市	1.000	1.000	1.000	1.000	1.000	1.000	1.000	1.000	1.000	1.000
鄂州市	1.000	1.000	1.000	0.572	0.617	0.612	0.589	0.644	1.000	1.000
黄石市	1.000	0.626	0.592	0.601	0.594	0.613	0.597	0.698	1.000	1.000
荆州市	1.000	1.000	1.000	1.000	1.000	1.000	1.000	1.000	1.000	1.000
常德市	1.000	1.000	1.000	1.000	1.000	1.000	1.000	1.000	1.000	1.000
岳阳市	0.702	0.698	1.000	1.000	1.000	0.789	0.758	0.828	1.000	1.000
长沙市	1.000	1.000	1.000	1.000	1.000	1.000	1.000	1.000	1.000	1.000
益阳市	0.807	0.822	1.000	0.865	0.773	1.000	1.000	1.000	1.000	1.000
娄底市	1.000	1.000	1.000	1.000	1.000	1.000	1.000	1.000	1.000	1.000
衡阳市	1.000	1.000	0.569	1.000	0.649	0.663	0.621	0.625	0.674	1.000
湘潭市	0.632	0.605	0.616	0.596	0.613	0.578	0.576	0.555	1.000	0.731
株洲市	0.699	0.723	0.709	0.753	0.742	0.756	0.741	0.756	0.703	0.757
平均值	0.933	0.913	0.908	0.876	0.875	0.877	0.877	0.878	0.876	0.903

当测度值为 1 的时候，该城市城镇化效率有效，当测度值小于 1 的时候，该城市城镇化效率存在无效问题。通过对测算结果的观察，发现大部分城市的城镇化过程存在低效率问题，其资源配置与利用水平存在问题，各城市城市化效率差异较大。

12.3.2 第二阶段：回归剔除环境因素和随机干扰

将城市建成区面积、全社会固定资产投资额、年末单位从业人员数、全社会用电量四个投入变量进行回归剔除环境因素和随机干扰，结果如表 12－3 所示。

表 12-3 第二阶段回归结果

	(1) ln 城市建成区面积	(2) ln 全社会固定资产投资额	(3) ln 年末单位从业人员数	(4) ln 全社会用电量
人均 GDP	-0.0000 (-0.09)	-0.0001 (-1.07)	-0.0001 (-1.35)	-0.0001 (-1.62)
财政支出	0.0000 (0.23)	-0.0000 (-1.43)	0.0000 (0.72)	-0.0000 (-0.18)
第三产业增加值占 GDP 的比重	0.0332 (1.15)	0.3473* (1.81)	0.2864** (1.99)	0.3435** (2.05)
第二产业增加值占 GDP 的比重	0.0377* (1.83)	0.5700*** (4.18)	0.4092*** (4.01)	0.4950*** (4.16)
工业企业个数	-0.0007** (-2.14)	0.0005 (0.20)	-0.0030* (-1.73)	-0.0015 (-0.76)
Constant	-3.1279 (-0.61)	-29.0582 (-0.86)	-15.6189 (-0.62)	-17.6696 (-0.60)
城市群与时间虚拟变量交乘项	Yes	Yes	Yes	Yes
个体与时间趋势交乘项	Yes	Yes	Yes	Yes
N	270	270	270	270
调整 R^2	0.3237	0.4284	0.4211	0.4088
gama	0.5259	0.7540	0.5996	0.5955

注：括号内为 t 统计量；* 为 $P<0.1$，** P 为 <0.05，*** P 为 <0.01。

从回归系数上看，产业结构和工业企业个数是主要环境影响因素，gama 值越接近 1 代表管理无效率越占据主要地位，由此可见管理无效率的影响在四个变量中都多于随机干扰的影响。

12.3.3 第三阶段：调整后效率分析

第三阶段结果如表 12-4 所示，从中可以看出大部分城市的城镇化过程存在低效率问题，其资源配置与利用水平存在问题，2018 年只有 18 个城市达到有效值，分别是南昌市、吉安市、咸宁市、娄底市、岳阳市、常德市、新余市、景德镇市、武汉市、益阳市、荆州市、萍乡市、衡阳市、鄂州市、长沙市、鹰潭市、黄冈市、黄石市。2009—2018 年中均达到有效的城市有娄底市、常德市、新余市、景德镇市、武汉市、荆州市、长沙市、鹰潭市、黄冈市，表明这些城市始终达到投入产出最优配置。从长江中游城市群城镇化效率均值的走势来看，2009—2018 年基本处于下降的趋势，资源配置水平较低，2018 年略有改善。

表 12-4　调整后 2009—2018 年长江中游城市群城镇化效率

城市	2009 年	2010 年	2011 年	2012 年	2013 年	2014 年	2015 年	2016 年	2017 年	2018 年
宜春市	1.000	0.803	0.755	0.794	0.757	0.777	0.724	0.712	0.547	0.598
抚州市	1.000	1.000	1.000	1.000	1.000	1.000	1.000	1.000	0.777	0.780
鹰潭市	1.000	1.000	1.000	1.000	1.000	1.000	1.000	1.000	1.000	1.000
景德镇市	1.000	1.000	1.000	1.000	1.000	1.000	1.000	1.000	1.000	1.000
九江市	0.674	1.000	1.000	0.633	1.000	0.758	1.000	1.000	0.581	0.657
吉安市	1.000	1.000	1.000	1.000	1.000	0.803	1.000	1.000	0.655	1.000
南昌市	1.000	1.000	1.000	0.735	1.000	1.000	1.000	1.000	1.000	1.000
新余市	1.000	1.000	1.000	1.000	1.000	1.000	1.000	1.000	1.000	1.000
上饶市	1.000	1.000	1.000	1.000	1.000	1.000	1.000	0.766	0.711	0.707
萍乡市	0.677	1.000	1.000	1.000	0.624	0.639	1.000	1.000	1.000	1.000
咸宁市	1.000	1.000	1.000	0.842	0.864	1.000	1.000	1.000	1.000	1.000
黄石市	1.000	0.633	0.599	0.607	0.600	0.620	0.603	0.693	1.000	1.000
鄂州市	1.000	1.000	1.000	0.581	0.622	0.618	0.595	0.648	1.000	1.000
武汉市	1.000	1.000	1.000	1.000	1.000	1.000	1.000	1.000	1.000	1.000
孝感市	1.000	1.000	1.000	1.000	1.000	1.000	0.717	0.674	0.598	0.645
荆州市	1.000	1.000	1.000	1.000	1.000	1.000	1.000	1.000	1.000	1.000
宜昌市	1.000	0.645	0.633	0.652	0.694	1.000	0.670	0.731	0.554	0.597
黄冈市	1.000	1.000	1.000	1.000	1.000	1.000	1.000	1.000	1.000	1.000
荆门市	1.000	0.739	0.653	0.648	0.689	0.709	0.680	0.698	0.843	0.931
长沙市	1.000	1.000	1.000	1.000	1.000	1.000	1.000	1.000	1.000	1.000
衡阳市	1.000	1.000	0.574	1.000	0.653	0.666	0.625	0.629	0.671	1.000
常德市	1.000	1.000	1.000	1.000	1.000	1.000	1.000	1.000	1.000	1.000
岳阳市	0.710	0.695	1.000	1.000	1.000	1.000	0.759	0.828	1.000	1.000
湘潭市	0.638	0.611	0.621	0.602	0.616	0.581	0.579	0.556	1.000	0.727

续表

城市	2009 年	2010 年	2011 年	2012 年	2013 年	2014 年	2015 年	2016 年	2017 年	2018 年
株洲市	0.706	0.728	0.702	0.756	0.742	0.755	0.742	0.754	0.704	0.757
娄底市	1.000	1.000	1.000	1.000	1.000	1.000	1.000	1.000	1.000	1.000
益阳市	0.812	0.823	1.000	0.869	0.777	1.000	1.000	1.000	1.000	1.000
平均值	0.934	0.914	0.909	0.879	0.875	0.886	0.878	0.877	0.876	0.904

就目前长江中游城市群各城市城镇化效率现状，为探究城市群城镇化过程中要素资源配置与利用效率损失的来源，本书进一步列出 2009—2018 年这八种要素投入和环境负产出冗余水平及期望产出的平均不足程度（见表 12－5）。

表 12－5　2009—2018 年长江中游城市群城镇化无效率原因

		投入冗余率/%				产出冗余率/%	产出不足率/%		
城市	平均综合效率值	城市建成区面积	全社会固定资产投资额	年末单位从业人员数	全社会用电量	二氧化硫排放量	建成区绿化覆盖率	社会消费品零售总额	当年GDP
上饶市	0.918	0.139	4.126	3.568	3.740	22.113	2.313	0.000	4.772
九江市	0.830	2.747	15.465	6.729	18.345	20.081	0.000	13.131	3.875
南昌市	0.974	0.000	1.141	2.427	2.905	1.604	0.000	2.951	1.032
吉安市	0.946	0.202	5.307	1.237	6.054	6.922	0.000	2.199	3.783
咸宁市	0.971	3.392	4.428	0.168	2.184	0.000	0.000	0.000	1.841
娄底市	1.000	0.000	0.000	0.000	0.000	0.000	0.000	0.000	0.000
孝感市	0.863	3.021	0.238	12.87	4.558	11.571	19.870	0.000	21.535
宜昌市	0.718	2.010	16.182	27.01	29.847	43.523	0.038	9.920	6.411
宜春市	0.747	2.018	16.585	20.36	14.666	54.959	0.000	5.095	9.633
岳阳市	0.899	1.484	4.931	6.187	22.854	3.880	1.805	0.000	0.700
常德市	1.000	0.000	0.000	0.000	0.000	0.000	0.000	0.000	0.000
抚州市	0.956	1.036	3.140	4.923	0.000	5.419	0.000	0.631	4.982
新余市	1.000	0.000	0.000	0.000	0.000	0.000	0.000	0.000	0.000
景德镇市	1.000	0.000	0.000	0.000	0.000	0.000	0.000	0.000	0.000
株洲市	0.735	9.953	14.638	8.066	44.000	34.032	0.000	3.839	2.486
武汉市	1.000	0.000	0.000	0.000	0.000	0.000	0.000	0.000	0.000

续表

城市	平均综合效率值	投入冗余率/%				产出冗余率/%	产出不足率/%		
		城市建成区面积	全社会固定资产投资额	年末单位从业人员数	全社会用电量	二氧化硫排放量	建成区绿化覆盖率	社会消费品零售总额	当年GDP
湘潭市	0.653	7.767	23.245	19.67	63.822	30.113	0.000	8.764	0.000
益阳市	0.928	2.028	0.967	2.707	7.062	11.854	0.158	0.000	7.559
荆州市	1.000	0.000	0.000	0.000	0.000	0.000	0.000	0.000	0.000
荆门市	0.759	0.991	10.460	18.98	44.846	18.073	4.360	0.000	6.651
萍乡市	0.894	0.492	10.108	0.000	21.688	14.275	0.000	0.000	1.710
衡阳市	0.782	15.808	4.714	10.89	26.147	31.031	0.000	0.257	14.678
鄂州市	0.806	11.711	3.954	7.365	41.018	11.582	0.000	0.000	10.452
长沙市	1.000	0.000	0.000	0.000	0.000	0.000	0.000	0.000	0.000
鹰潭市	1.000	0.000	0.000	0.000	0.000	0.000	0.000	0.000	0.000
黄冈市	1.000	0.000	0.000	0.000	0.000	0.000	0.000	0.000	0.000
黄石市	0.736	8.381	2.111	8.000	48.436	34.547	1.947	0.000	26.042
平均值	0.893	2.710	5.250	5.969	14.895	13.170	1.129	1.733	4.746

总体上来看，全社会用电量是投入冗余的主要原因，说明长江中游城市群各城市城镇化过程中用电量投入量过多。从产出方面来看，二氧化硫排放量是城镇化过程中的主要污染物，产出冗余率高达23.448%，对城镇化效率有较严重的负面影响，需要加强环境保护和污染减排。

12.3.4 基于Malmquist指数的城镇化效率动态评价

为了正确地评价长江中游城市群新型城镇化效率的时间变化趋势，以2009—2018年面板数据为基础，运用全局参比Malmquist模型方法测算了长江中游城市群城镇化全要素生产率变化及其分解（见表12-6、表12-7），进一步探究了长江中游城市群新型城镇化效率的动态变化趋势。

从表12-6可以看出，2011—2012年、2012—2013年、2014—2015年、2016—2017年这四段时期城镇化全要素生产率小于1，表示全要素生产率处于下降趋势，其余各个时期全要素生产率都大于1，表示全要素生产率处于上

表 12-6　2009—2018 年长江中游城市群全要素生产率趋势及其分解

年份	TFPCH	BPC	TECH
2009—2010	1.001	1.007	0.992
2010—2011	1.103	0.988	1.115
2011—2012	0.969	0.987	0.982
2012—2013	0.925	1.020	0.907
2013—2014	1.037	0.990	1.047
2014—2015	1.017	0.993	1.024
2015—2016	1.065	1.008	1.055
2016—2017	0.956	0.969	0.987
2017—2018	1.062	1.008	1.059
平均值	1.015	0.997	1.019

升状态。2009—2018 年长江中游城市群环境全要素生产率平均值为 1.015，表明整个研究期间长江中游城市群全要素生产率呈上升趋势。其中生产前沿的变化指数（BPC）也就是生产技术变化指数为 0.997，技术效率变化指数（TECH）平均值为 1.019，可以看出对全要素生产率的贡献程度：技术效率变化指数 > 生产技术变化指数，表明技术效率改进在整个研究期间起主要作用。

表 12-7　2009—2018 年长江中游城市群各市全要素生产率及其分解

City	TFPCH	BPC	TECH
上饶市	0.994	1.003	0.992
九江市	1.039	0.992	1.048
南昌市	1.005	1.001	1.005
吉安市	1.037	1.004	1.032
宜春市	0.982	1.000	0.982
抚州市	1.010	0.986	1.026
新余市	1.034	1.000	1.034
景德镇市	1.009	1.000	1.009
萍乡市	1.108	1.003	1.103
鹰潭市	0.977	0.964	1.008
咸宁市	1.071	1.037	1.031
孝感市	0.969	0.983	0.986
宜昌市	1.011	0.972	1.037

续表

City	TFPCH	BPC	TECH
武汉市	1.031	1.000	1.031
荆州市	1.020	1.000	1.020
荆门市	1.003	1.001	1.003
鄂州市	0.943	0.922	1.026
黄冈市	1.000	1.000	1.000
黄石市	0.997	1.007	1.000
娄底市	1.029	1.001	1.028
岳阳市	1.028	1.010	1.017
常德市	1.000	1.000	1.000
株洲市	1.030	1.007	1.022
湘潭市	1.033	1.016	1.020
益阳市	1.020	1.000	1.021
衡阳市	1.013	1.003	1.013
长沙市	1.008	1.000	1.008
平均值	1.015	0.997	1.019

从表 12－7 可以看出环鄱阳湖城市群在研究期间全要素生产率除了上饶市、宜春市、鹰潭市，其他城市均处于上升趋势。武汉城市圈除了孝感市、鄂州市、黄石市，其他均处于上升趋势。环长株潭城市群整体均处于上升趋势。说明环长株潭城市群相较其他两个城市群在城镇化过程中的管理水平较高，资源配置结构较好。

12.4 启示及建议

12.4.1 启示

本书从新型城镇化的视角出发，构建城镇化投入产出指标体系，采用三阶段 DEA 模型和 DEA－Malmquist 模型测度城镇化静态效率和动态效率，然后构建了城镇化静态效率的影响因素指标，得出以下结论：生态环境问题仍然较为突出，城镇化过程中环境负产出过量，二氧化硫排放量是城镇化效率无效的主要原因之一；存在能源浪费现象，全社会用电量的投入冗余程度在所有要素中最高；大部分城市的城镇化过程存在低效率问题，其资源配置与利用水平不合理；总体上来说长江中游城市群全要素生产率在 2009—2018 年是上升的。

12.4.2　建议

基于上述实证分析结果，从新型城镇化的视角出发，提出以下提升长江中游城市群城镇化效率的对策建议：建设生态宜居的城市群，治理工业三废等污染物排放，保护水资源，提高资源利用水平，倡导绿色低碳生活方式，加强城市绿化建设；政府加强宏观管理，科学合理规划，不盲目投入资金，完善相关制度，开发人力资源，实现城乡统筹发展；城镇化过程中不要只注重扩张城市规模，注重土地利用率的提高，要打造互联互通的交通运输网络，节约交通运输等成本，有效提高空间聚集水平，实现产品市场、要素市场等的聚集，从而提高居民生活水平和促进城市发展；优化产业结构，促进产业发展，产业发展也是城镇化效率提高的因素之一，同时打造各地区、各类型优势产业。

12.5　本章小结

本书从新型城镇化的视角出发，构建长江中游城市群城镇化效率的时空分异测度指标体系，运用 SBM - Undesirable 模型和 DEA - Malmquist 模型测度其城镇化的时空分异，然后构建了城镇化效率的影响因素指标，运用面板 Tobit 回归模型对城镇化效率的影响因素进行实证分析。研究表明：第一，大部分城市在城镇化过程中存在一定的低效率问题，其资源配置与利用水平不合理，生态环境问题仍然突出。第二，总体上来说长江中游城市群全要素生产率在 2009—2018 年是上升的。第三，对影响长江中游城市经济效率的因素进行了分析，结果发现，政府支持、第三产业增加值占 GDP 的比重、空间聚集水平对城镇化效率有显著正向影响，城市规模与城镇化效率呈现非线性的“U”型曲线关系。最后提出相关政策建议：加强污染治理、宏观管理，提高土地利用率与空间聚集水平，优化产业结构。

第13章

新发展理念下长江中游城市群高质量城镇化的影响因素分析

近年来的新型城镇化建设重点任务是要坚持推进高质量发展，加快实施以促进人的城镇化为核心，以提高质量为导向的新型城镇化发展道路。这不仅要求深入理解和挖掘城镇化质量的本质，还要求通过科学的方法对城镇化质量进行评价，以此来清楚地认识到各地区、城市城镇化质量的差距，在此基础上确定提高城镇化质量的方向与策略，为中国推进城镇化质量的提高提供一定的理论支持。产业是城镇发展的重要支撑，优化产业结构对提升城镇化质量具有重要的推动作用，产业结构优化能够带来产业各层次结构以及要素结构、产业结构、空间结构及其收入结构、消费结构等转型，使得产业各方面逐步提高，并推动产业结构向合理化转变，进而促进城镇化质量的提高。教育能够促进人的城镇化和人的全面发展，其中“人的城镇化”是新型城镇化的核心，城镇化质量提高的本质就是新型城镇化。此外教育还可以促进农村转移人口与城镇人口的社会融合，进而促进城镇化质量的提高；城市规模对城镇化质量的作用主要体现在城市人口的增加能够为城镇的发展创造更多的价值、更好地提高城镇化的质量。因此研究产业结构、文教水平和城市规模对城镇化质量的影响非常必要。

13.1 变量说明与数据来源

13.1.1 变量说明

在进行变量选择前，先回顾已有文献，国内外学者对城镇化质量进行了一些研究。Henderson（2003）认为经济发展与城镇化发展高度相关。Bruckner（2012）研究发现，在非洲地区，经济发展对城镇化具有显著的促进作用。Gilbert 和 Gugle（1982）实证得出，城镇化率与第二、三产业发展高度正相关，与第一产业发展负相关。Michaels et al.（2012）实证发现，一个地区的城镇化水平是由该地区农业初始就业水平与农业向非农产业转变共同影响的结果。王立新（2014）基于省级面板数据分别从全国及东中西部三个区域对我国经济增长、产业结构与城镇化之间的关系进行了实证分析，得出产业结构在一定程度上会加快城镇化的发展。高铁梅等（2018）基于面板数据广义矩（PD - GMM）模型对城镇化和产业结构的关系进行了分析，认为产业结构能推动经济的增长进而促进城镇化质量的发展。王芳等（2020）认为新型城镇化与产业结构升级存在相互促进的内在循环机制，新型城镇化推动了产业结构升级，产业结构升级拉动了新型城镇化，两者相互作用。王朝明等（2014）由理论模型进一步推导以及实证结果和新型城镇化内涵得到的结论是：整个社会教育的发展可以促进城镇化速度的提高，不仅对缩小城乡教育发展差距、实现城乡教育均衡发展虽然对城镇化速度具有放缓作用，还对城乡收入差距具有缩小的作用，进而符合提高城镇化质量的要求，而实现城乡协调发展、缩小城乡差距是新型城镇化所追求的内容之一。初帅（2016）基于 1992—2013 年的省级面板数据，通过利用双重差分法考察了高校扩招对人口城镇化增长率的影响，得出了高校扩招促进了人口城镇化，也就促进了城镇化质量的发展的结论。张欢等（2018）认为教育对相对落后国家的积极作用更强，城镇化和教育的交互作用则对中上等收入国家的作用更明显。

本书选取城镇化质量水平作为因变量。在对城镇化质量进行综合评价时，要从多方面、多角度综合考虑、深入剖析城镇化质量的内涵，不仅要从经济发展、社会发展、城乡一体化的角度出发，也要综合考虑生态环境以及城市的可持续发展等方面的问题。根据魏后凯等学者（2012）在中国城镇化质量综合评价报告中城镇化质量指标的权重得出如下公式：

$$Y = (0.35 \times CZHL + 0.3 \times GDP + 0.35 \times WSCL) / CZRK \tag{13-1}$$

其中，*CZHL* 表示城镇化率，代表城镇的社会发展质量；*GDP* 表示生产总值，代表城镇的经济发展质量；*WSCL* 表示污水处理厂处理能力（万立方米/日），代表城镇的空间发展质量，也代表城镇的生态发展质量；*CZRK* 表示该城市的年末常住人口。

在选取自变量时，参考以往的研究可知，影响城镇化质量的因素主要有三个方面：经济发展质量、社会发展质量和空间发展质量，其中用产业结构、实际利用外资来表示经济发展质量；文教水平、财政支出、互联网用户数来表示社会发展质量；城市规模来表示空间发展质量。此外，从这三个方面出发选取了 7 个指标作为自变量，考虑了经济、社会、空间这三大类因素。

对于产业结构，本书主要选取了第三产业占 *GDP* 比重（*POTI*）、第二产业占 *GDP* 比重（*POSI*）这两个指标。合理科学的产业结构能够很大程度地促进城镇化质量水平的提高，而城镇化质量水平的提高会使经济快速发展，会反过来对产业结构起到完善优化的作用，两者相辅相成、相互作用。中国是一个典型的二元经济的国家，在推进城镇化质量发展的过程中，第二产业和第三产业吸纳了大多数来自农村的劳动力，同时第二产业和第三产业也更能够反映城镇化发展的高质量。本书用第二产业、第三产业占 *GDP* 比重来衡量长江中游城市群的产业结构与经济质量。

对于文教水平，主要选取教育支出占财政支出的比重（*EPFE*）来衡量。教育是强国之本，科学技术是第一生产力，改革开放以来中国大力推动教育事业的发展，人民素质的提高使得社会发展、经济发展更有效率，而社会的发展也会促进教育事业的发展，两个相互作用、共同发展，因此采用教育支出占财政支出的比重来衡量。教育发展能够促进人力资本的发展，而人力资本对城镇化质量的发展起着非常重要的作用。通过对先前研究的分析，采用教育支出占财政支出的比重来衡量文教水平。

针对城市规模，主要选取了城市户籍人口（*HP*）。城市规模主要以城市人口的多少作为划分的标准，大致分为特大、大、中、小类型，而城市规模的大小与城镇化质量水平的高低有着较复杂的关系，城市规模的大小与城镇化质量的高低并不是成正比的关系，因为城市规模越大也就意味着城市的基础设施建设相对困难，而基础设施又影响城镇化质量，但城市规模大又更加有利于城市经济的发展。

此外还选取了财政支出比 *GDP*（*FEAP*）、互联网宽带接入用户数（*IBAU*）、实际利用外资（*AUFC*）共三个指标作为自变量。同时，为了能够使量纲不同的指标之间具有可比性，运用 Min - Max 归一化方法将上述数据进行无量纲化处理。将有量纲的表达式变成无量纲的表达式，便于不同单位或量级的指标之间能够进行比较和加权。

13.1.2　数据来源

本书选取长江中游城市群作为分析研究的对象，各地区 2010—2019 年的面板数据主要从《中国建设统计年鉴》《中国城市统计年鉴》《湖南统计年鉴》《江西统计年鉴》以及湖北各县市统计年鉴中直接或通过计算获得。

13.2　模型回归与确立

13.2.1　平稳性检验

在对面板数据进行回归分析之前要对数据进行平稳性检验，平稳性检验的目的就是为了确定数据是否存在单位根；本书采用 4 种方法（LLC、ADF - Fisher、PP - Fisher、IPS）对面板数据进行检验，结果如表 13 - 1 所示。

表 13 - 1　　平稳性检验表

模型	LLC 检验	IPS 检验	ADF - Fisher 检验	PP - Fisher 检验
	t 值	t 值	t 值	t 值
POTI	-10.3892 (0.0000)	-1.04022 (0.1491)	93.2573 (0.0038)	195.936 (0.0000)
POSI	-11.9637 (0.0000)	-1.37286 (0.0849)	108.767 (0.0001)	193.487 (0.0000)
EPFE	-39.1052 (0.0000)	-7.56403 (0.0000)	187.335 (0.0000)	229.650 (0.0000)
HP	-5.44479 (0.0000)	-0.15494 (0.4384)	74.2766 (0.1017)	105.363 (0.0003)
AUFC	-10.1459 (0.0000)	-1.06988 (0.1423)	92.4204 (0.0046)	90.8170 (0.0063)
FEAP	-6.60863 (0.0000)	-0.18187 (0.4278)	72.3619 (0.1316)	97.6760 (0.0015)
IBAU	-6.99495 (0.0000)	0.52771 (0.7011)	64.9103 (0.3096)	71.7438 (0.1425)

表 13－1 中的 4 种检验，其原假设均为存在单位根，备择假设为不存在单位根。可以看出，并不是所有的序列都通过了平稳性检验，说明数据不具有平稳性，选择一阶差分的方式使数据通过了平稳性检验。

13.2.2 协整性检验

如果变量之间是非同阶单整的，即有些序列平稳而有些序列不平稳，此时不能进行协整检验，也不能直接对序列进行回归。本书采用一阶差分的方式使变量成为同阶序列，此时对数据进行协整检验。表 13－2 为协整检验的结果，表中总共有 8 个统计量，其中有 5 个拒绝原假设，说明数据之间存在长期的回归关系，可以对数据进行面板回归。

表 13－2　面板数据协整性分析表

检验方法	检验假设	统计量名	统计量值（P 值）
Kao 检验	原假设：$\rho=1$	ADF	－9.2485 (0.0000)
Pedroni 检验	原假设：$\rho=1$ 备择假设：$(\rho_i=\rho)<1$	Panel v－Statistic	－1.5097 (0.9344)
		Panel rho－Statistic	8.8009 (1.0000)
		Panel PP－Statistic	－16.2920 (0.0000)
		Panel ADF－Statistic	－2.6225 (0.0044)
	原假设：$\rho=1$ 备择假设：$(\rho_i=\rho)<1$	Group rho－Statistic	10.5090 (1.0000)
		Group PP－Statistic	－28.9214 (0.0000)
		Group ADF－Statistic	－4.7666 (0.0000)

13.2.3 模型回归

本书分别用混合效应模型、固定效应模型以及随机效应模型三种模型对长江中游城市群 2010—2019 年共 10 年的面板数据进行分析，并且通过 F 检验和 Hausman 检验方法进行检验，选择最合适的模型。三种模型的分析结果如表 13 -3 所示，从表中可以看出固定效应模型的拟合度优于混合效应模型。

表 13 -3　　　　长江中游城市群数据回归结果表

模型	混合效应模型 (t 值) Coefficient	固定效应模型 (t 值) Coefficient	随机效应模型 (t 值) Coefficient
C	(−0.1066) −0.0034	(−1.0422) −0.1076	(−1.4732) −0.1026
POTI	(13.0139)*** 0.3846	(8.9405)*** 0.4160	(8.7469)*** 0.4867
POSI	(9.9534)*** 0.3261	(6.7695)*** 0.3767	(5.3194)*** 0.3548
EPFE	(−1.3982) −0.0336	(2.3186)** 0.0563	(1.9486)* 0.0752
HP	(−12.4670)*** −0.2247	(−1.6985)* −0.3748	(−6.5457)*** −0.3224
AUFC	(0.8774) 0.0759	(5.7222)*** 0.4518	(3.7169)*** 0.3174
FEAP	(−13.5408)*** −0.1919	(1.5670) 0.0497	(−2.4877)** −0.0966
IBAU	(11.7998)*** 0.7738	(8.8196)*** 0.5998	(8.1582)*** 0.6711
R^2	0.8586	0.9495	0.7269
Adjusted R^2	0.8552	0.9426	0.7204
Durbin - Watson stat	0.4258	0.6236	0.4563
Total pool observations	300	300	300

注：*** 表示 $P<0.01$；** 表示 $P<0.05$；* 表示 $P<0.1$。

同时，对数据进行 F 检验，F 检验公式如下：

$$F = \frac{(SSR_n - SSR_f)/(N-1)}{SSR_f/(N \times T - K - N)} \sim F(N-1, N \times T - K - N) \qquad (13-2)$$

其中，SSR_n 是指混合效应模型的残差平方和；SSR_f 是指固定效应模型的残差平方和；N 是指截面数；T 是时间序列数；K 代表的是解释变量的个数。本书计算得到 F 值为 14.09199236，大于 F（30，272）的值（通过查表得出），因此拒绝原假设，建立个体固定效应模型。

此外，通过对随机效应模型进行 Hausman 检验可以得到，Hausman 检验无效（如表 13－4 所示），所以排除随机效应模型，综合考虑各检验结果，应当建立固定效应模型。

表 13－4　Hausman 检验表

Test Summary	Chi－Sq. Statistic	Chi－Sq. d. f.	Prob.
Cross－section random	26.5206	7	0.0004

13.2.4　模型确立

对固定效应模型进行修正得到如下回归模型：

$$\begin{aligned} Y = {} & 0.3566POTI + 0.3708POSI + 0.0507EPFE \\ & + 0.1306HP + 0.4426AUFC + 0.0925FEAP \\ & + 0.6909IBAU + 0.93RESID(1) - 0.3238 \end{aligned}$$

$$R^2 = 0.9803 \qquad DW = 2.1092 \qquad N \times T = 310 \qquad (13-3)$$

可以看出 7 个自变量前的符号均为正数，第三产业比重每提高 35.67%，城镇化质量则提高 1 个单位；第二产业比重每提高 37.08%，城镇化质量则提高 1 个单位；教育支出占财政支出比重每提高 5.07%，城镇化质量就提高 1 个单位；户籍人口每提高 13.06%，城镇化质量就提高 1 个单位；实际利用外资每提高 44.26%，城镇化质量就提高 1 个单位；财政支出占 GDP 比重每提高 9.25%，城镇化质量就提高 1 个单位；互联网接入用户数每提高 69.09%，城镇化质量就提高 1 个单位。$R^2 = 0.9803$、$DW = 2.1092$ 说明模型的拟合度较好，并且自相关性较低。

13.3　启示与建议

从上面的模型可以得出：第一，该模型中七个变量的系数均为正数，产业结构的第二产业比重与第三产业比重这两个变量对城镇化质量的影响相差不大，此外实际利用外资与互联网接入用户数对城镇化质量的影响较大，而财政支出、教育支出以及城市规模对城镇化质量的影响不是太大。第二，本书研究社会、经济、空间三个角度对城镇化质量的影响，选取了第二产业占GDP 比重、第三产业占 GDP 比重、教育支出占财政支出比重、户籍人口数、实际利用外资、财政支出占 GDP 比重、互联网接入用户数几个指标，经过模型测算出的符号均为正数，表示这些指标每提高多少百分比便使城镇化质量提高 1 个单位。第三，依据模型可知，产业结构比文化教育对城镇化质量的影响力大，主要原因是因为产业结构是经济结构中最基本的结构，而且城镇产业结构转型是影响城镇化质量的关键因素，因此影响效果显著；而教育要通过促进农村人口与城镇人口的融合、培养技能型人才，然后加快产业结构转型升级，促进经济发展，进而促进城镇化质量的提升，因此教育对城镇化质量的影响没有产业结构显著；城镇化质量主要包括经济发展、社会发展和空间发展质量，而对于每一类型的自变量，其对于城镇化质量的影响是相似的，例如对于产业结构而言，第三产业比重每提高 35.67% 城镇化质量就会提高 1 个单位，第二产业比重每提高 37.08% 城镇化质量提高 1 个单位，两个相差不大，因此同一类变量对城镇化质量的影响差异不大。

本书认为，要同时注重产业结构、教育水平、财政政策等多方面来提高城镇化质量。从产业结构来看，要积极调整产业结构，培育产业“增长极”。在调整第二产业时，要重视科技的作用，提升传统产业。针对第三产业的调整，要加快推动旅游业的发展，推动“网红城市”打造。从政府的角度来看，对市场主体合理开发资源进行引导管理，将实现建设资源节约型和环境友好型社会并不断优化产业结构作为高质量发展目标。从教育角度来看，要建立健全城乡一体化的教育管理体制。首先，不同层级政府根据自己的管理权限，加强教育体系的优化，尤其是要提高农村人口的参与度，加快“以人为本”的城镇化建设；其次，在教育管理中，要建立民主参与机制，使农村人口有机会向政府、社会等表达他们的教育诉求，使家长和学生参与到学校的管理中，享有对各类事务的知情权、参与权与监督权。教育中的人民参与，能够破解城镇化质量提升进程中的二元教育结构、促进城乡教育一体化、保证城乡教育机会均等，进而促进城镇化质量的提升。从公共服务的角度来看，要完善基础设施建设，加强公共事业建设。由此来推动城镇化高质量发展。

13.4 本章小结

长江中游城市群是我国经济发展的重要地区，其高质量发展问题一直是国家高度重视的一个问题，而产业结构、教育水平和城市规模又将对城镇化质量产生一定影响。基于2010—2019年长江中游城市群的面板数据，选取城镇化质量水平为因变量、第三产业占GDP比重等为自变量构建面板数据模型，通过对三种回归模型进行比较分析得出，最适合的模型是固定效应模型，结果表明：所有自变量都对城镇化质量起着正向的作用，因此有必要采取相关措施与政策来提高城镇化的质量。

第14章

新发展理念下长江中游城市群高质量发展的省域支撑——以湖南省为例

14.1 新发展理念下湖南支撑长江中游城市群高质量发展的现状

中游畅则长江畅，2010年由国务院印发的《全国主体功能区规划》中，“长江中游地区”是作为“国家重点开发区域”定位，“十二五”规划中则将长江城市带纳入“两横三纵”城市化战略格局组成部分。2012年、2013年、2014年连续三年，湖南、湖北、江西三省都定期召开会议，或发布共识、或达成宣言，力推长江中游城市群建设上升为国家战略。2015年4月，国务院正式批复同意《长江中游城市群发展规划》，至此，长江中游城市群正式成为国家级战略区域板块，并将其作为中国经济新的增长极、内陆开放合作示范区、中西部新型城镇化先行区和“两型”社会建设引领区定位。长江中游城市群正面临着强劲的发展势头。习近平总书记在深入推动长江经济带发展座谈会上的讲话，强调要坚持把新发展理念贯穿到长江经济带发展的各个方面，为新时代加快长江中游城市群高质量发展指明了方向。作为长江中游城市群的重要组成部分，湖南在融入对接其高质量发展过程中有其有利条件和优势，这是因为：

一方面湖南位于中国中部，具有“一带一部”的独特区位优势，既承东启西、又连南接北，京广、沪昆两条高铁在湖南交汇，湖南正处在由沿海开放的内陆变为内陆开放的前沿阵地，随着长江经济带和长江中游城市群建设全面推进，以及中非合作经贸新平台的设立，湖南核心区位优势和协调联通优势越来越明显。与此同时，近年来，湖南基本形成了水、路、空、铁立体交通网络，布局合理、辐射周边、畅达全国、便捷通畅、互联互通，各项指标在全国位居前列，在长江中游城市群各省中位列第一，2017 年年末，湖南铁路营业里程居湘鄂赣三省第 1 位，高速公路通车里程居湘鄂赣三省第 1 位，内河航道通航里程也居湘鄂赣三省第 1 位，同时具有“临铁”“临空”“临港”的特点，有助于湖南构筑长江中游城市群的大通道，尽享大枢纽、大物流之便，为其融入对接长江中游城市群共享发展奠定了坚实的基础。

另一方面，湖南在推进区域合作开发方面积累了一些经验，先后参与了国家西部大开发、中部崛起战略实施、武陵山片区脱贫攻坚等区域开放战略的实施，在城乡统筹发展、基础设施建设、产业转型升级、脱贫攻坚、深化对外开放等方面积累了众多经验。

此外，近年来，湖南着力推动产业结构转型升级，农业比重逐步降低，第三产业比重逐步提升，经济发展的质量和新动能正在形成，产业就业吸纳能力和配套能力较强，为其更好地融入对接长江中游城市群高质量发展提供了大力支撑。

14.2 新发展理念下湖南支撑长江中游城市群高质量发展的“短板”与障碍

(1) 创新动力偏弱

近年来，尽管湖南加大了研发经费投入，R&D 经费投入强度不断提高，但与邻近省份和全国平均水平相比还有差距。2017 年，全省有效发明专利 37916 件，比湖北省少 8453 件；专利平均转化率不到 40%，高校和科研院所的创新成果仅 28% 进入产业化生产阶段，其中产生经济效益在 300 万元以下的成果占到 65%，离集群效应、规模效益还有相当差距。与此同时，经济引擎动力不足。近几年来，湖南省 GDP 总量排全国第 9 位，增速排全国第 11 位，总量比湖北省少 502.99 亿元，年均增速（10.46%）低于湖北（10.7%）、江西（10.48%），而人均 GDP 更是排全国第 16 位，城乡居民人均可支配收入均低于全国平均水平。可以说，湖南经济规模居中，发展质量欠佳，难以在融入对接长江中游城市群打造经济增长极上发挥引领示范作用。

（2）不协调发展的现象仍然突出

长江中游城市群地区存在产业结构趋同、重复建设等问题，湘鄂赣均为农业大省，工业化进程相对滞后。过去，三省之间产业发展更多的是竞争关系，而不是协调关系，小到县域之间，大到长江中游城市和省际之间，争投资、争项目、争人才，产业同质化现象突出，低水平重复建设明显，妨碍了生产要素的自由流动，不利于资源跨区域优化配置。如湘、鄂、赣三省沿江开发战略中都要发展石化、钢铁、装备制造、汽车等产业，但区域间缺乏专业化分工协作和密切经济联系，没有形成产业集聚发展，产业关联协调带动能力差；三省产业整体层次不高，体量不大，布局太散，缺乏协调整合；在千亿元支柱产业类别上，湘鄂赣三省有近半重合。

（3）绿色发展瓶颈明显

一方面，经济增长方式较粗放，高耗能、高污染企业仍占很大比重，环保压力大，资源保护难度加大，绿色发展面临挑战。第三次全国经济普查结果显示，全国 6 大高耗能行业主营业务收入占全部规模工业的 33.6%，湖南为 36.2%，比全国高 2.6 个百分点；而根据最新数据表明，2017 年全国 6 大高耗能行业主营业务收入占全部规模工业的 31.5%，湖南为 31.5%，与全国持平。2017 年，全省对规模工业增长贡献居前 5 位的大类行业中有 3 个属高耗能行业，合计贡献率达 20% 左右；六大高耗能行业增加值占比虽有下降，但仍高达 30% 左右。湖南的环境形势严峻。另一方面，面临的大气、水、土壤污染问题仍然较为严重，从水污染方面来看，以洞庭湖为例，2017 年，洞庭湖湖体水质 11 个省控评价断面均为Ⅳ类水质，总磷浓度为 0.073 毫克/升，较 2016 年下降 13%，但整体污染还是较为严重；在大气污染方面，2015 年 14 个市州所在城市平均超标天数达 22.1%，长沙、株洲、湘潭、岳阳、常德、张家界 6 个环保重点城市平均超标天数达 24.5%，雾霾现象时有发生；在土壤污染方面，衡阳水口山、株洲清水塘、湘潭竹埠港等重点区域重金属污染治理，任务艰巨；全省农田因为过量使用化肥、农药，污染问题也很突出。此外，虽然湖南省自然资源丰富，生态环境良好，但有些资源都是不可再生资源，或短期内难以再生资源。经济的加速发展必然会对自然资源造成一定的破坏。

（4）开放发展不充分

2017 年，湖南完成进出口总额 360.40 亿美元，居全国第 19 位，在长江经济带 11 省市中排名第 9 位，居湘鄂赣三省最末；对外依存度为 7%，远低于全国平均水平 41.5%，居全国第 29 位，湘鄂赣三省最末位；外资企业数、投资额、注册资本和实际利用省外境内资金均居湘鄂赣三省末位，出口商品以传统资源性产品为主，高新技术产品出口比重仅为14%，比全国平均水平低16个百分点，湖南外向型经济发展不充分，与长江中游城市群“内陆开放合作示范区”的战略定位还有一定的偏差，在深度挖掘中非经贸博览会平台常设湖南的空间方面还存在一定差距。

(5) 共享发展的行政壁垒制约仍存

城市群高质量发展的精髓是共享共建，优势在于发挥其整体效应。长江中游城市群建设，在为湖南发展带来重大机遇的同时，也带来了区域间、城市间激烈的竞争，受行政壁垒和制度性因素的制约，在融入对接长江中游城市群高质量发展过程中亦面临诸多矛盾和挑战。在政府管理方式、企业行为方式和人们思维方式等方面仍存在比较大的体制差异，如过去几十年，为保本地发展，三省倾销式招商、竞相压价、相互攀比的案例层出不穷；三省交界处存在多条“断头路”需要陆续打通；长江航道“中梗阻”问题需要抱团整治等。这些不仅额外耗损了三省的资源共享优势，而且使三省在各自逐利中痛失多个发展机遇，大大降低了长江中游城市群资源共享带来的对外来商客的凝聚力和吸引力，也不利于区域经济的协调发展。

14.3 新发展理念下湖南支撑长江中游城市群高质量发展的对策建议

积极融入对接长江中游城市群，是当前湖南省顺应区域经济一体化趋势的重大战略选择。湖南省应积极抢抓新时代发展的新机遇，全面贯彻新发展理念，加强与区域内各政府之间的沟通与合作，积极对接融入长江中游城市群高质量发展战略当中。

(1) 加大创新要素培育，增强经济发展的新动能

一方面，要充分发挥湖南人才智力、文化科教优势，加大创新人才的引进与培育，加强公共财政对创新创业的扶持与补助力度，营造有利于创新的低成本创业环境。要根据湖南经济社会发展需求，以规划引人才，以产业引人才，以市场引人才，加大人才引进力度，坚持以事业吸引人才，以环境留住人才，实现不同类型、不同层次人才的优化配置，同时要完善社会保障体系、全方位服务体系、降低新市民的居住和生活成本，让各类人才真正留得

住。还要加强知识产权交易平台等公共服务设施建设，积极推进“众创空间建设”“创客培育”“创新创业服务提升”和“创新创业文化培育”等行动计划，成为推动长江经济带高质量创新发展的关键要素。另一方面，要重视创新平台的建设，要加速推进长株潭自主创新示范区建设，加快先进装备制造、电子信息等产业发展，在长江沿岸布局一批战略性新兴产业集聚区、国家高技术产业基地和国家新型工业化产业示范基地，推动石化、钢铁、有色金属等产业转型升级，促进沿江炼化一体化和园区化发展。

（2）加强内外协作发展，实现区域间的全面协调

高质量推动长江经济带城市群建设必须做好区域协调发展“一盘棋”这篇大文章。一是注重不同发展战略的协调。湖南面临融入“长江经济带”“一带一路”、武陵山片区、洞庭湖区域等区域发展战略，要统筹实施各大战略，防止顾此失彼，防止政策打架，因此，要妥善处理好内外协作关系。一方面，注重内部区域的发展协调。在政策定位上，凸显长沙的中心城市地位，进一步增强要素集聚、科技创新和服务功能，引领带动环长株潭城市群协调互动发展，将环长株潭城市群打造成为中部地区重要的先进制造业基地、综合交通枢纽和现代服务业中心，率先建成“两型”城市和建成全面小康。发挥好湘南地区作为湖南在长江经济带的腹地功能，建立产业转移跨区域合作机制，积极探索承接产业转移新模式，实现优势互补、互利共赢。湘西地区定位在原材料工业基地、优质农产品生产基地和连接西部大开发、长江经济带两项重要政策的承接点，强化吉首为武陵山片区（湘鄂渝黔边区）重要物资集散地的功能，深化湘西地区与贵州、重庆、四川等西部地区的合作与对接，将西部大开发的广阔地区与环长株潭城市群、与长江经济带紧密联系起来。另一方面，以基础设施互联互通打破地理边界，实现对外联系紧密、生产要素自由流动的机制，在现有航空、铁路、公路设施基本完善的情况下，要着重加强各种运输方式的衔接和综合交通枢纽建设，加快“水铁联运”“水路联运”等多式联运发展；打通“由港到厂”的“最后一公里”，实现港口与企业、港口与公路、铁路的无缝对接，建成安全便捷、绿色低碳的综合立体交通走廊。加快建立以水运为基础，航空口岸物流为重点，铁路和水路联运为突破口的全方位、多层次、立体式的口岸物流平台，不断提高水运与铁路、公路、航空等其他运输方式的物流信息互联互通水平。加快打通水运梗阻，提升水运能力，对湘资沅澧四大水系中存在的阻航因素，要坚决疏通、坚持维护；提升航道水平，将岳阳至株洲的航道提升到一级水平，将衡阳至株洲

的航道提升至二到三级水平，益阳、常德、邵阳、娄底等港口连接湘江的航道争取提升到三级水平。通过航道的提升，将经济发达、靠近粤北的湘南、湘中地区纳入“黄金水道”的覆盖范围。形成通江达海、互联互通、辐射带动的交通运输格局。二是要加强与鄂、赣等省的分工协作，充分利用三省产业一定程度同质化的特点，促进企业间跨省域兼并重组，重点围绕汽车、冶金、石化、装备制造、电子和循环产业，联手打造具有国际竞争力的产业集群，如长沙可以与武汉、南昌联手打造高技术和现代加工产业带及汽车走廊，岳阳可以与荆州、武汉、宜昌联手打造化学工业带。三是要完善省际协商合作机制，定期组织区域合作与发展联席会议，力争以常态化合作机制突破区域协调发展的行政边界制约，推动资本、技术、产权、人才、劳动力等生产要素在区域内自由流动和优化配置。

(3) 深入推进外向型经济发展，提升开放发展的层次与水平

随着国家“一带一路”和长江经济带区域发展战略的实施以及中非经贸博览会平台常设湖南，湖南将日益深刻地参与到开放型经济体系之中。因此，要依托“一带一部”区位优势以及中非经贸博览会这一国家级经贸平台，抓好《湖南对接国家“一带一路”战略工作方案》的实施，坚持内外需并重、进出口并重、引资和引技引智并重、引进来和走出去并重，进一步优化开放型经济环境，努力将湖南打造成为内陆开放型经济新高地。要进一步加强与沿江及周边地区的合作，如长沙与武汉共建“创意产业园”，长株潭和赣西共建开放合作试验区，龙山与来凤共建“龙凤经济协作示范区”，湘鄂赣共同开发具有特色的旅游精品线路，实现“共赢”“多赢”。借力长江中游城市群发展洞庭湖城市组团，推进城陵矶新港区、津新城、益阳东部新区建设，突出岳阳在对接长江中游城市群中的战略地位，使之成为湖南融入长江开放经济带和长江中游城市群的桥头堡，要以共建“中三角”为契机，积极探索三省城镇联动开放开发。

(4) 以生态优先、绿色发展为引领，促进绿色湖南建设

应将生态文明、可持续发展的理念贯穿于长江经济带建设与发展的始终及各个方面，以各省、市、县生态功能区为依托，全面做好长江中游生态环境保护修复工作，走生态优先、绿色发展之路，努力打造全国两型社会示范区、“四化”同步发展先行区、现代化生态型城市群。此外，要加强环境保护，推进生态文明共建。绿色湖南是未来发展的最大优势。要充分利用承接产业转移的良机，有选择地引进绿色化工、绿色能源、装备制造、文化旅游等绿色产业，优

化产业结构，淘汰落后产能。要加强湘鄂赣三省生态环保合作，建立环保信息交流平台，探索生态补偿、环保“黑名单”制度建设。积极推动洞庭湖作为长江中游城市群的绿心建设，进一步完善武陵山的生态屏障功能。

（5）破除行政壁垒，推进长江中游城市群共享发展

长江中游城市群是目前国家级城市群中面积最大、发育程度最弱的“城市群”，实现高度同城化和一体化发展还需要一个十分漫长的探索融合过程。《长江中游城市群发展规划》提出的六大任务，无一不是需要湘鄂赣三省突破“省际藩篱”、强调“跨区域”、重视“同心协力”才能实现。因此，应彻底打破长期以来行政区划禁锢、行业垄断、地方保护及城乡二元结构影响制约形成的体制机制的障碍，进一步优化顶层设计，不断创新开放合作、互利共赢、共建共享的区域协调发展机制，促进人流、物流、信息流、资金流等要素在长江中游城市群内实现自由流动和有效配置，推进城乡、产业、基础设施、生态文明、公共服务“五个协同发展”。对此，要树立长江中游流域“同带同待遇、统一公平”的理念和原则。建立以区域协调、联系、监管、执法、治理、预警、预测等为重点的多层次区域联动合作机制与区域一体化综合治理、交易平台，力争在省市、区域之间建立定期联系制度与联合联动机制，同时，组建城市、行业、企业、项目联盟，推动各方面统一联动、互通共享，合作共赢、协同发展。

14.4 本章小结

中游畅则长江畅，湖南在融入对接长江中游城市群高质量发展过程中责无旁贷。作为长江中游城市群的重要组成部分，湖南应按照《长江中游城市群发展规划》，积极主动融入对接长江中游城市群。当前湖南融入对接长江中游城市群具有区位优越、发展基础好、资源丰富等优势，但也存在创新动力偏弱、不协调发展的现象仍然突出、绿色发展瓶颈明显、开放发展不充分、共享发展的行政壁垒制约仍存等“短板”，对此，从新发展理念的战略高度，提出了五个方面的对策与建议：加大创新要素培育，增强经济发展的新动能；加强内外协作发展，实现区域间的全面协调；深入推进外向型经济发展，提升开放发展的层次与水平；以生态优先、绿色发展为引领，促进绿色湖南建设；破除行政壁垒，推进长江中游城市群共享发展。

第 15 章

新发展理念下长江中游城市群高质量发展的区域支撑——以长株潭城市群为例

以新发展理念引领城市群一体化高质量发展，既是时代主题，也是科学命题。改革开放以来，我国城市群建设和城市化发展取得了举世瞩目的成就。未来，工业化和城镇化仍然是中国发展的动力源，我国城市群建设将进入绿色发展和高质量发展阶段，并将作为我国城镇化推进的主体形态。如何推进城市群一体化高质量发展是下一阶段我国城市群发展的主要思路。

长株潭城市群一体化发展经历几十年探索，已经具备在更高起点上推动其高质量一体化发展的良好基础和条件。同时，2020 年 10 月 30 日，湖南省对外发布了《长株潭区域一体化发展规划纲要》，提出坚持以新发展理念为引领，推动长株潭区域一体化发展格局全面形成。可见，推进长株潭城市群一体化高质量发展已成为湖南纵深推进现代化建设和打造全方位开放格局的重要战略。但从现实来看，长株潭城市群发展面临着产业和创新融合不够、区域协调发展程度不高、绿色生产水平有待提高、对外开放空间有待提升、资源要素共享受阻等困境，严重制约着长株潭城市群竞争力的进一步提升。因此如何紧扣城市群一体化高质量发展的各种动力，将新发展理念贯彻到其高质量发展当中，是推动长株潭城市群一体化高质量发展的必然途径。本书以新发展理念为引领，结合长株潭城市群一体化高质量发展的条件，提出推进长株潭城市群一体化高质量发展的新模式和发展路径，旨在为推进长株潭城市群一体化高质量发展提供参考。

15.1 长株潭城市群一体化高质量发展的条件和基础

15.1.1 创新的源动力较为强劲

长株潭城市群拥有国家自主创新示范区、国家高新区等重要的创新高地，为推进长株潭城市群一体化高质量发展起到了重大的推动作用。一方面，作为我国第6个国家级自主创新示范区，长株潭国家自主创新示范区是“尖端科技产业核心区+现代服务业集聚区+国际城市复合功能区”的“三位一体”创新模式，凭借长沙、株洲、湘潭三个国家高新技术产业开发区的创新基础建设，城市群内形成初步的协同创新推力，而且长株潭城市群聚集了湖南全省60%以上的创业平台、70%以上的高新技术企业、80%以上的高校科研机构、85%以上的科研成果。另一方面，长株潭国家自主创新示范区探索的产学研结合模式在全国领先。以产业相关技术链为中心，实行产业技术创新联盟式发展；依托高校、科研院所建立企业研发中心；进行科研院所体制改革，推动科技产业化、产业科技化，改制后企业成为技术创新的重要引擎。长沙麓谷创新谷、株洲中国动力谷、湘潭智造谷成为中国制造新名片。长株潭国家自主创新示范区已成为创新驱动发展的核心动力源。

15.1.2 区域间的协调效果愈发明显

一方面，从城市间的协调性来看，以长株潭区域一体化为龙头，打造国际化大都市圈的战略意识已经形成。目前，大城市朝着规模化、小城市朝着专业化方向发展的趋势明显，并从基础设施、城市特色塑造、城市品质提升等多个方面促进大中小城市和小城镇协调发展。

另一方面，从产业结构的协调性来看，形成紧密联系的城市产业分工体系。近年来，长株潭城市群产业结构不断优化，已从传统的“二三一”即第二产业占绝对优势的产业模式向第二、第三产业并重发展的局面转变，如表15-1所示。

表 15-1 长株潭城市群 2015—2019 年产业结构变化统计表

年份	第一产业/%	第二产业/%	第三产业/%
2015 年	5.3	52.6	42.1
2016 年	5.2	49.6	45.2
2017 年	4.1	47.1	48.8
2018 年	3.9	43.4	52.7
2019 年	4.2	41.1	54.6

资料来源：相关年份的《湖南统计年鉴》。

长株潭城市群中长沙一直处于核心地位，电子信息业、汽车产业、装备制造业等为支柱性产业，而且娱乐业历来发达，营商环境较为优越。株洲是副核心城市，依托交通枢纽位置商贸流通服务业较为发达，近年来，也已形成新能源汽车、新材料、先进轨道交通装备等 15 个新兴优势产业链，发展态势良好。湘潭产业转型升级较为成功，已由单发展传统的优势主导产业如汽车及零部件、医药为主向同时发展新一代信息技术和新材料等战略性新兴产业转变。

15.1.3 绿色发展的合力基本形成

长株潭城市群作为全国两型社会建设综合配套改革试验区，绿色发展一直是走在前列的。一方面，早在 2003 年，为防止城市群土地空间过度开发、城镇空间过度连绵，以生态安全保障为核心，长株潭城市群规划了较大的城市群生态绿心。长株潭城市群在强调经济发展的同时，也注重为生态发展留有空间，共同维护一江碧水，长株潭城市群合力走生态优先发展之路，力争成为城市群绿色发展的全国标杆。另一方面，长株潭城市群现已实现大气、水污染联防联治，设立统一的大气污染物排放标准和重污染天气应急预案，同时利用全省统一的空气质量发布平台，及时共享环境空气监测信息，不断完善大气监控监测网络体系，不断加强企业排污治理，为保护天然的绿色环境持续发力。

15.1.4 开放发展的基础较好

长株潭城市群在中部地区是创新能力最强、对外合作水平最高、发展活力较足的区域之一，对外合作也一直处于全国前列。近年来，长株潭城市群主动顺应全球化潮流，对外合作开放程度越来越高，如表 15－2 所示。

表 15－2　2015—2019 年长株潭城市群对外开放情况

年份	新签合同额（万美元）	完成营业额（万美元）	外派劳务人数（人）	月末在外人数（人）
2019 年	366769	357988	50860	45628
2018 年	224157	285058	38464	52206
2017 年	161967	194440	34889	48148
2016 年	120467	134146	32165	22944
2015 年	92524	92563	28984	39749

资料来源：相关年份的《湖南统计年鉴》。

长株潭城市群的湘潭设立为综保区，整体对外开放水平不断提升。从 1990 年开始，结合外向型经济发展需要，中国先后设立了 6 种类型的海关特殊监管区域，以综保区为最高形态。湘潭综保区是长株潭首家综合保税区，承载着湖南开放崛起的梦想，是开放型经济的重要试验区。用好国际国内资源，拓展国际国内市场是综保区的“看家本领”。湘潭综保区结合自身特点，着力布局产业集聚平台、企业服务平台、仓储物流平台、保税研发展销平台、跨境电商平台五大平台，大力完善商业商务配套、生产生活配套。不断地提升产业承载能力和服务能力，让高水平开放、高质量发展成为长株潭城市群发展的主旋律。支持外贸做大做强、支持招大引强、支持湘企“走出去”、推进国际物流整体化、促进跨境电商整体优化、强化金融财政支撑等一系列政策，为推动湖南省开放型经济跨越式发展提供了全面的政策支持，也为长株潭城市群一体化高质量发展提供了多元的开放活力。

15.1.5　共建共享的成果丰硕

近些年来，长株潭城市群一体化互联互通水平提高，基础设施和公共服务共享快速发展。目前长株潭城市群已实现三市城际轨道一卡通，建成立体化交通网络布局；电子政务工程、企业信息化工程等信息化建设实现全面推广；三市共同打造旅游线路，提供更加方便的休闲服务；医保可实行异地就业联网即时结算；优质教育资源开始向湘潭、株洲延伸。总之，长株潭三市共享发展朝着社会保障更加健全，教育、医疗、旅游等公共服务共享领域不断扩大，三市通信同号、同城同费、“一卡通”应用不断拓展的方向纵深发展，如图 15-1 所示。

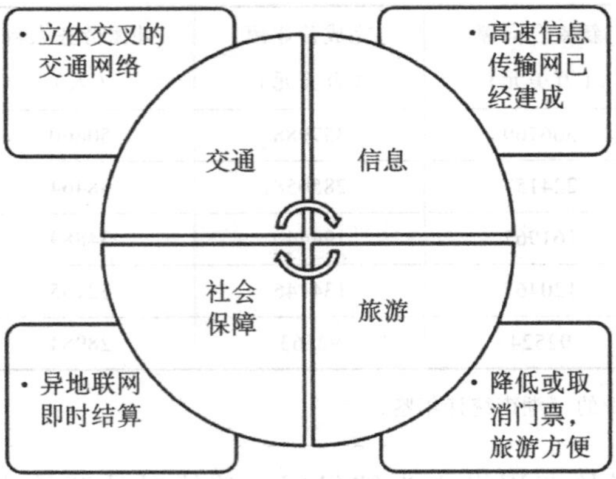

图 15-1 长株潭城市群公共服务共享现状

15.2 长株潭城市群一体化高质量发展的困境

世界新一轮科技革命和产业变革同我国经济优化升级交汇融合，为长株潭城市群加快产业转型升级、提升产业竞争能力、全方位参与国际合作提供了良好的外部环境。我国经济转向高质量发展阶段，城镇化发展格局迎来重大变革，中心城市和城市群将成为经济和人口主要承载空间；中部地区的崛起、长江经济带发展战略的深入实施，长株潭国家自主创新示范区加快建设，为新时代加快长株潭城市群一体化高质量发展带来了新机遇，注入了新能量。但受国内外多种因素影响，经济全球化趋势放缓，特别是新冠肺炎疫情等形势影响，对世界经济产生不利影响，我国经济下行压力持续加大，长株潭城市群一体化高质量发展也面临一些新情况和新问题。

15.2.1 产业和创新融合不够，长沙“虹吸效应”过强

长株潭城市群一直是湖南省最重要的经济增长极，吸纳了全省优质的资源要素，但相较于北上广深等大城市，依然存在人才基数多但高端人才少，

产业规模大但竞争力较弱的难题。一方面，由于创新投入不足，产业与创新没有深度融合。据统计，湖南全省在创新投入方面低于全国平均水平，仅占财政支出的 2.23%。而华为一个公司在 2019 年创新投入为 700 多亿元，全省的创新投入仅为华为公司的 59%，细分到长株潭三市，创新投入则明显不足。而且长株潭城市群目前拥有的自主知识产权不多，对引领未来的战略性产业开发不够，已有的科技优势还没有形成产业优势，也极大制约了城市群内产业的转型升级发展。另外一方面，长株潭城市群一体化在发展高歌猛进的同时，也面临着城市群内部极大的竞争压力。长沙不断吸引包括株洲、湘潭在内的人才和资源，导致株洲、湘潭甚至全省的资源要素向长沙集中，形成长株潭城市群内部之间的竞争关系大于合作关系的局面。

15.2.2　资源分配不均，区域协调发展程度不高

从经济发展实力来看，目前长株潭城市群内空间分异明显，且呈现加大趋势。从《湖南省 2019 年国民经济和社会发展统计公报》中可知，湖南 2020 年地区生产总值 41781.49 亿元，其中长株潭城市群 2020 年地区生产总值达 17591.5 亿元，占湖南全省地区生产总值的 42.1%。其中长沙 12142.52 亿元、株洲 3005.8 亿元、湘潭 2343.1 亿元，株洲和湘潭加起来尚不足长沙一半。同时高速铁路的修建更犹如一把“双刃剑”，加快了生产要素向经济高地聚集的脚步，而经济发展的漏斗区将面临着生产要素流失的窘境。长期下去，长沙将积累越来越的优质资源，形成先发优势，株洲和湘潭形成后发劣势，城市群之间的差异拉大。长沙借助优质资源要素叠加优势，城市规模和范围不断扩大，出现“一城独大”的城市群发展弊病。而株洲、湘潭却只能在长沙这个核心城市最优化的限制下，寻求外围城市相对自身最优的发展路径。

15.2.3　支柱性产业趋同，绿色生产水平有待提高

从行业分布来看，长株潭城市群重点发展产业多为第二产业，如化工、冶金、电力、建材、食品等工业，这类工业的成长发展过程就是会不断地消耗自然资源，并使生态不断受到侵袭和损害。在生态文明建设不断走向制度化、规范化、效能化的当下，支撑经济发展的要素发生了深刻变化，传统产业高消耗、高污染、低水平的生产方式难以为继，因此发展经济就必须以牺

牲环境为代价的产业必须被取缔。而且长株潭城市群在电气机械、建材制造及纺织和交通运输等支柱性产业同质化现象严重。产业结构同化分散了投资，难以形成有机结合的产业体系，既影响企业的规模效益，也影响了三市间工业的分工与合作，从而影响三市整体功能的发挥。新发展理念更加强调发展的质量，这对长株潭产业的转型升级提出了迫切要求，不仅要注重三市产业之间的结构性协同，更要注重环境保护、资源节约与产业发展的有机结合。

15.2.4 对外开放空间有待提升，城市群发展动力不足

从中国改革开放的历程中可以发现，外商直接投资最密集的省市是经济体制改革的先行区。外商的直接投资为投资地带来先进的技术和管理经验，直接刺激了投资地的市场化进程，扩大了对外开放程度。经过多年的对外开放，长株潭城市群对外交流频率和贸易规模快速增长，已成为中部地区吸引外商投资的热点地区。但相较于沿海城市，通过外资引进先进技术和资金程度明显不够，对外开放水平明显落后。而且仅通过长株潭城市群“内生式”发展，动力明显不足。要实现长株潭城市群一体化的高质量发展，城市群内的一体化规划和对外开放融合共生必不可少。

15.2.5 行政壁垒存在，资源要素共享受阻

推进长株潭城市群一体化高质量发展，加强三市的多方面协作，发挥三市的总体功能是必由之路。但受行政区划的影响，要素的流动共享进展缓慢，生产要素最优配置还不尽合理。尽管三市建立了一些合作机制，但实质性的进展还比较缺乏，地方保护主义依旧存在。行政壁垒已日益凸显成为制约长株潭城市群一体化高质量发展的障碍。

15.3 长株潭城市群一体化高质量发展的新理念

新发展理念与城市群一体化高质量发展是密切耦合关联的，其内在的机制在于：创新发展是城市群发展的动力源，协调发展是城市群发展的质量要求，绿色发展是促进城市群生态文明建设和提升城市群发展质量的基础条件，

开放发展是提升城市群发展效率的重要保障和活力所在，共享发展是城市群发展的重要目标。城市群一体化高质量发展应以新发展理念为引领，着力构建以创新发展、协调发展、绿色发展、开放发展、共享发展为内涵的新发展模式。因此实现长株潭城市群一体化高质量发展，就应以创新发展作为根本动力，协调发展作为质量要求，绿色发展作为基础条件，开放发展作为多重活力，共享发展作为重要目标。

15.3.1　以创新作为长株潭城市群一体化高质量发展的根本动力

构建区域创新协同机制成为城市群内部协同发展的关键。推进长株潭城市群一体化高质量发展，就要摒弃过去传统、低效粗放的老路，形成新的发展方式、构建新的发展格局、提升新的发展动力。因此城市群内部可以通过协同创新共同开展科学技术研发和科技攻关，提高科研成果产出水平，推动产学研合作，利用一些高端技术应用于制造业，形成高科技产业，产出更多市场需要的创新产品，让城市群发展减少对稀缺资源的依赖，创造现代化的城市群发展环境。

15.3.2　以协调作为长株潭城市群一体化高质量发展的质量要求

改革开放以来，城市群发展日新月异，已成为承载发展要素的主要空间形式。在城市群迅猛发展同时，我国城市群发展也出现了群内城市与城市之间的产业同质化和群内城市间差距较为明显等突出问题。推动城市群内部协调发展，应深入理解和把握城市群发展背后的逻辑和地缘经济关系，着重中心城市的引领作用，避免中心城市大的“虹吸效应”，促进城市群内中心城市朝着规模化、其他城市朝着专业化方向发展，形成具有合理地缘经济关系的城市群产业分工和合理布局的体系。因此推进长株潭城市群一体化高质量发展，应合理规划城市群布局，优化各城市结构，加快中心城市和其他城市的优势产业培育，促进大中小城市协调发展。

15.3.3　以绿色作为长株潭城市群一体化高质量发展的基础条件

绿色发展是建设美丽城市群的基石。绿色发展关乎人们生活质量的改善，关乎国家可持续发展战略的实现。40 年前重温饱，现在重环保；40 年前重生存，现在重生态。传统的旧的“重经济轻生态”的发展思路使得资源环境受到一定程度的破坏。美丽城市群的打造需要有绿色发展观的引导，才能行稳致远。“绿水青山就是金山银山”，城市群一体化高质量发展要走在生态优先、绿色发展之路上。实现绿色发展，促进城市群经济社会发展全面绿色转型，关键在于生产生活方式的绿色转型。生产生活方式的绿色转型就是要实现劳动要素和生活要素的全面生态化。实现长株潭城市群一体化高质量发展，应遵循生态规律，依靠绿色科技，壮大生态经济，坚定走生产发展、生活富裕、生态良好的文明发展道路。

15.3.4 以开放作为长株潭城市群一体化高质量发展的多重活力

在纵深推进经济全球化发展的今天，开放是国家繁荣发展的必由之路，也是地域经济换挡升级的前行方向。把城市外交作为构建内陆地区对外开放新高地的重要抓手，是提高城市发展水平的重要战略。一直以来，经济外向度不高是制约内陆城市高质量发展的重要“短板”。内陆城市想要打造高水平开放型城市，就要在区域竞争中寻找到一把能促进经济快速发展的“钥匙”，即通过开放，推动城市经济发展不断壮大。开放带来竞争，竞争提高效率，效率催生繁荣，尤其是在城市群内部之间形成开放资源共享和合理利用的机制，可以推动城市群开放发展水平的整体提高，这样的内生循环，为城市群一体化高质量发展提供了多重活力。主动开放，积极对接长三角、粤港澳大湾区，真正发挥长株潭城市群作为东部沿海地区和中西部地区过渡带、长江开放经济带和沿海开放经济带结合部的区位优势，是推动长株潭城市群一体化高质量发展的重要途径。

15.3.5 以共享作为长株潭城市群一体化高质量发展的重要目标

城市群作为我国推进城镇化的主体形态，其健康、科学、共享发展有助于实现资源在更大范围内的合理配置。努力塑造要素有序自由流动、主体功能布局合理、基本公共服务共建共享的城市群一体化共享发展新格局，是城市群实现高质量发展的重要目标。在推进城市群一体化高质量发展的过程中，要始终注重维护整个城市群内地区间发展的公平性，保证各地区和全体劳动者能够享有平等的发展机会，获得均等化的基本公共服务；共享是共同分享，不仅要求公平和平等地享用公共环境和服务，更要求发展机会的共享，这是实现城市群一体化高质量发展的必然结果。着力破除长株潭城市群内部的体制限制，提升公共服务水平，实现基础设施和发展机会均等化共享，是长株潭城市群一体化高质量发展的重要目标。

15.4　推进长株潭城市群一体化高质量发展的路径与策略

新发展理念为推动长株潭城市群一体化高质量发展提供了新模式，并依此提出了发展路径，这对加快提升长株潭城市群竞争力、湖南省走在中部崛起前列和打造全国城市群一体化发展示范区至关重要，如图 15－2 所示。

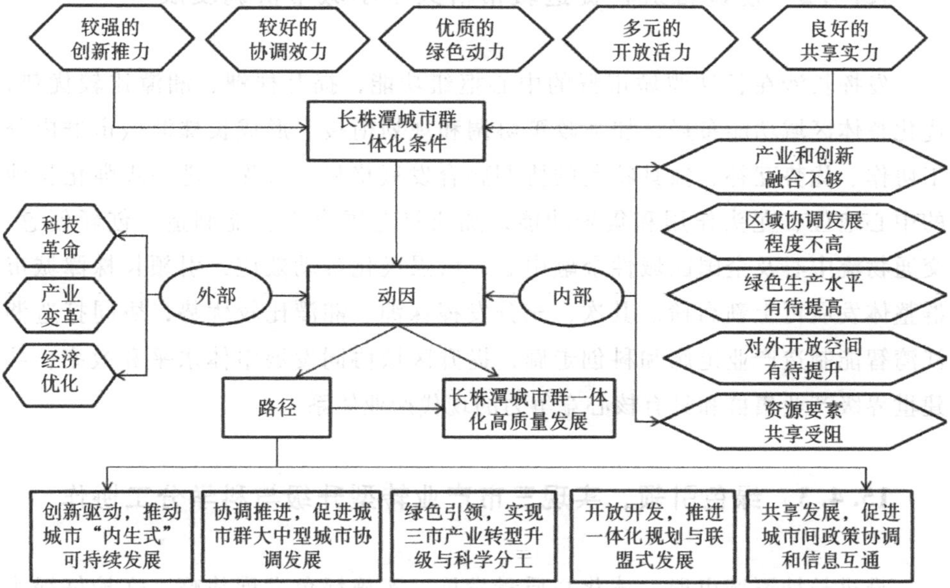

图 15－2　新发展理念下推进长株潭城市群一体化高质量发展的路径

15.4.1　创新驱动，推动城市“内生式”可持续发展

贯彻湖南“三高四新”战略思维，发挥“抱团”效应，致力于将长株潭城市群打造具有核心竞争力的科技创新高地和先进制造业高地。应对长株

潭城市群存在的内部竞争，要优化一体化协同创新机制，强化长株潭三市分工合作、错位发展，形成分工明确的城市功能定位。着重发挥长株潭城市群重点高校科创资源优势，推动与国内外知名高校联合共建新型研究机构，打造人才集聚高地和原始创新高地。加强“校地、校企、校产”合作，采用企业主导、院校协作、多元投资、成果分享新模式，共建以技术研发和转化为主的新型创新研究院。深入实施创新驱动发展战略，加大创新投入，依托长株潭国家自主创新示范区、国家创新型城市建设，搭建协同创新平台，集聚创新要素，加大产业创新力度，突破行业关键核心卡脖子技术，建立产业协同机制，完善创新体制机制，从城市治理入手，推动营商环境“品质升级”，促进创新链、产业链融合及产业链、供应链稳定，构建特色鲜明、优势互补的一体化现代产业体系，促进长株潭城市群“内生式”可持续发展。

15.4.2 协调推进，促进城市群大中小城市协调发展

发挥长沙在长株潭城市群的中心枢纽功能，提升株洲、湘潭比较优势，优化整体区域功能布局，加强政策协调和规划衔接，形成长株潭城市群内分工协作、优势互补、独具特色的协调融合发展格局。首先，进一步强化长沙的中心地位、龙头作用和集聚功能，加快打造国家级智能制造、创新创意、交通物流中心及全国区域性金融中心，增强极化带动效应，引领长株潭城市群整体发展再上新台阶。其次，充分发挥株洲、湘潭比较优势，协同打造湘江湾智能制造产业走廊和科创走廊，提升区域协同发展整体水平和效率，共建世界级产业集群和具有核心竞争力的现代产业体系。

15.4.3 绿色引领，实现三市产业转型升级与科学分工协作

推进长株潭城市群一体化高质量发展，实施绿色发展战略、守护好绿水青山、守住湘江、绿心的生态底线是前提。首先，推广绿色低碳生产生活方式，开创绿色发展新局面；其次，全面加强环境保护，严格遵循长株潭生态绿心、自然保护区、风景名胜区、重要水源地、重要湿地线、环境质量底线、资源利用上线和生态环境准入清单“三线一单”生态保护管控要求，强化生态红线保护和生态修复，严控能耗总量和强度、环境准入，保护长株潭可持续发展生命线；最后，制定长株潭城市群区域产业发展引导目录，着眼于构

建产业互补、错位发展的城市群，统筹三市产业定位和发展方向，引导产业合理分工布局，加快推动长沙市先进制造业和现代服务业深度融合，提升株洲市、湘潭市制造业规模化、特色化、集群化水平，长株潭城市群合力打造电子信息、轨道交通、工程机械、新材料、汽车制造、航空航天装备等产业集群，形成各具特色、优势互补、协同发展的产业格局。

15.4.4　开放开发，推进一体化规划与联盟式发展

实现长株潭城市群一体化高质量发展，应按照长株潭区域一体化发展的相关规划，全面拓展对内对外开放空间，长株潭城市群要在固有优势产业健康稳定发展的基础上，着力推进升级蜕变，以中非经贸博览会为平台助推长株潭城市群打造高水平内陆开放平台，培育国际合作和竞争新优势，充分发挥长株潭城市群连南接北、承东启西的地理优势，更好融入“双循环”新发展格局。

15.4.5　共享发展，促进城市间政策协同和信息互通

城市群的整体发展是具有阶段性的，适时推动城市群的发展，才能更加有效地带动城市群的整体发展。实现长株潭城市群整体性的高质量发展，离不开政府强有力的战略规划和政策引导。因此，未来推进长株潭城市群一体化高质量发展，必须消除“市属”观念，坚决破除阻碍三地一体化融合发展的政策和制度束缚，突破现有行政区划，完善统一的一体化机制。坚持优化提升、适度超前的原则，统筹长株潭城市群一体化基础服务建设。首先，应当实行长株潭城市群一体化的行政管理模式，在目前形成的高规格协调领导机构基础上，着力谋划推进长株潭一体化高质量发展，定期解决重大问题，督导调度三市工作，促进政策协同，形成长株潭城市群内顺畅的资源要素流动体系，提升资源配置效率；其次，整合长株潭城市群信息资源，构建三市共享大数据、公共服务支撑和人工智能等平台，提升城市信息化基础服务能力，全面提升信息化协同和精细化管理水平，满足人民对高品质智慧生活的需求，夯实长株潭城市群智慧城市发展基础。最后，要在投资、教育、医疗、交通、养老、住房等领域实行同城同策。

15.5 本章小结

本书基于新发展理念，系统分析了长株潭城市群一体化高质量发展的条件和困境。研究认为长株潭城市群目前有较强的创新推力、良好的共享实力、优质的绿色动力、较好的协调效力和多元的开放活力等一体化高质量发展的条件，但也面临着产业和创新融合不够、区域协调发展程度不高、绿色生产水平有待提高、对外开放空间有待提升、资源要素共享受阻等困境，相应提出了以新发展理念引领长株潭城市群一体化高质量发展的新模式和发展路径，以此为推动长株潭城市群一体化高质量发展提供参考。

第16章

新发展理念下以中心城市引领长江中游城市群区域协同发展的建议

形成中心城市强大的引领功能已成为进一步推动城市群内区域协调发展的必然要求。强化中心城市的引领功能，应该分重点、分步骤、分阶段推进。其中，武汉、长沙、南昌三大中心城市已逐步具备引领长江中游城市群区域协调发展的条件，有基础以中心城市引领区域协调发展，可以率先为全国城市群内区域协调发展的实现机制探路。在推动三大中心城市引领长江中游城市群区域协调发展的过程中，应发挥中心城市的比较优势、促进政府间的深度合作，从区域内具体的障碍破解做起，引领各类要素合理流动和高效集聚。

16.1 形成城市群中心城市强大引领功能

党的十八大以来，我国区域经济发展格局和区域空间结构发生了深刻变化，中心城市正在成为城市群承载发展要素的主要空间形式。一是到2019年年末，我国城镇化率已达到60.6%，可以说，城镇化已经到了中后期，增量的农业转移人口数量越来越少了，而存量的流动人口主要趋势还是流向大城市。中心城市将是存量流动人口流向的重要选择。二是城市群发展过程中，中心城市的创新要素快速集聚，新兴优势产业链逐步形成，规模经济效应开始显现，基础设施密度和网络越来越大，已成为引领城市群高质量发展的重要动力源，但由此也加剧了城市群大中小城市的发展差距，因而，增强中心城市辐射引领功能，成为城市群大中小城市高质量协调发展的必然要求。三是纵观世界大城市群发展的趋向，出现的区域发展和人口流动的分化现象若不合理缓解，不仅不利于区域协调发展，而且在一定程度上会延滞城市群的高质量发展。与此同时，中心城市也逐步具备了引领城市群区域协调发展的条件。城市化迁移性消费、高铁网络增强带来的交通便利性、城乡差距逐步缩小、公共服务均衡化以及现代产业体系的发展等因素将进一步推动中心城市引领功能的发挥。因此，必须适应新形势，谋划区域协调发展新思路：城市群中心城市的比较优势已经从过去的要素集聚功能，变为日益强大的辐射和引领功能。应更多利用中心城市强大的引领优势，深度推进以中心城市引领城市群区域协调发展的战略实施。

推进中心城市引领城市群区域协调发展具有重要意义。一是有助于促进将城市群处于分割状态的区际格局聚合为区域协调高质量发展格局，把区域分散狭窄的要素聚变为区域优势互补的要素格局。二是从嫁接中心城市的引领力转变为利用自己优势的竞争力，根本上转变了我国城市群大中小城市不协调发展的局面，在发挥比较优势的同时实现区域高质量协调发展。三是中心城市强大引领功能，不仅可以吸引全球先进创新要素，推动产业链向高端攀升和经济高质量发展，而且还可以辐射带动周边中小型城市配套发展。

推进城市群区域协调发展的基本前提是强大的中心城市引领功能。2019年年底召开的中央经济工作会议提出，下一阶段的经济发展要进一步以中心城市和城市群作为主要空间载体，促进区域间要素流动，形成优势互补、高质量发展的区域经济布局。这是推动城市群高质量发展以及区域协调发展的内在要求。其落实的关键在于如何推动中心城市引领城市群区域协调发展。

16.2 在长江中游城市群率先探索中心城市引领区域协同发展的机制

当前中国的城市群有许多，规模看起来很大，实际做到了区域要素空间合理布局和科学利用的并不多。城市群内地区间缺少实质性的促进大中小城市协调发展的支撑体系，并且仍然处于区际分割的状态，导致区域不协调发展的现象仍然存在。一方面形成了中心城市的巨大增长动力，另一方面损害了中小城市资源配置的经济效率，如产业重复布局、地方债务高筑等。这阻碍了区域的协调发展与优化布局，影响了城市群高质量的发展，也无法发挥中心城市引领城市群区域协调发展的格局形成。因此，我国数量众多的城市群中心城市优势无法充分发挥，直至影响到了区域的协调发展。

像中国这样众多跨区域城市群且各区域情况复杂不一的大国，促进城市群区域协调发展，提高中心城市的引领作用不可能一蹴而就，必须分区域、分步骤、分阶段推进。这其中，应当从具体区域的中心城市引领功能发挥开始，以消除区域分割、拆除要素资源的流动壁垒为目标，以推动大中小城市要素优化配置为重点，实施跨区域流动和合理配置，为中心城市引领城市群区域协调发展的实现机制探路。

相对于国内其他区域来说，长江中游城市群自古以来就地域联通、文化相通、习俗相近，具有经济发展水平高、人民生活水平高、对外开放程度高、深化改革意识强等基础和优势，长江中游城市群完全有条件和能力深度推进中心城市引领城市群大中小城市协调发展。如果在中国各个城市群深度推进中心城市引领区域协调发展的基础上，再通过鼓励各城市群跨区域要素流动和优化布局，那就完全有可能形成全国区域协调发展的良性循环局面。因此，长江中游城市群应率先探索推进中心城市引领城市群区域协调发展的形成机制，并成为促进城市群高质量发展的重要推动力量。

16.3　推动长江中游城市群中心城市引领协同推进功能提升的建议

推进中心城市引领城市群区域协调发展，难点和根本在于形成优势互补、高质量发展的城市群区域经济空间布局。在这一过程中，不应以简单要求各地区在经济发展上达到同一水平，而是要根据各地区的条件，走合理分工、优势互补的高质量发展的新路子。把内生于中心城市的引领功能作为推动长江中游城市群区域协调发展的手段。

建立三大中心城市政府间深度合作的常态机制。一是完善中心城市与城市群其他城市政府、部门之间的常态化交流沟通机制。明确对接的内容、路径、举措、阶段性目标和工作要求。二是签订具体务实的区域协调发展协议。按照“成本共担、利益共享”原则，以政府间协商的方式，围绕交通基础设施、生态环境保护、产业协同发展、服务能级提升等关键领域谋划实施一批促进区域协调发展的重大支撑性项目。三是共同营造舆论氛围。引导广大干部群众充分认识长江中游城市群区域协调发展的积极意义，向上积极反映，争取更多国家层面的认可和支持。开展与长江中游城市群中心城市主流媒体的交流合作，及时报道展示合作成果。

从长江中游城市群区域内具体障碍破解做起，避免泛泛而谈、议而不决。应学习日本东京城市群为了保证周边区域与首都地区保持互联互通，投入了大量的财政资金，缓解了交通压力这一难题，加快了城市群发展的步伐。长江中游城市群区域内需要协调的领域非常广泛，可以本着先易后难的原则，从破除政府公共项目的合作障碍开始，如消除“断头路”、区域公共交通建设、港口码头的委托管理或股权一体化等，同时，要破除地方本位和保护，逐步消除户籍、医疗、教育等民生领域的难点。

引领各类要素合理流动和高效集聚。一是充分发挥市场在资源配置中的决定性作用，中心城市应发挥辐射和带动作用，促进各类生产要素自由流动并向周边优势城市集中，提高资源配置效率。二是挖掘比较优势，推动区域差异化发展，形成优势互补、高质量发展的区域经济布局。各地区要对自身资源禀赋有合理清晰的认识，经济发展条件好的地区要承载更多产业和人口，创造价值发挥作用。生态功能强的地区要得到有效保护，创造更多生态产品。三是优化区域空间布局，分类精准施策，推动形成主体功能约束有效、国土开发有序的空间发展格局。

参考文献

[1] Adams S, Klobodu E K M. Urbanization, democracy, bureaucratic quality, and environmental degradation [J]. Journal of Policy Modeling, 2017, 39 (6): 1035 - 1051.

[2] Ahmad M, Jabeen G. Dynamic causality among urban agglomeration, electricity consumption, construction industry, and economic performance: Generalized method of moments approach [J]. Environmental Science and Pollution Research, 2020, 27 (2): 2374 - 2385.

[3] A K H Z, B S S. Rural - urban migration and urbanization in China: Evidence from time - series and cross - section analyses - Science Direct [J]. China Economic Review, 2003, 14 (4): 386 - 400.

[4] Ahmed Z, Zafar M W, Ali S. Linking urbanization, human capital, and the ecological footprint in G7 countries: An empirical analysis [J]. Sustainable Cities and Society, 2020, 55 (C): 102064.

[5] Allen J. Scott. Global city - regions: Trends, theory, policy [M]. Oxford. UK: Oxford University Press. 2001, 12: 215 - 234.

[6] Anand V, Oinam B. Future land use land cover prediction with special emphasis on urbanization and wetlands [J]. Remote Sensing Letters, 2020, 11 (3): 225 - 234.

[7] Baudino M. Rural - to - urban migration in developing economies: Characterizing the role of the rural labor supply in the process of urban agglomeration and city growth [J]. The Annals of Regional Science, 2021, 66 (3): 533 - 556.

[8] Bekhet H A, Othman N S. Impact of urbanization growth on Malaysia CO_2 emissions: Evidence from the dynamic relationship [J]. Journal of cleaner produc-

tion, 2017, 154: 374 -388.

[9] Béné C, Mehta L, McGranahan G, et al. Resilience as a policy narrative: Potentials and limits in the context of urban planning [J]. Climate and Development, 2018, 10 (2): 116 -133.

[10] Brückner M. Economic growth, size of the agricultural sector and urbanization in Africa [J]. Journal of Urban Economics, 2012, 71 (1): 26 -36.

[11] Caragliu A, Del B C F. Smart innovative cities: The impact of Smart City policies on urban innovation [J]. Technological Forecasting and Social Change, 2019, 142: 373 -383.

[12] Castán Broto V, Bulkeley H. A survey of urban climate change experiments in 100 cities [J]. Global Environmental Change, 2013, 23 (1): 92 -102.

[13] Dutta I, Das A. Exploring the dynamics of spatial inequality through the development of sub - city typologies in English Bazar Urban Agglomeration and its peri urban areas [J]. Geo Journal, 2019, 84 (4): 829 -849.

[14] El - Hallaq M A, Alastal A I, Salha R A. Enhancing sustainable development through web based 3D smart city model using GIS and BIM. Case study: Sheikh Hamad city [J]. Journal of Geographic Information System, 2019, 11 (3): 321 -330.

[15] El - Shakhs S. Development, primacy and systems of cities [J]. The Journal of Developing Areas, 1972, 7 (1): 11 -36.

[16] Friedman. Regional development planning: A reader [M]. Cambridge. MA: MIT Press. 1964.

[17] Furberg D, Ban Y, Nascetti A. Monitoring of urbanization and analysis of environmental impact in Stockholm with Sentinel -2A and SPOT -5 multispectral data [J]. Remote Sensing, 2019, 11 (20): 2408.

[18] Geddes P. Cities in evolution: An introduction to the town - planning movement and the study of cities [M]. London: Williams and Norgate. 1915.

[19] Gilbert A., Joseph G. Cities, poverty and development: urbanization in the Third World [M]. Oxford University Press, 1992, 216 -217.

[20] Gottman J. Robert. Haper. Since megaiopolis [M]. New York: The Johms Hokins University Press. 1990.

[21] Henderson J. V. Urbanization and economic development [J]. Annals of Economics and Finance, 2003 (4): 275 - 342.

[22] Jean Gottmann. Megalopolis or the urbanization of the Northeastern seaboard [J]. Economic Geography, 2016, 33 (3): 189 - 200.

[23] Kirimtat A, Krejcar O, Kertesz A, et al. Future trends and current state of Smart City concepts: A survey [J]. IEEE Access, 2020, PP (99): 1 - 1.

[24] Krugman P. Confronting the mystery of urban hierarchy [J]. Journal of the Japanese and International Economics, 1996, 10: 399 - 418.

[25] Li F, Liu X, Hu D, et al. Measurement indicators and an evaluation approach for assessing urban sustainable development: A case study for China's Jining City [J]. Landscape & Urban Planning, 2009, 90 (3): 134 - 142.

[26] Liu Y, He S, Wu F, et al. Urban villages under China's rapid urbanization: Unregulated assets and transitional neighbourhoods [J]. Habitat International, 2010, 34 (2): 135 - 144.

[27] Liyin Shen, Yitian Ren. Why small towns can not share the benefits of urbanization in China? [J]. Journal of Cleaner Production, 2018 (1): 728 - 738.

[28] Luisito Bertinellia. Duncan Black. Urbanization and growth [J]. Journal of Urban Economics. 2004, 56 (1): 80 - 96.

[29] M Paulo, S C Ana. Evaluation of performance of European cities with the aim to promote quality of life improvements [J]. Omega, 2011, 39 (4): 398 - 409.

[30] Michaels G., Rauch F., Redding S. J. Urbanization and structural transformation [J]. The Quarterly Journal of Economics, 2012, 127 (2): 535 - 586.

[31] Miller J D, Hutchins M. The impacts of urbanisation and climate change on urban flooding and urban water quality: A review of the evidence concerning the United Kingdom [J]. Journal of Hydrology Regional Studies, 2017, 12 (3): 345 - 362.

[32] Neirotti P, De Marco A, Cagliano A C, et al. Current trends in Smart City initiatives: Some stylised facts [J]. Cities, 2014 (38): 25 - 36.

[33] Nicholas A John. The social logics of sharing [J]. The Communication Review, 2016 (3): 113 -131.

[34] Ren Y, Li H, Shen L, et al. What is the efficiency of fast urbanization? A China study [J]. Sustainability, 2018, 10 (9): 1 -26.

[35] Rosario Turvey. Green economy and development in small urban municipalities: Towards sustainable community development [J]. GeoJournal, 2015 (5): 607 -618.

[36] Shabu T, Fate S, Ukula M K. Impact of urbanization on agricultural land in Makurdi local government area of Benue state, Nigeria [J]. NASS Journal of Agricultural Sciences, 2021, 3 (1): 8.

[37] Shen L, Peng Y, Zhang X, et al. An alternative model for evaluating sustainable urbanization [J]. Cities, 2012, 29 (1): 32 -39.

[38] Taylor R W. Urbanization, local government, and planning for sustainability [M]. New York: Sustainability Science, 2012.

[39] World Bank, Development Research Center of the State Council, People's Republic of China. Urban China: Toward efficient, inclusive, and sustainable urbanization [M]. Washington DC, 2014.

[40] 阿荣，陈才，董振华．新型城镇化视角下的内蒙古城镇化发展水平综合评价研究 [J]. 干旱区资源与环境，2016，30 (10): 26 -32.

[41] 安树伟，闫程莉．京津冀与世界级城市群的差距及发展策略 [J]. 河北学刊，2016，36 (6): 143 -149.

[42] 白素苹，陈银蓉，甘臣林．武汉市城镇化发展水平与土地承载力状态测度 [J]. 城市问题，2019，38 (12): 49 -56.

[43] 蔡进，廖和平，禹洋春．重庆市城镇化与农村发展水平时空分异及协调性研究 [J]. 世界地理研究，2018，27 (1): 72 -82.

[44] 蔡绍洪，魏媛，刘明显．西部地区绿色发展水平测度及空间分异研究 [J]. 管理世界，2017，33 (6): 174 -175.

[45] 曹鹏，白永平．中国省域绿色发展效率的时空格局及其影响因素 [J]. 甘肃社会科学，2018，40 (4): 242 -248.

[46] 曹扬．中部地区开放型经济发展评价与对策研究 [J]. 经济问题，2018，40 (1): 97 -103.

[47] 曹跃群，刘培森．中国城市规模分布及影响因素实证研究 [J]. 西

北人口，2011，32（4）：47－52.

［48］曾伟，严思湘，田家华．基于因子分析的武汉市新型城镇化质量评价［J］．统计与决策，2019，35（2）：114－117.

［49］柴攀峰．基于协同发展的长三角城市群空间格局研究［J］．经济地理，2014，34（6）：75－79.

［50］畅向辉，长江中游城市群产业分工协作一体化探索［D］．武汉：华中科技大学，2015.

［51］钞小静，任保平．中国经济增长结构与经济增长质量的实证分析［J］．当代经济科学，2011，33（6）：50－56.

［52］陈辉，牛叔文．经济开放度评价及对策研究——以甘肃为例［J］．经济问题，2010，32（6）：121－124.

［53］陈明星，陆大道，张华．中国城市化水平的综合测度及其动力因子分析［J］．地理学报，2009，64（4）：387－398.

［54］陈明星．城市化领域的研究进展和科学问题［J］．地理研究，2015，34（4）：614－630.

［55］陈巍巍，张雷，马铁虎等．关于三阶段DEA模型的几点研究［J］．系统工程，2014，32（9）：144－149.

［56］陈湘满，陈瑶．地方公共财政支出结构对城镇化质量的影响［J］．统计与决策，2021，37（14）：105－109.

［57］陈晓红，谭宇．就地城镇化对区域消费市场影响的实证研究［J］．经济地理，2015，35（3）：80－86.

［58］陈秀山，李逸飞．中国城市化进程中的认识误区、政策矛盾与目标选择［J］．学习与实践，2016，33（5）：10－20.

［59］陈艳，袁春来．长江中游城市群绿色低碳协同发展分析［J］．环境保护，2019，47（10）：57－61.

［60］陈昭．长江中游城市群开放战略研究［J］．湖北社会科学，2015，29（6）：57－62.

［61］成鹏飞，周向红，周志强．长株潭衡创建“中国制造2025”试点示范城市群的研究［J］．湖湘论坛，2018，39（3）：132－138.

［62］仇怡，李亚珂．城镇化水平对城市创新能力的影响研究——以长江中游城市群28市为例［J］．湖南科技大学学报（社会科学版），2017，20（6）：52－57.

[63] 初帅．高等教育发展与人口城镇化——来自中国高校扩招的证据[J]．中国人口科学，2016，30（4）：105－112.

[64] 褚宏启．城镇化进程中的教育变革——新型城镇化需要什么样的教育改革［J］．教育研究，2015，36（11）：4－13.

[65] 崔学刚，方创琳，张蔷．京津冀城市群环境规制强度与城镇化质量的协调性分析［J］．自然资源学报，2018，33（4）：563－575.

[66] 崔长彬，姜石良，张正河．河北县域经济影响因素的空间差异分析——基于贝叶斯地理加权回归方法［J］．经济地理，2012，32（2）：39－45.

[67] 戴鹏．青海省绿色发展水平评价体系研究［J］．青海社会科学，2015，36（3）：170－177.

[68] 戴永安．中国城市化效率及其影响因素——基于随机前沿生产函数的分析［J］．数量经济技术经济研究，2010，27（12）：103－117.

[69] 丁国栋，长三角地区城市经济高质量发展评价研究［D］．合肥，安徽大学，2020.

[70] 丁生喜，王晓鹏，秦真凤等．基于人口—经济—生态协调发展的青海省新型城镇化研究［J］．生态经济，2015，31（3）：74－77.

[71] 丁文珺，张铮．新形势下湖北省城镇化高质量发展综合测度及演进策略［J］．湖北社会科学，2021（01）：66－79.

[72] 丁志伟，康珈瑜，温倩倩，魏建飞，程迪，王闯．中原经济区城市创新水平的空间分异及其影响因素［J］．地域研究与开发，2018，37（2）：14－19.

[73] 范虹珏，刘祖云．中国城镇化空间发展态势研究——基于人口、土地、经济城镇化协调发展的视角［J］．内蒙古社会科学（汉文版），2014，35（1）：95－100.

[74] 范建双，虞晓芬，张利花．中国区域城镇化综合效率测度及其动力因子分析［J］．地理科学，2015，35（9）：1077－1085.

[75] 方创琳，王德利．中国城市化发展质量的综合测度与提升路径［J］．地理研究，2011，30（11）：1931－1946.

[76] 方创琳，周成虎，顾朝林．特大城市群地区城镇化与生态环境交互耦合效应解析的理论框架及技术路径［J］．地理学报，2016，71（4）：531－550.

[77] 方创琳．中国城市群研究取得的重要进展与未来发展方向［J］．地理学报，2014，69（8）：1130－1144．

[78] 方创琳．中国新型城镇化高质量发展的规律性与重点方向［J］．地理研究，2019，38（1）：13－22．

[79] 方创琳等．中国城市群形成发育规律的理论认知与地理学贡献［J］．地理学报，2018，73（4）：651－665．

[80] 方辉，长江中游地区三大城市群空间结构优化研究［D］．武汉：华中师范大学，2012．

[81] 方永丽．中国生态城镇化相对效率评价及其集约度分析［J］．统计与决策，2017，33（21）：87－91．

[82] 冯爱琴，田翼．城市群：提高城镇化质量的主体形态［N］．中国社会科学报，2013－08－14．

[83] 冯南平，周元元，司家兰，陈思宇．我国区域创新要素集聚水平及发展重点分析［J］．华东经济管理，2016，30（9）：80－87．

[84] 冯银，付宏，陶珍生，汪金伟．长江经济带工业绿色发展与生态环境优化协调发展研究［J］．湖北经济学院学报，2020，18（5）：78－88．

[85] 付朝欢．高质量城镇化要发挥中心城市功能［N］．中国改革报，2018－02－28．

[86] 傅沂，梁利．人口老龄化、科技创新与新型城镇化的关系研究——基于省际面板数据的 PVAR 实证分析［J］．管理现代化，2020，40（1）：44－48．

[87] 高铁梅，崔广亮，刘硕．适度城镇化、产业结构调整与经济增长——基于面板数据广义矩（PD－GMM）模型的实证检验［J］．吉林大学社会科学学报，2018，58（3）：32－44．

[88] 辜胜阻，曹冬梅，韩龙艳．“十三五”中国城镇化六大转型与健康发展［J］．中国人口·资源与环境，2017，27（4）：6－15．

[89] 顾朝林，于涛方，李王鸣．中国城市化格局、过程、机理［M］．北京：科学出版社，2008．

[90] 顾朝林．论中国城市持续发展研究方向［J］．城市问题，1994，13（6）：2－6．

[91] 顾伟男，申玉铭．我国中心城市科技创新能力的演变及提升路径［J］．经济地理，2018，38（2）：113－122．

[92] 关兴良，魏后凯，鲁莎莎，等. 中国城镇化进程中的空间集聚，机理及其科学问题 [J]. 地理研究，2016，35 (2)：227－241.

[93] 郭永杰，米文宝，赵莹. 宁夏县域绿色发展水平空间分异及影响因素 [J]. 经济地理，2015，35 (3)：45－51.

[94] 郭兆晖，马玉琪，范超. "一带一路" 沿线区域绿色发展水平评价 [J]. 福建论坛：人文社会科学版，2017，34 (9)：25－31.

[95] 郝寿义，范晓莉. 城市化水平、技术创新与城市经济增长——基于我国25个城市面板数据的实证研究 [J]. 现代管理科学，2012，34 (1)：74－76.

[96] 郝永敬，程思宁. 长江中游城市群产业集聚、技术创新与经济增长——基于异质产业集聚与协同集聚视角 [J]. 工业技术经济，2019，38 (1)：41－48.

[97] 侯祥鹏. 中国城市群高质量发展测度与比较 [J]. 现代经济探讨，2021，32 (2)：9－18.

[98] 胡书芳，马宪法. 浙江省城市绿色发展水平评价及区域差异分析 [J]. 科技管理研究，2017，37 (7)：110－114.

[99] 黄健柏，贺稳彪，丰超. 全球绿色发展格局变迁及其逻辑研究 [J]. 南方经济，2017，35 (5)：35－49.

[100] 黄洁等. 中国三大城市群城市化动态特征对比 [J]. 中国人口·资源与环境，2014，36 (7)：37－44.

[101] 黄伟新，龚新蜀. 我国沿边地区开放型经济发展水平评价及影响因素的实证分析 [J]. 经济问题探索，2014，35 (1)：39－45.

[102] 黄跃，李琳. 中国城市群绿色发展水平综合测度与时空演化 [J]. 地理研究，2017，36 (7)：1309－1322.

[103] 简新华，黄锟. 中国城镇化水平和速度的实证分析与前景预测 [J]. 经济研究，2010，45 (3)：28－39.

[104] 金碚. 关于 "高质量发展" 的经济学研究 [J]. 中国工业经济，2018，32 (4)：5－18.

[105] 金世斌. 国外城市群一体化发展的实践成效与经验启示 [J]. 上海城市管理，2017，26 (2)：38－43.

[106] 晋盛武，胡雪，庄德林. 新常态视阈下长江经济带城市开放型经济评价研究 [J]. 管理现代化，2018，38 (3)：35－39.

[107] 柯文前，陆玉麒，俞肇元，王晗．江苏县域劳动生产率的空间关联与分异演化格局 [J]．经济地理，2013，33 (12)：24 - 30.

[108] 库诗雨．长江中游城市群经济发展评价研究 [D]．武汉：武汉理工大学，2013.

[109] 匡海波，刘天寿，刘家国，邓顺江．基于 PCA - TOPSIS 的自贸区开放水平测度研究 [J]．科研管理，2018，39 (3)：69 - 79.

[110] 蓝庆新，刘昭洁，彭一然．中国新型城镇化质量评价指标体系构建及评价方法——基于2003—2014 年 31 个省市的空间差异研究 [J]．南方经济，2017，35 (1)：111 - 126.

[111] 李斌，毛鹏飞．走向更具包容性发展的新型城镇化理论 [J]．湖南师范大学社会科学学报，2016，45 (6)：26 - 36.

[112] 李国正．城乡二元体制、生产要素流动与城乡融合 [J]．湖湘论坛，2020，33 (1)：24 - 32.

[113] 李涵．动态外部性对地区经济高质量发展的影响：长三角制造业实证 [D]．金华：浙江师范大学，2020.

[114] 李红松．五大发展理念之“开放”发展理念探析 [J]．系统科学学报，2017，25 (2)：97 - 101.

[115] 李华旭，孔凡斌，陈胜东．长江经济带沿江地区绿色发展水平评价及其影响因素分析——基于沿江 11 省 (市) 2010—2014 年的相关统计数据 [J]．湖北社会科学，2017，31 (8)：68 - 76.

[116] 李晖，李詹．省际共享发展评价体系研究 [J]．求索，2017，37 (12)：87 - 95.

[117] 李江苏，王晓蕊，苗长虹．城镇化水平与城镇化质量协调度分析——以河南省为例 [J]．经济地理，2014，34 (10)：70 - 77.

[118] 李立晓，李君．云南省人口城镇化与土地城镇化耦合协调性分析 [J]．资源开发与市场，2017，33 (7)：856 - 860.

[119] 李林，现代化都市圈引领城市群高质量发展的路径——以成渝城市群为例，开发研究，2020，36 (1)：47 - 53.

[120] 李琳，彭璨．长江中游城市群协同创新空间关联网络结构时空演变研究 [J]．人文地理，2020，35 (5)：94 - 102.

[121] 李琳，张佳．长江经济带工业绿色发展水平差异及其分解——基于2004—2013 年 108 个城市的比较研究 [J]．软科学，2016，30 (11)：48 -

53.

[122] 李玲玲，邓育武．湖南融入对接长江中游城市群的SWOT分析[J]．湖南科技学院学报，2016，37（8）：63-67.

[123] 李璐．合肥与长江中下游城市的竞争力研究和合作路径探讨[D]．合肥：安徽大学，2016.

[124] 李强，陈宇琳，刘精明．中国城镇化"推进模式"研究[J]．中国社会科学，2012，33（7）：82-100.

[125] 李爽，周天凯，樊琳梓．长江流域城市的绿色发展评价及影响因素[J]．管理现代化，2018，38（4）：86-89.

[126] 李松龄．新时代区域协调发展战略的路径选择与制度安排[J]．湖湘论坛，2018，31（4）：124-134.

[127] 李婉．中国省域工业绿色技术创新产出的时空演化及影响因素：基于30个省域数据的实证研究[J]．管理工程学报，2017，31（2）：9-19.

[128] 李小建，罗庆．新型城镇化中的协调思想分析[J]．中国人口资源与环境，2014，24（2）：47-53.

[129] 李晓斌．以产业转型升级推进新型城镇化的动力机制研究[J]．求实，2015，36（2）：59-64.

[130] 李豫新，王改丽．"丝绸之路经济带"建设背景下外向型经济评价及动态预测——以新疆地区为例[J]．国际商务：对外经济贸易大学学报，2015，29（5）：94-103.

[131] 李志华，于洋，陈利，甘静静．长株潭城市群生态空间优化研究[J]．中南林业科技大学学报（社会科学版），2019，13（5）：33-39.

[132] 梁静波．河南开放型经济发展评价及战略构想[J]．企业经济，2010，30（11）：122-126.

[133] 刘冰，张磊．山东绿色发展水平评价及对策探析[J]．经济问题探索，2017，38（7）：141-152.

[134] 刘浩，刘树霖．高质量发展框架下新型城镇化发展质量测度[J]．统计与决策，2021，37（13）：112-116.

[135] 刘鸿渊，蒲萧亦，刘菁儿．长江上游城市群高质量发展：现实困境与策略选择[J]．重庆社会科学，2020，27（9）：56-67.

[136] 刘凯，任建兰，穆学英，陈延斌．中国地级以上城市绿色化水平测度与空间格局[J]．经济问题探索，2017，38（11）：77-83.

[137] 刘凯，任建兰，王成新．中国绿色化的演变特征及其影响因素[J]．城市问题，2016，35（4）：11－17.

[138] 刘雷，喻忠磊，徐晓红，张华．城市创新能力与城市化水平的耦合协调分析——以山东省为例［J］．经济地理，2016，36（6）：59－66.

[139] 刘茂松．创建湖南新经济发展模式［J］．新湘评论，2018，28（1）：41－43.

[140] 刘明广．中国省域绿色发展水平测量与空间演化［J］．华南师范大学学报：社会科学版，2017，62（3）：37－44.

[141] 刘西明．绿色经济测度指标及发展对策［J］．宏观经济管理，2013，29（02）：39－40.

[142] 刘晓玲，熊曦．外商直接投资、进出口贸易与区域经济增长——以湖南省为例［J］．管理世界，2016，32（2）：184－185.

[143] 刘友金，王玮．世界典型城市群发展经验及对我国的启示［J］．湖南科技大学学报（社会科学版），2009，12（1）：84－88.

[144] 刘雨晨，王芳．新时代五大发展理念之协调发展新要求［J］．时代报告，2020，11（4）：122－125.

[145] 柳青．长江中游城市群协同发展研究［J］．长江论坛，2014，31（2）：28－32.

[146] 柳思维，徐志耀，唐红涛．基于空间计量方法的城镇化动力实证研究——以环洞庭湖区域为例［J］．财经理论与实践，2012，33（4）：100－104.

[147] 柳思维，周洪洋．人口城镇化、土地城镇化对流通业产出效率影响的空间计量分析［J］．经济地理，2016，36（12）：51－59.

[148] 卢新海，陈丹玲，匡兵．产业一体化与城市土地利用效率的时空耦合效应——以长江中游城市群为例［J］．中国土地科学，2018，32（9）：66－73.

[149] 罗腾飞，邓宏兵．长江经济带城镇化效率测度及时空差异研究[J]．华中师范大学学报（自然科学版），2016，50（3）：423－434.

[150] 罗腾飞．长江经济带城镇化发展质量研究［D］．中国地质大学，2016.

[151] 罗颖，罗传建，彭甲超．基于三阶段DEA的长江经济带创新效率测算及其时空分异特征［J］．管理学报，2019，16（9）：1385－1393.

[152] 吕丹，叶萌，杨琼．新型城镇化质量评价指标体系综述与重构[J]．财经问题研究，2014，36（9）：72－78.

[153] 吕桦，章定富，郑林．论建设长江中游城市群区[J]．江西师范大学学报（自然科学版），1995，39（3）：268－274.

[154] 吕志鹏，王红云，赵彦云．经济开放度的测算与国际比较[J]．国际贸易问题，2015，41（1）：14－24.

[155] 马海涛，徐楦钫．黄河流域城市群高质量发展评估与空间格局分异[J]．经济地理，2020，40（4）：11－18.

[156] 马红霞，张光磊．金融发展水平对服务贸易出口结构的影响[J]．湖湘论坛，2016，29（6）：68－75.

[157] 马慧强，韩增林，彭飞，杜鹏，刘春涛，刘秀洋．中国沿海省市开放型经济发展水平综合评价研究[J]．资源开发与市场，2014，30（2）：156－160.

[158] 马丽君，张家凤．长江中游城市群旅游与经济发展空间差异演化及互动关系[J]．生态经济，2020，36（5）：116－134.

[159] 马晓熠，裴韬．基于探索性空间数据分析方法的北京市区域经济差异[J]．地理科学进展，2010，29（12）：1555－1561.

[160] 马勇，黄智洵．长江中游城市群绿色发展指数测度及时空演变探析——基于GWR模型[J]．生态环境学报，2017，26（5）：794－807.

[161] 马勇，黄智洵．长江中游城市群生态文明水平测度及时空演变[J]．生态学报，2016，36（23）：7778－7791.

[162] 马跃．呼包鄂榆城市群经济高质量发展研究[D]．呼和浩特，内蒙古师范大学，2020.

[163] 梅琼．创新驱动扬子江城市群经济高质量发展研究[D]．南京：中共江苏省委党校，2019.

[164] 孟德友，李小建，陆玉麒，樊新生．长江三角洲地区城市经济发展水平空间格局演变[J]．经济地理，2014，34（2）：50－57.

[165] 莫荣．坚持共享发展[J]．求是，2015，58（23）：31－32.

[166] 牟玲玲，吕丽妹，安楠．新型城镇化效率演化趋势及其原因探析——以河北省为例[J]．经济与管理，2014，28（4）：91－97.

[167] 倪鹏飞．新型城镇化的基本模式、具体路径与推进对策[J]．江海学刊，2013，56（1）：87－94.

[168] 欧阳琳，洪敏，陈政，陈国生．“一带一路”背景下湖南开放型经济水平及贡献评价［J］．经济地理，2017，37（10）：43-48.

[169] 欧阳晓，朱翔，贺清云．城市群城市用地扩张时空特征及驱动机制研究——以长株潭城市群为例［J］．长江流域资源与环境，2020，29（6）：1298-1309.

[170] 欧阳志云，赵娟娟，桂振华，倪永明，韩冰，庄长伟．中国城市的绿色发展评价［J］．中国人口资源与环境，2009，19（5）：11-15.

[171] 潘昱成，李秋丽．基于百度指数的城市网络特征及其影响因素研究——以长江中游城市群为例［J］．特区经济，2019，37（1）：68-73.

[172] 裴长洪．中国建立和发展开放型经济的演进轨迹及特征评估［J］．改革，2008，21（9）：5-25.

[173] 彭翀，张晨，王宝强等．区域协同创新系统绩效评价研究——以长江中游城市群为例［J］．现代城市研究，2018，33（11）：33-40.

[174] 戚伟，刘盛和．中国城市流动人口位序规模分布研究［J］．地理研究，2015，34（10）：1981-1993.

[175] 钱龙．中国城市绿色经济效率测度及影响因素的空间计量研究［J］．经济问题探索，2018，39（8）：160-170.

[176] 钱争鸣，刘晓晨．中国绿色经济效率的区域差异与影响因素分析［J］．中国人口资源与环境，2013，23（7）：104-109.

[177] 任保平，李禹墨．新时代我国高质量发展评判体系的构建及其转型路径［J］．陕西师范大学学报（哲学社会科学版），2018，47（3）：105-113.

[178] 任保平，文丰安．新时代中国高质量发展的判断标准、决定因素与实现途径［J］．改革，2018，31（4）：5-16.

[179] 任保平．新时代中国经济增长的新变化及其转向高质量发展的路径［J］．社会科学辑刊，2018，40（5）：35-43.

[180] 任剑，成鹏飞．湖南融入长江中游城市群发展的战略选择［J］．武陵学刊，2018，43（4）：25-34.

[181] 沈宏超，洪功翔．新型城镇化质量测度指标体系及实证研究——以安徽省为例［J］．农业现代化研究，2015，36（3）：412-418.

[182] 沈正平．优化产业结构与提升城镇化质量的互动机制及实现途径［J］．城市发展研究，2013，20（5）：70-75.

[183] 盛科荣，金耀坤，纪莉．城市规模分布的影响因素：基于跨国截面数据的经验研究 [J]．经济地理，2013，33 (1)：66－71.

[184] 宋傅天，卫平，姚东旻．共享经济的统计测度：界定、困境与展望 [J]．统计研究，2018，35 (5)：38－49.

[185] 孙斌栋，李琬．城市规模分布的经济绩效：基于中国市域数据的实证研究 [J]．地理科学，2016，36 (3)：328－334.

[186] 孙才志，童艳丽，刘文新．中国绿色化发展水平测度及动态演化规律 [J]．经济地理，2017，37 (2)：15－22.

[187] 孙敬水，林晓炜．开放型经济的评价体系研究进展 [J]．国际经贸探索，2016，32 (2)：34－47.

[188] 孙丽萍，杨筠．中国西部人口城镇化与土地城镇化协调性的时空分析 [J]．地域研究与开发，2017，36 (3)：55－58.

[189] 孙祥辰，长江经济带城镇化与高质量发展研究 [D]．武汉：华中师范大学，2020.

[190] 孙瑜康，李国平．京津冀协同创新水平评价及提升对策研究 [J]．地理科学进展，2017，36 (1)：78－86.

[191] 唐承丽，吴艳，周国华．城市群、产业集群与开发区互动发展研究——以长株潭城市群为例 [J]．地理研究，2018，37 (2)：292－306.

[192] 唐红李，刘嘉意．“一带一路”贸易空间关联与我国关税政策优化——基于网络、空间和制度的实证分析 [J]．财经理论与实践，2018，39 (1)：89－96.

[193] 唐丽．习近平共享发展理念及其践行培育研究 [D]．桂林：广西师范大学，2017.

[194] 田培，王瑾钰，花威，郝芳华，黄建武，龚雨薇．长江中游城市群水资源承载力时空格局及耦合协调性 [J]．湖泊科学，2021，33 (6)：1871－1884.

[195] 童中贤，刘晓．新常态下新型城镇化发展的推进路径——以湖南省为例 [J]．城市观察，2015，7 (3)：62－70.

[196] 万庆、吴传清等．中国城市群城市化效率及影响因素研究 [J]．中国人口·资源与环境，2015，25 (2)：66－74.

[197] 王滨．城镇化高质量发展测度及其时空差异研究 [J]．统计与决策，2019，35 (22)：46－50.

[198] 王滨. 新型城镇化测度与区域差异的空间解读 [J]. 统计与决策, 2020, 36 (11): 90 - 94.

[199] 王朝明, 马文武. 城乡教育均衡发展、城乡收入差距与新型城镇化的关系 [J]. 财经科学, 2014, 28 (8): 97 - 108.

[200] 王春枝, 赵国杰, 穆楠. 环境与耕地约束下的城镇化效率及其发展模式探因 [J]. 中国农业资源与区划, 2017, 38 (6): 45 - 54.

[201] 王芳, 田明华, 秦国伟. 新型城镇化与产业结构升级耦合、协调和优化 [J]. 华东经济管理, 2020, 34 (3): 59 - 68.

[202] 王富喜. 山东半岛城市群人口—土地城镇化质量测度与协调发展研究 [J]. 地理科学, 2020, 40 (8): 1345 - 1354.

[203] 王浩, 李新春, 沈正平. 城市群协同发展影响因素与动力机制研究——以淮海城市群为例 [J]. 南京社会科学, 2017, 28 (5): 17 - 25.

[204] 王洪庆. 我国地区开放型经济发展水平动态变化趋势研究 [J]. 江西财经大学学报, 2015, 17 (4): 3 - 12.

[205] 王磊, 沈丹. 长江中游城市群产业结构演化研究 [J]. 区域经济评价, 2014, 30 (4): 30 - 37.

[206] 王蕾, 李红玉, 魏后凯. 城乡共享发展评价体系的构建与评价 [J]. 经济纵横, 2012, 28 (7): 56 - 59.

[207] 王立新. 经济增长、产业结构与城镇化——基于省级面板数据的实证研究 [J]. 财经论丛, 2014, 30 (4): 3 - 8.

[208] 王少平, 欧阳志刚. 中国城乡收入差距对实际经济增长的阈值效应 [J]. 中国社会科学, 2008, 29 (2): 54 - 66.

[209] 王晓亮, 王英. 区域开放型经济发展水平评价指标体系构建 [J]. 地域研究与开发, 2013, 32 (3): 27 - 31.

[210] 王秀明, 张勇, 奚蓉. 广东省城镇化与生态环境耦合协调的空间特征及影响因素研究 [J]. 中国环境管理, 2019, 11 (3): 100 - 106.

[211] 王彦霞, 王培安. 新型城镇化视角下县域城镇化时空格局及聚集特征——以浙江省为例 [J]. 干旱区地理, 2019, 42 (2): 423 - 432.

[212] 王耀中, 欧阳彪, 李越. 生产性服务业集聚与新型城镇化——基于城市面板数据的空间计量分析 [J]. 财经理论与实践, 2014, 35 (4): 105 - 110.

[213] 王一鸣. 中国城镇化进程、挑战与转型 [J]. 中国金融, 2010,

61 (4): 32 - 34.

[214] 王永锋，高建华，张智先. 中原城市群城市化水平与创新能力协调发展研究 [J]. 城市问题，2007，26 (1): 11 - 16.

[215] 韦政伟，王俊俊，陈嘉浩. 中国城市群人口经济时空格局演变非均衡差异研究 [J]. 统计与决策，2020，36 (18): 81 - 84.

[216] 魏后凯，苏红键，韩镇宇. 中国城镇化效率评价分析——基于资源环境效率的视角 [J]. 中国地质大学学报 (社会科学版)，2017，17 (2): 65 - 73.

[217] 魏后凯，王业强，苏红键等. 中国城镇化质量综合评价报告 [J]. 经济研究参考，2013，35 (31): 3 - 32.

[218] 魏后凯. 坚持以人为核心推进新型城镇化 [J]. 中国农村经济，2016，32 (10): 11 - 14.

[219] 魏玮等. 产业多样化、职能专业化与城市经济发展——基于长三角和中原城市群面板数据的分析 [J]. 财经论丛，2015，31 (11): 3 - 9.

[220] 文珺，张铮. 新形势下湖北省城镇化高质量发展综合测度及演进策略 [J]. 湖北社会科学，2021，35 (1): 66 - 79.

[221] 吴传清，黄磊. 长江经济带工业绿色发展效率及其影响因素研究 [J]. 江西师范大学学报: 哲学社会科学版，2018，51 (3): 91 - 99.

[222] 吴国玺，万年庆. 河南省区域性中心城市技术创新水平评价 [J]. 资源开发与市场，2009，25 (1): 62 - 63.

[223] 吴旭晓. 新型城镇化效率演化趋势及其驱动机制研究 [J]. 商业研究，2013，56 (03): 44 - 51.

[224] 吴旭晓. 区域绿色经济效率演化及其影响因素研究 [J]. 商业研究，2014，57 (9): 27 - 33.

[225] 吴业苗. 新型城镇化发展的公共性诉求及其实现 [J]. 湖湘论坛，2018，31 (3): 114 - 123.

[226] 肖欢明. 基于绿色GDP的我国经济增长质量测度 [J]. 统计与决策，2014，30 (9): 27 - 29.

[227] 肖梦，邓宏兵. 城市创新能力与新型城镇化水平的耦合协调分析——以长江中游城市群为例 [J]. 治理现代化研究，2019，2 (5): 42 - 52.

[228] 谢赤，毛宁. 金融生态建设与新型城镇化的时空耦合关系 [J].

统计与决策，2020，36（3）：92－96.

[229] 谢锐，陈严，韩峰，方嘉宇．新型城镇化对城市生态环境质量的影响及时空效应［J］．管理评论，2018，30（1）：230－241.

[230] 谢永琴，曹怡品．基于DEA－SBM模型的中原城市群新型城镇化效率评价研究［J］．城市发展研究，2018，25（2）：135－141.

[231] 熊薇，徐逸伦，王迎英．江苏省县域经济差异时空演变［J］．地理科学进展，2011，30（2）：224－230.

[232] 熊曦，段佳龙，李璐，肖俊，郭洁萍．区域性农林生态特色产品品牌资源挖掘及培育——以大湘南地区为例［J］．中南林业科技大学学报：社会科学版，2019，13（2）：74－79.

[233] 熊曦，段宜嘉．长江中游城市群共享发展水平的空间差异及成因分析［J］．商学研究，2020，27（1）：120－128.

[234] 熊曦，柳思维，陈文婕，陈芳．湖南与中国周边国家和地区经贸合作的对策——基于"一带一路"战略的思考［J］．财务与金融，2015，30（4）：21－26.

[235] 熊曦，魏晓．国家自主创新示范区的创新能力评价——以我国10个国家自主创新示范区为例［J］．经济地理，2016，36（1）：33－38.

[236] 熊曦，闫跳跳，段宜嘉．长江中游城市群创新水平的空间差异及成因［J］．湖南工业大学学报（社会科学版），2020，25（2）：75－83.

[237] 熊曦，张陶，段宜嘉，方晓萍，周家宇．长江中游城市群绿色化发展水平测度及其差异［J］．经济地理，2019，39（12）：96－102.

[238] 熊曦．工业转型与绿色低碳发展——兼论湖南的实践与思考［M］．徐州：中国矿业大学出版社，2018.

[239] 熊曦．武陵山片区农产品流通与城镇化的高质量协同发展研究——以片区六个中心城市为例［J］．中南林业科技大学学报（社会科学版），2020，14（1）：46－52.

[240] 熊勇清，杨评防，白云．生态文明视阈新型城镇化建设的分析评价［J］．中国科技论坛，2015，37（12）：108－114.

[241] 徐安勇，吴秋贵．以共享发展理念引领福建新型城镇化建设研究［J］．山西经济管理干部学院学报，2018，26（4）：49－53.

[242] 徐建中，谢晶，李迪．科学发展观视域下我国区域技术创新水平测度与评价——基于循环修正思想的实证研究［J］．系统工程，2014，32

(7)：12－19.

[243] 徐林，霍侃，于宁．中国城镇化蓝图 [J]. 中国改革，2013，28 (5)：36－43.

[244] 徐学敏．经济发展质量的内涵 [J]. 经济研究参考，1999，21 (15)：14.

[245] 徐雪，王永瑜．中国省域新型城镇化、乡村振兴与经济增长质量耦合协调发展及影响因素分析 [J]. 经济问题探索，2021 (10)：13－26.

[246] 徐长生．长江中游城市经济区形成阻因与对策 [J]. 学习与实践，2002，19 (5)：18－19.

[247] 许学强，周一星，宁越敏．城市地理学（第2版） [M]. 北京：高等教育出版社，2009.

[248] 闫国庆，孙琪，陈超，仲鸿生，任建雄．国家高新技术产业开发区创新水平测度指标体系研究 [J]. 中国软科学，2008，23 (4)：141－148.

[249] 颜丙峰．共享发展背景下中国城乡社会保障公平性影响因素研究 [J]. 东岳论丛，2017，38 (2)：135－143.

[250] 杨保军．以"五大发展理念"推动长江经济带高质量发展 [J]. 先锋，2019，27 (9)：14－17.

[251] 杨剩富，胡守庚，叶菁．中部地区新型城镇化发展协调度时空变化及形成机制 [J]. 经济地理，2014，34 (11)：23－29.

[252] 杨文举．中国省份绿色技术效率的趋同测试及影响因素分析：1998—2012年 [J]. 科技管理研究，2015，35 (18)：225－231.

[253] 姚慧琴，孙海华．西部各省对外开放竞争力评价 [J]. 江西社会科学，2006，27 (9)：26－30.

[254] 姚士谋，张平宇，余成，等．中国新型城镇化理论与实践问题 [J]. 地理科学，2014，34 (6)：641－647.

[255] 叶裕民．中国城市化质量研究 [J]. 中国软科学，2001，16 (7)：28－32.

[256] 易昌良．2015中国发展指数报告——"创新协调绿色开放共享"新理念、新发展 [M]. 北京：经济科学出版社，2016.

[257] 易秋平，刘友金，贺灵．产学研协同创新效率的时空演变及提升对策——基于空间杜宾模型的研究 [J]. 湖湘论坛，2017，30 (5)：91－101.

[258] 尹鹏，刘曙光，陈才．中国沿海城市群城镇化效率测度及其障碍因

子诊断 [J]. 华东经济管理, 2017, 31 (7): 68 – 74.

[259] 于世海, 叶存军. 创新水平、经济城镇化与城乡收入差距相关性研究 [J]. 广西社会科学, 2017, 33 (7): 81 – 86.

[260] 余达淮, 刘沛好. 共享发展的思维方式、目标与实践路径 [J]. 南京社会科学, 2016, 27 (5): 62 – 68.

[261] 余吉祥, 周光霞, 段玉彬. 中国城市规模分布的演进趋势研究: 基于全国人口普查数据 [J]. 人口与经济, 2013, 34 (2): 44 – 52.

[262] 余江, 叶林. 中国新型城镇化发展水平的综合评价: 构建、测度与比较 [J]. 武汉大学学报 (哲学社会科学版), 2018, 71 (2): 145 – 156.

[263] 喻杰. 长江中游城市群经济一体化研究 [D]. 沈阳: 辽宁大学, 2016.

[264] 袁博, 刘凤朝. 科技创新能力与城镇化水平协同发展研究——以我国东部地区为例 [J]. 大连理工大学学报: 社会科学版, 2014, 35 (2): 56 – 61.

[265] 袁晓玲, 贺斌, 卢晓璐, 等. 中国新型城镇化质量评估及空间异质性分析 [J]. 城市发展研究, 2017, 24 (6): 125 – 132.

[266] 袁中许. 新型城镇化与城乡一体化的内在关系 [J]. 社会科学研究, 2018, 40 (4): 19 – 24.

[267] 苑韶峰, 杨丽霞, 杨桂山, 姚士谋. 耕地非农化的社会经济驱动因素异质性研究——基于 STIRPAT 和 GWR 模型的实证分析 [J]. 经济地理, 2013, 33 (5): 137 – 143.

[268] 岳立, 钱佩佩. 环境约束下典型城市的城镇化效率变化趋势分析 [J]. 统计与决策, 2018, 34 (16): 108 – 111.

[269] 岳兴程, 汪五一. 中部地区开放型经济发展水平研究 [J]. 湖北科技学院学报, 2019, 39 (6): 31 – 38.

[270] 翟金良. 我国资源环境问题及其控制对策与措施 [J]. 中国科学院院刊, 2007, 22 (4): 276 – 283.

[271] 翟坤周, 侯守杰. "十四五" 时期我国城乡融合高质量发展的绿色框架、意蕴及推进方案 [J]. 改革, 2020 (11): 53 – 68.

[272] 张春玲, 杜丽娟, 马靖森. 县域新型城镇化质量评价研究——以河北省为例 [J]. 河北经贸大学学报, 2019, 40 (1): 102 – 108.

[273] 张欢, 罗畅, 成金华, 王鸿涛. 湖北省绿色发展水平测度及其空

间关系 [J]. 经济地理, 2016, 36 (9): 158 - 165.

[274] 张欢, 徐康宁, 孙文远. 城镇化、教育质量与中等收入陷阱——基于跨国面板数据的实证分析 [J]. 数量经济技术经济研究, 2018, 35 (5): 40 - 58.

[275] 张焕波. 中国省级绿色经济指标体系 [J]. 经济研究参考, 2013, 35 (1): 77 - 80.

[276] 张建清, 边娜, 范斐. 基于PVAR模型的长江中游城市群新型城镇化与科技创新关联性分析 [J]. 科技管理研究, 2017, 37 (16): 103 - 109.

[277] 张建清, 陈婷婷. 长江中游城市群创新发展深度解析 [J]. 人民论坛·学术前沿, 2015, 4 (18): 6 - 15.

[278] 张京祥, 崔功豪. 后现代主义城市空间模式的人文探析 [J]. 人文地理, 1998, 13 (4): 3 - 5.

[279] 张静. 以创新合作推进长江中游城市群高质量发展 [N]. 湖北日报, 2018 - 05 - 04: 15.

[280] 张立伟. 促进我国新型城镇化可持续发展的对策研究 [J]. 甘肃理论学刊, 2016, 36 (3): 112 - 117.

[281] 张梦瑶. 中国特色新型城镇化高质量发展的实践路径探析——基于新发展理念视角 [J]. 当代经济管理, 2021, 43 (9): 75 - 80.

[282] 张明斗, 王雅莉. 中国新型城镇化发展中的财税政策研究 [J]. 现代经济探讨, 2013, 32 (11): 34 - 38.

[283] 张明斗. 中国城市化效率的时空分异与作用机理 [J]. 财经问题研究, 2013, 35 (10): 103 - 110.

[284] 张萍. 现代化长株潭大都市圈 [M]. 北京: 社会科学文献出版社, 2020.

[285] 张琦, 熊曦. 长江中游城市群大中小城市协调发展演变趋势分析 [J]. 商业经济研究, 2020, 39 (5): 152 - 154.

[286] 张琦等. 中国共享发展研究报告 (2016) [M]. 北京: 经济科学出版社, 2017.

[287] 张荣天, 焦华富. 长江三角洲地区城镇化效率测度及空间关联格局分析 [J]. 地理科学, 2015, 35 (4): 433 - 439.

[288] 张士杰, 李勇刚. 城镇化质量、动力因子与新型城镇化的路径选

择——基于中部六省的实证研究［J］．华东经济管理，2016，30（12）：86－91.

［289］张文博，邓玲，尹传斌．“一带一路”主要节点城市的绿色经济效率评价及影响因素分析［J］．经济问题探索，2017，38（11）：84－90.

［290］张小刚．长株潭城市群绿色经济发展的制约因素及路径选择［J］．湘潭大学学报：哲学社会科学版，2011，35（5）：87－90.

［291］张妍，蒋贵国，龙旭，涂月．城镇化背景下南充市农村空心化水平测度及驱动力研究［J］．四川师范大学学报（自然科学版），2020，43（1）：115－122.

［292］张永生．基于生态文明推进中国绿色城镇化转型——中国环境与发展国际合作委员会专题政策研究报告［J］．中国人口·资源与环境，2020，30（10）：19－27.

［293］张泽义．环境污染、长江经济带绿色城镇化效率及其影响因素——基于综合城镇化视角［J］．财经论丛，2018，34（2）：3－10.

［294］张占斌．新型城镇化的战略意义和改革难题［J］．国家行政学院学报，2013，15（1）：50－56.

［295］张志元，李兆友．新常态下我国制造业转型升级的动力机制及战略趋向［J］．经济问题探索，2015，36（6）：144－149.

［296］赵东方，武春友，商华．国家级新区绿色增长能力建设影响因素分析［J］．科技进步与对策，2018，35（12）：34－41.

［297］赵剑波，史丹，邓洲．高质量发展的内涵研究［J］．经济与管理研究，2019，40（11）：15－31.

［298］赵凌云，秦尊文，张静等．关于启动和加快长江中游城市群建设的研究［J］．学习与实践，2010，27（7）：12－20.

［299］赵树宽，孙超．东北三省创新水平与区域经济结构分析［J］．社会科学战线，2016，39（3）：44－50.

［300］赵秀清，白永平，白永亮．长江中游城市集群经济增长与区域协调发展［J］．城市发展研究，2016，23（12）：15－18.

［301］赵玉，谢啟阳，丁宝根．中国城镇化高质量发展的综合测度与演化特征［J］．区域经济评论，2020，35（5）：85－93.

［302］郑瑞坤，向书坚．城乡居民共享改革发展成果的一种测度方法及应用［J］．财贸研究，2018，29（4）：15－25.

[303] 郑耀群，崔笑容. 城镇化高质量发展的测度与区域差距——基于新发展理念视角 [J]. 华东经济管理，2021，35 (6)：79－87.

[304] 钟业喜. 长江中游城市群空间结构效益比较与优化研究 [J]. 区域经济评价，2020，36 (3)：70－78.

[305] 周迪，张虎. 中国创新水平区域趋同时空演变 [J]. 中国科技论坛，2015，31 (6)：11－15.

[306] 周复多. 中国城市化道路的必然选择——可持续发展 [J]. 现代城市研究，2000，15 (4)：7－9.

[307] 周俊敏. 长株潭“两型社会”文化建设研究综述 [J]. 湖南商学院学报，2017，24 (3)：18－22.

[308] 周平，熊曦. 湖南省各市州工业竞争力评价及转型建议 [J]. 经济地理，2018，38 (10)：136－141.

[309] 周仪姜，李林. 长江中游城市群综合承载力评价与预测 [J]. 经济地理，2021，41 (9)：31－39.

[310] 周英男，杨文晶，杨丹. 中国绿色增长政策影响因素提取及建构研究 [J]. 科学学与科学技术管理，2017，38 (2)：12－19.

[311] 朱斌，吴赐联. 福建省绿色城市发展评判与影响因素分析 [J]. 地域研究与开发，2016，35 (4)：74－78.

[312] 朱辉. 我国省域科技创新水平的空间分布评价 [J]. 东南大学学报（哲学社会科学版），2015，17 (S2)：63－64.

后　记

本书是我主持国家社科基金项目——《新发展理念下长江中游城市群高质量城镇化的协同推进机制研究》的课题研究成果，凝聚了课题组成员的智慧，课题组自组建以来，协同开展研究，后续还吸收了一些研究生参与。在研究过程中，课题组认真收集文献资料和撰写文献综述。在国家社科基金办下发申报通知后，即组织了课题组的核心成员讨论了研究的选题，并针对选题查阅了大量的文献，在中国知网数据库和EBSCO数据库当中，搜索到了与“城镇化质量”或“高质量城镇化”相关的高水平论文约800余篇，还购买与城镇化质量相关的图书资料，以及一些研究方法资料。在申报书当中认真撰写了国内外文献综述，随后，在立项之后，组织课题组成员撰写了《中国城镇化质量研究现状与热点》的文献知识图谱分析论文，进一步凝聚研究内容，并在人文地理杂志上发表了该论文。同时，广泛采集数据，寻找长江中游城市群有关地级市的数据，将《中国城市统计年鉴》《中国统计年鉴》《湖北统计年鉴》《湖南统计年鉴》《江西统计年鉴》以及一些地区的国民经济和社会发展统计公报中与城镇化相关的数据进行整理（天门、仙桃、潜江市的数据来源于这几个地区的统计年鉴或者统计信息网），部分欠缺的数据采用线性插值法将缺失值补上，此外，还查找了长江中游城市群与国内外大城市群的现状和发展趋势的数据。为了深入了解长江中游城市群城镇化与高质量协同发展的情况，深入政府相关管理部门和长江中游城市群主要城市开展咨询与调研，掌握有关情况，通过与湖北省社会科学院、湖南省社会科学院、江西财经大学等科研院所和院校沟通交流，获取一些间接的信息与数据，赴南昌、岳阳、常德、武汉等地实地考察调研，并到湖南省发改委进行了调研和访谈，获取了一些一线资料。在获取数据、信息和资料的基础上，课题组从2018年10月至2021年5月，认真撰写课题研究的阶段性成果。共撰写了论文和研究报告十余篇，整个课题研究形成一个超过20万字的专著，同时提炼出了一些核心内容和思想形成了多篇学术论文，在CSSCI或CSCD来源刊物等高档次杂志上发表论文五篇，还有几篇论文发表在北大中文核心和一些大学学报上，同时，有两个研究报告分别在《长江中游城市群发展报告蓝皮书（2020）》以及《长株潭城市群发展报告蓝皮书（2020）》上收录。课题组还积极参加与城镇化相关的学术会议，向相关领域专家咨询，不断完善阶段性成果。如参加了中国生态文明研究与促进会十堰年会、湖南省长株潭城市群研究会每年举办的年会、湖南省外国经济学说研究会每年举办的年会、湖南省生态文明研究与促进会每年举办的年会等，并在大会就长江中游城市群高质量城镇化相关的论文进行主题报告，同时，在成果产出的基础上，向秦尊文、柳思维、刘茂松、刘解龙、朱有志、谢瑾岚、李晖、彭培根等专家进行了咨询，吸取了专家和政府相关管理部门领导的一些意见，产生了广泛的影响。总的来说，研究达到了既定的研究目标。

本研究也产生了一定的社会影响。这些研究可为同行学术科研提供参考借鉴，为教学提供素材和新知识，为有关部门决策提供参考，还可通过课题研究培养相关领域的专业人才。通过论文发表和研究报告的形式，还有专著出版，可为高层智库提供相关的成果，也可丰富城镇化相关领域的研究成果，并为长江中游城市群城镇化纵深协同推进提供科学依据。当然，目前本书尽管结合了新发展理念，就长江中游城市群高质量城镇化发展的协同推进机制进行了全面而又系统的研究，获取了大量的数据和科学结论，但是当前互联网背景下，如何利用大数据对长江中游城市群高质量城镇化发展进行进一步深入的研究，是尚需要探讨的问题，课题组将在后续的研究过程中继续开展深入研究。同时，在研究的深度上，结合具体区域进一步展开一些典型案例研究。本课题组将继续努力，多出成果，多出建议，为推动长江中游城市群高质量发展提供智库支撑。当然，本书尽管开展了全面系统的研究，但由于时间仓促，有些想开展的研究还正在思考当中，有些新的理念和方法也正在尝试着渗透到相关研究当中，将继续开展深入研究，本书存在的一些疏漏之处敬请各位专家多多指教。

本书出版之际，首先要感谢中南林业科技大学的各级领导和同事的关心和支持，为我努力从事学术科研和教学提供了良好的环境，让我更有机会发挥学术潜力，感谢他们对我的厚爱与大力支持；其次，要感谢相关部门为课题调研提供的机会和调研资料，同时，还要感谢学术路上给予我指导的专家